DESCOMPLICANDO O ECONOMÊS

Editora Appris Ltda.
1.ª Edição - Copyright© 2024 do autor
Direitos de Edição Reservados à Editora Appris Ltda.

Nenhuma parte desta obra poderá ser utilizada indevidamente, sem estar de acordo com a Lei nº 9.610/98. Se incorreções forem encontradas, serão de exclusiva responsabilidade de seus organizadores. Foi realizado o Depósito Legal na Fundação Biblioteca Nacional, de acordo com as Leis nos 10.994, de 14/12/2004, e 12.192, de 14/01/2010.

Catalogação na Fonte
Elaborado por: Josefina A. S. Guedes
Bibliotecária CRB 9/870

G983d
2024
	Guterman, Marcelo
	    Descomplicando o economês / Marcelo Guterman. – 1. ed. – Curitiba: Appris, 2024.
	    329 p. ; 23 cm. – (Geral).
	
	    Inclui referências.
	    ISBN 978-65-250-5721-7
	
	    1. Macroeconomia. 2. Inflação. 3. Câmbio. I. Título. II. Série.
	
	                                                                    CDD – 339

Editora e Livraria Appris Ltda.
Av. Manoel Ribas, 2265 – Mercês
Curitiba/PR – CEP: 80810-002
Tel. (41) 3156 - 4731
www.editoraappris.com.br

Printed in Brazil
Impresso no Brasil

Marcelo Guterman

DESCOMPLICANDO O ECONOMÊS

FICHA TÉCNICA

EDITORIAL
Augusto Coelho
Sara C. de Andrade Coelho

COMITÊ EDITORIAL
Ana El Achkar (UNIVERSO/RJ)
Andréa Barbosa Gouveia (UFPR)
Conrado Moreira Mendes (PUC-MG)
Eliete Correia dos Santos (UEPB)
Fabiano Santos (UERJ/IESP)
Francinete Fernandes de Sousa (UEPB)
Francisco Carlos Duarte (PUCPR)
Francisco de Assis (Fiam-Faam, SP, Brasil)
Jacques de Lima Ferreira (UP)
Juliana Reichert Assunção Tonelli (UEL)
Maria Aparecida Barbosa (USP)
Maria Helena Zamora (PUC-Rio)
Maria Margarida de Andrade (Umack)
Marilda Aparecida Behrens (PUCPR)
Marli Caetano
Roque Ismael da Costa Güllich (UFFS)
Toni Reis (UFPR)
Valdomiro de Oliveira (UFPR)
Valério Brusamolin (IFPR)

SUPERVISOR DA PRODUÇÃO
Renata Cristina Lopes Miccelli

PRODUÇÃO EDITORIAL
William Rodrigues

REVISÃO
Katine Walmrath

DIAGRAMAÇÃO
Jhonny Alves dos Reis

CAPA
Eneo Lage

REVISÃO DE PROVA
Jibril Keddeh

Dedico este livro aos meus amigos do blog Papo de Boteco, um grupo aleatório e caótico de pessoas que gostam de escrever e discutir, reunidas de maneira improvável pela insanidade lúcida de Victor Loyola. Agradeço o desafio que me lançaram, sem o qual este livro permaneceria deitado eternamente em minha mente. Não poderia deixar de lembrá-los e de lhes agradecer, amigos, agora que o parto, difícil e trabalhoso, se completa.

PREFÁCIO

Confesso que, quando terminei de ler o livro que você agora tem em mãos, dois sentimentos me dominaram. O primeiro, como você terá a oportunidade de experimentar, foi a satisfação de ver um trabalho redondo, que trata de assuntos complicados com leveza, sem perder o rigor. O segundo, menos bonito, foi inveja, ao ver que Marcelo entregou com muito mais qualidade o livro que eu gostaria de ter escrito há uns anos.

Deixem-me, porém, remoendo o ciúme e se concentrem neste volume. Se for um leigo interessado no assunto, o público principal, acredito, a que Marcelo se dirige, ou mesmo um estudante de economia com pendor para a macroeconomia, vai encontrar aqui material não só para satisfazer sua curiosidade, mas provavelmente também o incentivo para continuar a se aventurar pelo tópico.

Todos os principais temas macroeconômicos aparecem por aqui. Destes, apenas o crescimento não mereceu um capítulo próprio, mas está espalhado em dois (mais sobre isso à frente): moeda, inflação, juros, câmbio, política fiscal e o PIB são tratados individualmente. Obviamente, a distinção em tópicos sempre traz um tanto de arbitrariedade: afinal de contas, como fica claro ao longo do texto, essas variáveis se entrelaçam.

Quando falamos de inflação, falamos também de moeda, juros, atividade, política fiscal. Da mesma forma, a discussão de, digamos, política monetária (no caso a determinação da taxa de juros por parte do Banco Central) envolve considerações sobre a trajetória dos gastos e da dívida públicos (portanto, política fiscal), bem como inflação, atividade econômica e assim por diante.

Posto de outra forma, quando tratamos de macroeconomia, não podemos deixar de lado o fenômeno de interação entre os diferentes mercados na economia, aquilo que no jargão da profissão é conhecido como "equilíbrio geral". Não é, creiam, um assunto fácil, muito pelo contrário. Mesmo economistas treinados podem se confundir no labirinto de relações de causa e efeito entre essas variáveis.

Nesse sentido, Marcelo nos oferece uma abordagem bastante completa, ao nos apresentar paulatinamente às variáveis relevantes e, não satisfeito, revelar também as complexas relações entre elas sempre de forma clara e amigável ao leitor. Não é simples, como posso atestar por experiência própria, colocar em linguagem humana (o oposto do "economês", que deveria ser empregado apenas na conversa entre especialistas, mas que invade mais do que deveria o debate público) é um desafio considerável. Marcelo passa com honras por ele.

Começa ao provocar o necessário estranhamento com algo com que convivemos no nosso cotidiano, a tal ponto que o consideramos como "natural": o dinheiro (ou moeda). Não é um ponto de partida óbvio, mas se mostra como excelente introdução ao que nos espera a seguir: a inflação e a taxa de juros, temas inseparáveis da questão monetária.

Ao falar de juros, todavia, temos o gancho necessário para lidar com um tema geralmente ausente dos livros de introdução: o mercado financeiro, tópico vasto, mas que aqui é abordado de maneira competente, com direito a aventuras pela espinhosa questão dos problemas bancários, que voltaram a aflorar depois de uma década e meia.

Da mesma forma, isso também nos leva à questão do câmbio e à conhecida dificuldade que economistas têm quanto à sua determinação. Aqui, Marcelo explora com cuidado as definições de balanço de pagamentos e aproveita para lidar com o problema das crises cambiais, assunto que foi moda no Brasil e deixou de sê-lo (se quiserem entender o motivo, aqui encontrarão a resposta).

Problemas de balanço de pagamentos estão frequentemente associados a problemas de contas públicas (como revelado pela discussão tanto sobre a crise grega na segunda década deste século, assim como a Argentina, na primeira década, ambas tratadas no capítulo anterior). Déficits, dívida e sua relação, assunto infelizmente sempre presente no nosso debate, são examinados em detalhes. Os mais interessados em matemática podem se divertir ao final do capítulo, em que Marcelo ensina a relação entre a evolução da relação entre a dívida pública e o PIB, os resultados fiscais do governo, a taxa de juros e o ritmo de crescimento da economia.

Já o PIB, assunto que afirmei certa vez trazer muito interesse no dia seguinte à sua publicação, para o bem ou para o mal, e passar despercebido nos três meses seguintes, é analisado no capítulo seguinte. Aqui, mais uma vez, Marcelo doma com habilidade as dificuldades inerentes ao conceito, mostrando como o número é estimado, como fazê-lo para compará-lo ao longo do tempo (a questão do crescimento), assim como entre países.

Aqui encontramos dois temas que irão reaparecer ao final do livro: a questão do crescimento econômico e a questão da distribuição da renda (o outro lado do PIB).

No que respeita ao primeiro, somos apresentados a um fato crucial, ainda que pouco reconhecido fora dos círculos acadêmicos, a saber, que o crescimento sustentável da economia não depende de variáveis tipicamente sob controle do governo (por exemplo, taxas de juros), mas do aumento persistente da produtividade. Os determinantes da evolução da produtividade são deixados para o capítulo final.

Já no que tange à distribuição de renda, Marcelo consegue o que eu achava virtualmente impossível: revelar a intuição por detrás da principal medida de desigualdade de renda, o índice de Gini (se está curioso, corra para o penúltimo capítulo deste volume). Quem se interessar mais pelo tema encontrará também a explicação matemática dessa métrica exposta de maneira didática.

O último capítulo se dedica aos "Debates econômicos do nosso tempo". Aqui o leitor terá a possibilidade de empregar os conceitos expostos ao longo do livro como base sólida para entender os assuntos em tela, todos — como de hábito — mutuamente entrelaçados: o papel do Estado na economia, o crescimento econômico, a distribuição de renda e, crucialmente, a relação das elites econômicas com o Estado.

Não é tarefa fácil. São questões complexas porque aqui as variáveis econômicas interagem com variáveis políticas. A interferência do Estado, tanto no sentido de criar as condições mais favoráveis ao crescimento da produtividade, e, portanto, do PIB, como de agir no sentido contrário, depende profundamente de como as elites políticas se relacionam com o poder público.

Essa discussão domina o final do livro e há muito a ser aprendido lá, em particular para entender as dificuldades enfrentadas pelo Brasil. Não é segredo que o país cresce pouco, apesar de ter revertido situações críticas em duas frentes importantíssimas nos últimos 30 anos (inflação e problemas do balanço de pagamentos), frustrando as expectativas de muitos (minhas inclusive) quanto à recuperação do ritmo forte de expansão econômica.

Métricas da qualidade das elites, se não provêm, como notado pelo autor, uma solução para o problema, ao menos ilustram a natureza dos obstáculos ao crescimento. E revelam também a inexistência das respostas rápidas e fáceis que frequentemente aparecem no debate nacional.

O entendimento dessas dificuldades é talvez o mérito maior de um livro a que não faltam méritos. Aproveite.

Alexandre Schwartsman
Junho de 2023

APRESENTAÇÃO

Não sou economista, sou engenheiro. Certa vez, vi uma lista que me deixou aliviado: vários economistas famosos não eram, na verdade, economistas.

Mario Henrique Simonsen, por exemplo, era, como eu, engenheiro. Celso Furtado, considerado um dos mais importantes economistas brasileiros, cursou direito em sua graduação. Roberto Campos fez filosofia e teologia, tendo depois ingressado no serviço diplomático. Daniel Kahneman recebeu o Prêmio Nobel de Economia em 2002 sendo psicólogo de formação. Samuel Pessôa, um dos mais influentes economistas brasileiros da atualidade, é físico. Enfim, há uma longa lista de *et cetera*, mas acho que já fiz o meu ponto: não é preciso ser graduado em economia para entender de economia.

Claro que todos esses craques se aprofundaram no estudo da ciência econômica. Não são chutadores, muito pelo contrário. Mas a ciência econômica, como qualquer ciência, pode (e deve) ser popularizada. Conceitos básicos do funcionamento da economia são extremamente úteis para entender o funcionamento do mundo, do universo e tudo o mais. Muitos conceitos errôneos levam as pessoas e as sociedades ao colapso.

A Economia é uma ciência curiosa. Não é exata, mas tem leis. É mais ou menos como a Medicina. A Medicina dedica-se ao estudo do corpo humano. Muitas vezes não tem respostas definitivas, não compreende certos fenômenos. Mas, definitivamente, existem leis que, se não forem obedecidas, levam à morte. Assim na Economia: apesar de existirem muitos fenômenos que não compreendemos, há leis que, se não forem obedecidas, levam ao colapso dos países.

Tenho mestrado em economia, mas aprendi economia de verdade no mercado financeiro. Sim, eu sei que isso é pouco, muito pouco, para quem pretende ensinar alguma coisa sobre a matéria. Mas talvez por isso eu tenha alcançado um relativo sucesso na transmissão de conceitos da macroeconomia de maneira prática, sem o rebuscamento dos modelos teóricos, muitas vezes acima do que um leigo pode compreender. Pelo menos, é o que meus amigos dizem. Se eles estão falando a verdade, aí é com o leitor.

Certa vez, depois de eu ter escrito mais um artigo sobre economia para o blog Papo de Boteco, meus companheiros de blog desafiaram-me a escrever um livro com este objetivo: transmitir conceitos de economia para pessoas sem nenhuma formação em economia. Este livro é fruto desse desafio.

Aqui, veremos alguns assuntos que aparecem nas páginas dos jornais e, muitas vezes, não entendemos completamente. Tem um pouco de teoria, um pouco de história, um pouco de filosofia de boteco, abundância de ilustrações e algumas poucas fórmulas, que nenhum engenheiro é de ferro.

Boa leitura.

Marcelo Guterman

Junho de 2023

SUMÁRIO

CAPÍTULO 1
O DINHEIRO 15

CAPÍTULO 2
A INFLAÇÃO 35

CAPÍTULO 3
A TAXA DE JUROS 87

CAPÍTULO 4
O MERCADO FINANCEIRO 119

CAPÍTULO 5
O CÂMBIO E O MERCADO GLOBAL 143

CAPÍTULO 6
A DÍVIDA PÚBLICA E O EQUILÍBRIO FISCAL 199

CAPÍTULO 7
O PRODUTO INTERNO BRUTO 243

CAPÍTULO 8
OS DEBATES ECONÔMICOS DO NOSSO TEMPO 291

BIBLIOGRAFIA 327

CAPÍTULO 1

O DINHEIRO

O que é o dinheiro?

Todos somos produtos de nosso tempo. O mundo em que nascemos funciona de uma determinada forma, e raramente paramos para pensar por que é assim e não de outra maneira. Não me refiro aqui a invenções recentes, como automóveis ou computadores ou mesmo energia elétrica, que estão entre nós há pouco menos ou pouco mais de um século. Podemos tentar imaginar o mundo sem essas invenções, e até conseguimos. Filmes antigos nos ajudam nessa tarefa. Mas há outras invenções humanas que parecem fazer parte da natureza. Nessa categoria estão, por exemplo, a matemática e a linguagem.

Computadores e automóveis são produtos de uma revolução tecnológica muito recente, se considerarmos a história humana sobre a face da Terra. Por isso, ainda que estejamos plenamente ambientados em um mundo em que essas invenções são comuns, elas ainda parecem pertencer a um mundo, digamos, artificial. A matemática e a linguagem, por outro lado, são quase definidoras do que é um ser humano.

O dinheiro, por sua vez, encontra-se no meio do caminho entre a matemática e as invenções mais recentes. Percebemos o dinheiro como algo artificial, sem dúvida, mas de tal forma entranhado em nossas vidas, que nos parece, por vezes, fazer parte da própria natureza humana. A invenção do dinheiro se perde nas brumas da história, fazendo parte do dia a dia da humanidade, ainda que de maneira implícita, desde que houve a primeira troca de mercadorias entre dois homens da caverna. A história do dinheiro é a história do comércio entre os homens. O dinheiro é apenas um meio para facilitar o comércio. Ou melhor, um denominador comum com que podemos medir o valor de cada coisa para cada pessoa.

Imagine que no mundo existissem somente duas pessoas. Vamos assumir que essas duas pessoas precisassem apenas de comida e abrigo para sobreviverem. Uma delas produz comida e a outra é especialista na construção de abrigos. Se essas duas pessoas não colaborassem entre si, as duas iriam morrer, uma por falta de comida e a outra por falta de abrigo. A escolha óbvia de ambos é realizarem uma troca: o construtor de abrigos faz dois abrigos, um para si e o outro para o seu companheiro de planeta, enquanto o produtor de comida faz refeições em dobro, de modo que ambos sobrevivem. Antes que me perguntem, o abrigo é, assim, meio precário, de modo que só dura uma semana nesse planeta selvagem. Dessa forma, a necessidade de abrigo se renova a cada semana, mantendo permanentemente a necessidade de troca.

Note que na relação entre esses dois habitantes não existe dinheiro. Há apenas uma troca. Eles não entram em considerações de quanto vale a comida ou o abrigo, se cada abrigo vale duas, três ou dez refeições. Cada um desses dois habitantes está preocupado em sobreviver e necessita vitalmente da mercadoria produzida pelo outro. Assim, o valor que cada um dá à mercadoria do outro é a sua própria vida. Esta palavra, **valor**, não está aqui à toa. Ela é essencial.

Apesar de não existir dinheiro nessa transação, ele está implícito. Cada uma das partes transforma a sua necessidade em algo pelo que está disposto a pagar. O dinheiro surge dessa necessidade, necessidade essa que cria a percepção de valor. O dinheiro, em si, não tem valor. Só adquire valor na medida em que pode ser trocado por algo de que temos necessidade. Esse conceito de **valor** é de fundamental importância para entender a moeda e sua principal doença, a inflação.

Um outro ponto importante é notar que ambos os homens saciaram as suas necessidades por meio da troca. Não houve um ganhador e um perdedor, os dois ganharam. As trocas comerciais livres somente ocorrem se os dois lados ganham. Note bem: não é que a troca deva ser proibida se não houver mútuo ganho. O que ocorre é que a troca simplesmente não acontecerá se não houver a percepção de benefício para ambas as partes. Isso acontece havendo ou não dinheiro, ou mesmo lucro, envolvido. Na verdade, na troca desse exemplo, há dinheiro e lucro implícitos. Tanto o produtor de comida quanto o produtor de abrigo fabricam comida e abrigo em excesso às suas próprias necessidades. E somente porque existe é que esse excesso pode ser vendido no mercado. Cada uma das partes está lucrando ao trocar o seu excesso por algo que lhe é necessário. Estamos, o tempo inteiro, vendendo algo de que não precisamos para comprar algo de que precisamos. Os empregados de uma empresa estão vendendo o seu tempo e as suas habilidades para a empresa onde trabalham, tempo e habilidades que, de outro modo, ficariam ociosos. É exatamente o mesmo caso dos dois habitantes solitários do nosso modelo anterior: cada um vende algo em excesso que, de outro modo, ficaria ocioso. O dinheiro é apenas uma medida desse **valor** criado para o outro.

Continuemos. O modelo de economia visto no exemplo é extremamente limitado. Há apenas dois agentes econômicos e duas mercadorias. E, além disso, há apenas duas necessidades a serem endereçadas, comida e abrigo. Portanto, nesse mundo limitado, o dinheiro é dispensável, na medida em que as necessidades coincidem exatamente com as mercadorias oferecidas.

Obviamente, em um mundo complexo, com bilhões de agentes econômicos e trilhões de mercadorias e serviços, o escambo não conseguiria dar conta de suprir as necessidades de troca entre todos os seres humanos. Foi necessária a criação de um **meio de troca** entre as pessoas, um elemento que pudesse ser usado como representação de um **valor**. Esse meio de troca recebeu o nome de **dinheiro**.

O dinheiro, com certeza, foi uma das invenções humanas fundamentais para tornar possível o mundo onde hoje vivemos. A complexidade das trocas econômicas entre as pessoas não seria possível sem o uso do dinheiro, que funciona como uma espécie de óleo nas engrenagens das relações econômicas entre as pessoas. Por isso, entender de onde surge o dinheiro e para onde vai o dinheiro é tão difícil quanto entender as bilhões de interações entre os seres humanos que têm lugar diariamente no planeta. Um pouco de história talvez nos ajude nessa tarefa.

A história do dinheiro[1]

Quem já não recebeu balinhas como troco em uma padaria? Na ausência de moedas, as balas fazem o papel do dinheiro. Podemos até ficar revoltados, afinal bala não é dinheiro, não há a possibilidade de usá-las para comprar outra mercadoria em outro estabelecimento comercial. Mas, na transação ocorrida na padaria, é aceitar a balinha, ou ficar sem troco. Pelo menos, a bala pode ser consumida ou trocada pelo sorriso de uma criança, o que não é pouca coisa.

A balinha é o que chamamos de **moeda-mercadoria**. Hoje, estamos acostumados a lidar com o papel-moeda ou o dinheiro que fica deposi-

---

[1]   Os dados desta seção foram extraídos da obra The History of Money – Jack Weatherford – Random House – 1997.

tado em nossas contas-correntes. Mas esse é o ponto final (por enquanto) de uma longa história, que começa com o uso de mercadorias que eram amplamente aceitas como meios de troca. Durante séculos, as chamadas moedas-mercadoria dominaram as relações econômicas entre as pessoas. Houve inúmeras mercadorias que serviram para esse fim: sementes de cacau no Império Asteca, cevada na Babilônia e na Assíria, arroz no Japão e outras regiões do Oriente. Dentre as moedas-mercadoria mais famosas, o sal tem um lugar de destaque, tendo sido usado no Império Romano e dado origem à palavra salário. Por fim, as mais famosas moedas-mercadoria são os metais preciosos, principalmente prata e ouro.

Podemos pensar nas moedas-mercadoria como o nosso dinheiro atual, mas é realmente estranho pensar que podemos plantar ou minerar dinheiro. A expressão "você pensa que dinheiro dá em árvore?" brinca com essa ideia de que o dinheiro não pode ser criado do nada. No entanto, as moedas-mercadoria são criadas do nada. O ouro, a prata e o sal são minerados, as sementes de cacau, a cevada e o arroz são plantados. Funciona como se pudéssemos ter uma "árvore de dinheiro" em casa. Uma ideia estranha, no mínimo.

Por isso, podemos pensar nas moedas-mercadoria como o nosso dinheiro atual somente até certo ponto. Sim, as moedas-mercadoria servem como meios de troca, assim como nosso dinheiro atual. Mas, ao contrário dos reais que temos em nossa carteira ou no banco, as moedas-mercadoria tinham (têm) um valor intrínseco, dado pela sua utilidade. Assim como a balinha dada como troco na padaria, o ouro, a prata, o sal e todas as outras moedas-mercadoria usadas ao longo da história têm um valor em si, pois essas mercadorias servem para alguma coisa. É esse valor em si que fazia da moeda-mercadoria algo aceitável como meio de troca. Assim, o uso da moeda-mercadoria não passa de um escambo mais sofisticado. Por exemplo, digamos que, no mercado, uma vaca valha o equivalente a 5,5 galinhas. Obviamente, o dono das galinhas não vai cortar uma das aves ao meio. O negócio se dá pela entrega de 6 galinhas, e o troco devido pelo dono do boi pode ser em uma moeda-mercadoria. Por exemplo, sal ou arroz, que têm um valor em si e são, também, amplamente aceitos em trocas no mercado. Assim, o escambo continua a ser feito, mas muito facilitado pela existência de moedas-mercadoria, que funcionam para arredondar o troco, assim como as balinhas na padaria.

Com o tempo, as moedas-mercadoria foram assumindo o papel de meio de troca universal, pois o escambo, por mais que seja facilitado pela existência das balinhas, ainda exige uma dupla coincidência, ou seja, que os donos das mercadorias a serem trocadas coincidam exatamente na necessidade mútua da mercadoria que o seu parceiro de negócio possui. A moeda-mercadoria, como tem ampla aceitação, dispensa a necessidade dessa dupla coincidência, facilitando em muito as transações.

No entanto, moedas-mercadoria são de difícil manipulação e conservação. Além disso, muitas delas têm valor apenas dentro de uma determinada sociedade. Por exemplo, conchas e dentes de baleia já foram usados como moedas-mercadoria em algumas ilhas do Pacífico, mas dificilmente teriam algum valor fora dali. É no contexto de mercados cada vez maiores e mais complexos que os metais preciosos se transformam na moeda-mercadoria por excelência.

Ouro e prata têm a grande vantagem de não perderem as suas propriedades físicas ao longo do tempo. Portanto, além de meio de troca, ouro e prata servem como **reserva de valor**, outra característica importantíssima do dinheiro. Além de servir como meio de troca, o dinheiro precisa poder ser guardado para uso futuro. Essa função dificilmente poderia ser cumprida por moedas-mercadoria que se deterioram com o passar do tempo, o que não é o caso dos metais preciosos.

Ouro, prata e outros metais preciosos têm um valor intrínseco como matérias-primas para a confecção de objetos de maneira geral, mas o seu valor vai muito além disso, o que também os diferencia das outras moedas-mercadoria. Os metais preciosos são raros, normalmente de difícil obtenção, e a sua aceitação universal como moeda de troca sempre lhes deu um valor intrínseco que excede a sua simples utilidade para fazer joias ou talheres. No entanto, ainda continuam sendo elementos encontrados na natureza, o que nos faz retornar à estranha ideia de se poder criar dinheiro do nada, como se tivéssemos uma árvore de dinheiro ou uma máquina doméstica de impressão de reais. No entanto, mais à frente, veremos que essa ideia de gerar dinheiro "do nada" não é tão estranha quanto parece. Na verdade, todo dinheiro é gerado "do nada".

Mas sigamos. A próxima etapa consistiu em facilitar o uso do metal precioso no comércio. Para padronizar e, ao mesmo tempo, atestar a pureza do metal precioso, os comerciantes mais ricos começaram a cunhar moedas feitas de metais preciosos com a sua marca e o valor intrínseco de metal precioso embutido naquele pedaço de metal. Com isso, o uso do ouro e da prata tornou-se bem mais simples e acessível, o que impulsionou o comércio de maneira impressionante. Com o tempo, esse papel de certificador de moedas passou a ser feito pelos reis e imperadores (pelo governante) de cada região. As moedas feitas de metais preciosos foram a primeira forma de dinheiro da maneira como o conhecemos hoje.

Nesse ponto, começamos a enfrentar a questão da confiabilidade do emissor da moeda. Enquanto tínhamos o ouro e a prata como uma mercadoria a mais, conveniente para azeitar o escambo, a aceitação dessa moeda de troca era de responsabilidade exclusiva das partes envolvidas no escambo. Cabia a cada uma das partes determinar qual quantidade de metal precioso era suficiente para pagar pela mercadoria transacionada. No entanto, no momento em que uma autoridade passou a cunhar uma moeda de tamanho-padrão e colocar o seu selo como prova de autenticidade, aquela moeda ganhou vida própria. Já não era somente uma mercadoria a mais com propriedades convenientes, mas carregava a credibilidade do seu emissor. Está aí a raiz de toda a nossa desgraça.

Não demorou para que o uso desse poder fosse abusado. Para financiar o custo cada vez mais alto de manutenção do Império Romano, seus imperadores começaram a depreciar a própria moeda. Nero iniciou esse processo, ao determinar que um denário (a moeda do império) fosse feito com apenas 90% de prata. A quantidade de prata contida em um denário foi sendo diminuída ao longo dos anos, até que, cerca de duzentos anos depois de Nero, a moeda do império tinha menos de 5% de prata em sua confecção. Obviamente, inflação foi o resultado desse processo, dado que havia mais moedas do que mercadorias para comprar. Assim, o mesmo trigo que era vendido por meio denário no século II, havia aumentado para 100 denários dois séculos depois, em um processo que conhecemos bem. Para lidar com essa situação, no início do século IV o imperador Diocleciano determinou o primeiro congelamento de preços de que se tem notícia, o que acabou por causar desabastecimento no império. Uma situação que também conhecemos bem.

Mas, para além da questão da credibilidade do emissor, a moeda feita de metal precioso tinha um defeito inerente à moeda-mercadoria: como o ouro e a prata podiam ser encontrados na natureza, o seu valor intrínseco depende de sua quantidade disponível. Para serem usados como meio de troca, esses materiais precisam, de alguma maneira, corresponderem, em valor, a todas as mercadorias e serviços disponíveis no mundo. Em outras palavras, se mais ouro e prata são minerados sem que haja um correspondente aumento do volume de mercadorias e serviços no mundo, a tendência é de que o valor das mercadorias aumente em relação aos metais disponíveis (inflação). Por outro lado, se o volume de produtos e serviços disponíveis aumenta sem um correspondente aumento do volume de metais preciosos, o valor das mercadorias diminui em relação ao valor dos metais disponíveis (deflação). No entanto, essa relação direta entre o valor dos metais preciosos e o conjunto de mercadorias e serviços foi quebrada com uma inovação nascida no século XIV no norte da Itália: as casas bancárias.

Como vimos, a criação das moedas havia sido uma revolução para o comércio na Antiguidade. No entanto, à medida que a civilização foi se tornando cada vez mais complexa, carregar a quantidade de moedas necessárias para fazer negócios de grande envergadura assumiu um custo de transporte e armazenamento proibitivo.

Para solucionar esse problema, algumas famílias de Florença e Veneza, dentre outras cidades do norte da Itália, se especializaram em armazenar ouro e prata e, em troca, emitiam certificados aceitos em toda a Europa, atestando a existência física daqueles metais preciosos. Esses certificados substituíam o ouro ou a prata física, facilitando ainda mais o comércio, como podemos ver na **Figura 1**.

Em um primeiro momento (1), a pessoa deposita suas moedas de ouro em um banco e recebe um certificado que atesta a existência daquele ouro. A pessoa, então, usa o certificado para adquirir mercadorias em uma loja que aceita aquele certificado como se ouro fosse, pois confia na casa bancária (2). **Confiança**, aqui, não é uma palavra aleatória. Trata-se de algo que está no cerne de qualquer sistema monetário. É preciso ter confiança na entidade que emite o dinheiro, caso contrário este não cumprirá o seu papel de servir como meio de troca de mercadorias. Por fim, em um terceiro momento (3), o comércio troca aquele certificado na casa bancária, resgatando o ouro que serviu de lastro. Na verdade, esse último passo nem seria necessário. O comércio poderia usar aquele certificado para fazer os seus próprios gastos, trocando-o por mercadorias com outros comércios que também confiam naquela casa bancária. O certificado passa a ser um **papel-moeda**.

Esses certificados emitidos pelas casas bancárias do norte da Itália foram, portanto, a primeira forma conhecida do que chamamos hoje de papel-moeda. Ainda era apenas a substituição de uma moeda-mercadoria por um pedaço de papel que representava a moeda-mercadoria. Mas se tratava de mais um passo na direção de facilitar as trocas comerciais, assim como tinha sido a criação das moedas metálicas.

Figura 1 – A origem do papel-moeda

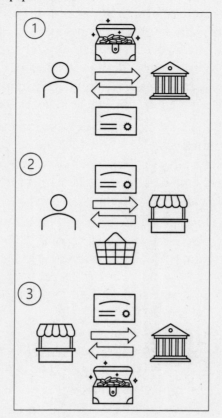

Fonte: elaboração do autor

Esse arranjo (papel-moeda lastreado em algum metal precioso), com muitas idas e vindas desde o século XV, foi adotado até tão recentemente quanto 1971, quando os Estados Unidos decidiram abandonar unilateralmente o padrão-ouro determinado pelos acordos de Bretton Woods. Veremos essa história em detalhes no Capítulo 5.

Ao longo do tempo, o Estado foi monopolizando o direito à emissão de papel-moeda lastreada em metais preciosos. Esse lastro servia como uma espécie de camisa de força para os governos, que não podiam criar dinheiro do nada para financiar os seus gastos. Para que o sistema gozasse de credibilidade, era preciso determinar uma taxa de conversão fixa entre a moeda nacional e a quantidade de ouro existente nos cofres do governo. A essa taxa, os governos se comprometiam a vender todo o ouro que fosse demandado contra a entrega da moeda nacional. Esse é o chamado **padrão-ouro**, em que o ouro funciona como uma âncora para a credibilidade da moeda nacional. Não por outro motivo, o padrão-ouro foi recorrentemente abandonado ao longo do tempo, quando os governos precisavam gastar mais, principalmente para financiar guerras. Por exemplo, a 1ª Guerra Mundial fez com que os países europeus abandonassem o padrão-ouro, para retomá-lo após o fim da guerra e depois abandoná-lo novamente na 2ª Guerra Mundial.

Essa penúltima etapa da história do dinheiro é curiosa. Eleger um metal precioso como padrão monetário destaca esse metal precioso do restante das mercadorias transacionadas entre os seres humanos. Ouro e prata parecem ganhar vida própria, mas não é bem assim. Por exemplo, na época da colonização espanhola das Américas, uma quantidade gigantesca de ouro e prata inundou a Europa. O resultado foi, como não poderia deixar de ser, a desvalorização da cotação desses metais preciosos. Ou seja, uma maior quantidade de ouro ou prata podia continuar comprando a mesma quantidade de mercadorias. Por mais que sejam mercadorias preciosas e apartadas das outras, os metais preciosos também obedecem à lei da oferta e da demanda, como qualquer outra mercadoria.

Após séculos de adoção e de abandonos temporários, o padrão-ouro foi definitivamente enterrado pelo presidente Richard Nixon, dos Estados Unidos, em agosto de 1971. Claro, esse também foi anunciado como um abandono "temporário", que dura até hoje e, provavelmente, nunca mais será retomado. O corte do cordão umbilical entre a moeda-papel e a moeda-mercadoria dá origem ao que chamamos de **moeda fiat** (em latim, *fiat* significa faça-se) ou **moeda fiduciária** (em latim, *fidúcia* significa confiança). A moeda fiat recebe esse nome porque o seu valor reside no simples fato de que o governo quer que tenha valor. Como os governos têm o monopólio da força e da lei, podem determinar o que será aceito ou não no território sob sua jurisdição. Por isso, dizemos que a moeda fiat tem **curso forçado** no país, todos os cidadãos são obrigados a aceitar a moeda emitida pelo governo como meio de pagamento.

Claro que não basta querer, é preciso conquistar a confiança dos cidadãos. Portanto, a moeda fiat também é moeda fiduciária, pois seu valor baseia-se na pura confiança de que sua emissão não será objeto de abuso por parte dos governos.

É importante ter em mente que todas essas definições não se sobre-põem à realidade econômica. O lastro da moeda continua sendo o "valor" criado em uma economia. A "fidúcia" desaparece se o governo emissor da moeda abusa de seu poder, ou seja, emite moeda sem lastro no "valor" criado na economia. E o "curso forçado", por mais que o governo seja autoritário, não resiste ao mercado paralelo de divisas criado pela falta de confiança na moeda oficial. É sempre bom ter esses conceitos em mente, principalmente quando abordarmos a questão da inflação.

O salto do padrão-ouro para a moeda fiat foi, a um só tempo, um salto no escuro e uma necessidade inescapável. Um salto no escuro porque, pela primeira vez na história, temos um meio de troca que não se baseia em nada, apenas na promessa do bom comportamento dos governos. E inescapável porque fica difícil imaginar a complexidade cada vez maior das relações comerciais humanas baseadas em um mineral encontrado na natureza, por mais nobre que seja. Esse novo arranjo obviamente traz como consequência uma maior volatilidade do valor do dinheiro. Mas, se lembrarmos que, antes de tudo, o dinheiro em si não tem valor, a não ser como meio de troca de coisas que têm valor, os arranjos anteriores eram tão artificiais quanto o atual, e dependiam, na prática, do bom comportamento dos responsáveis pela moeda, qualquer que fosse o seu lastro. Ao longo da história, lastros muito sólidos foram simplesmente abandonados quando o emissor da moeda abusou de seu privilégio, porque a realidade do abuso se sobrepõe ao lastro. No final, uma moeda sempre foi, e sempre será, uma realidade fiduciária.

As funções da moeda

Na breve história do dinheiro que vimos anteriormente, ficaram implícitas as chamadas **funções da moeda**. São elas: meio de troca, reserva de valor e unidade de conta.

O dinheiro serve como **meio de troca**. É a sua função primordial, aquela que está na raiz de sua origem, a sua própria definição. O dinheiro nasce como uma forma de facilitar o escambo, servindo como uma graxa na engrenagem do comércio. Para que um determinado objeto sirva como meio de troca, é necessário que tenha aceitação universal (ou, pelo menos, dentro de uma determinada área) e seja facilmente divisível.

A segunda função do dinheiro é a de **reserva de valor**. O dinheiro precisa servir para estocar valor ao longo do tempo. E, de preferência, sem data de validade. Ou seja, sem que o valor se deteriore ao longo do tempo. A palavra valor, aqui, não é aleatória. O dinheiro guardado precisa manter a sua capacidade de compra, ou seja, a sua capacidade de ser trocado por mercadorias ou serviços ao longo do tempo. Claro, essa função é mais bem exercida por moedas que não sofrem deterioração. Nesse sentido, o ouro e a prata, por exemplo, mantêm as suas características por mais tempo do que o ferro ou o cobre. Por isso, foram escolhidos desde sempre como material para a confecção de moedas.

No mundo da moeda fiat, no entanto, essa perda de capacidade de manter valor ao longo do tempo é o que chamamos de inflação. A inflação é justamente a perda sistemática do poder de compra da moeda ao longo do tempo. Por isso, moedas que sofrem altos índices de inflação têm essa função de reserva de valor prejudicada. Guardar dinheiro no colchão só funciona para moedas que não se desvalorizam muito.

A terceira e última função da moeda, não tão clara quanto as duas primeiras, é funcionar como **unidade de conta**. Precisamos poder expressar os preços das coisas na moeda. Quando vamos à feira, por exemplo, os preços das mercadorias estão expostos em reais. O real, portanto, funciona como uma unidade de conta, pois conseguimos expressar os preços das coisas em termos dessa moeda.

Na época da hiperinflação, houve momentos em que a moeda brasileira deixou de servir, na prática, como unidade de conta. Por exemplo, na **Figura 2** temos um exemplo de anúncio de imóveis publicado em jornal de novembro de1992, mês em que a inflação no Brasil foi de 22,5% em um único mês! Note como os preços dos imóveis estão expressos em dólares, pois o cruzeiro (moeda da época) havia perdido a sua capacidade de funcionar plenamente como unidade de conta.

Figura 2 – Ofertas de apartamento em dólar

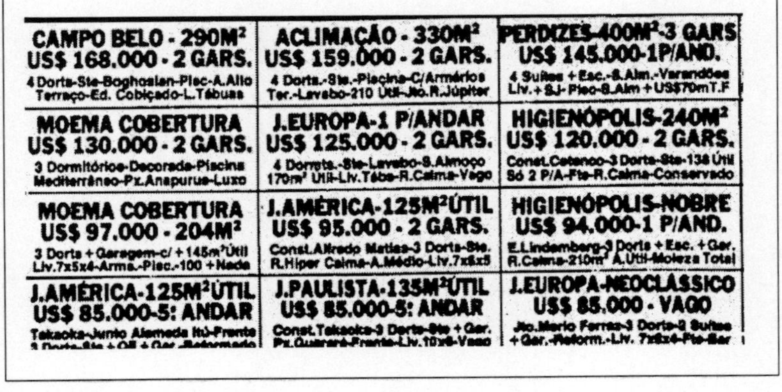

CAMPO BELO - 290M² US$ 168.000 - 2 GARS.	ACLIMAÇÃO - 330M² US$ 159.000 - 2 GARS.	PERDIZES-400M²-3 GARS US$ 145.000-1P/AND.
MOEMA COBERTURA US$ 130.000 - 2 GARS.	J.EUROPA-1 P/ANDAR US$ 125.000 - 2 GARS.	HIGIENÓPOLIS-240M² US$ 120.000 - 2 GARS.
MOEMA COBERTURA US$ 97.000 - 204M²	J.AMÉRICA-125M²ÚTIL US$ 95.000 - 2 GARS.	HIGIENÓPOLIS-NOBRE US$ 94.000-1 P/AND.
J.AMÉRICA-125M²ÚTIL US$ 85.000-5: ANDAR	J.PAULISTA-135M²ÚTIL US$ 85.000-5: ANDAR	J.EUROPA-NEOCLÁSSICO US$ 85.000 - VAGO

Fonte: jornal de 19/11/1992

Naquela época, era comum a determinação de índices que facilitavam a fixação de preços. Por exemplo, havia a Unidade Taximétrica (UT), que servia para fixar as tarifas dos táxis. A bandeirada era fixada em 4 UTs, enquanto o quilômetro rodado equivalia a uma UT. Todo mês, o preço em cruzeiros da UT era reajustado de acordo com a inflação. No caso, a unidade de conta era a UT.

A cobrança de impostos funcionava da mesma forma. Por exemplo, a declaração de bens no imposto de renda deveria ser feita em Unidade Fiscal de Referência (Ufir). Ou seja, preços de imóveis e outros bens deveriam ser expressos não na moeda nacional, mas em um indexador. Assim, nem o próprio governo usava a moeda nacional como unidade de conta, preferindo uma moeda indexada (a Ufir), cujo valor em cruzeiros era reajustado diariamente. Na **Figura 3**, temos esses índices publicados em um jornal, prática diária para que as pessoas pudessem consultar as suas cotações.

Figura 3 – As várias unidades de conta do Brasil

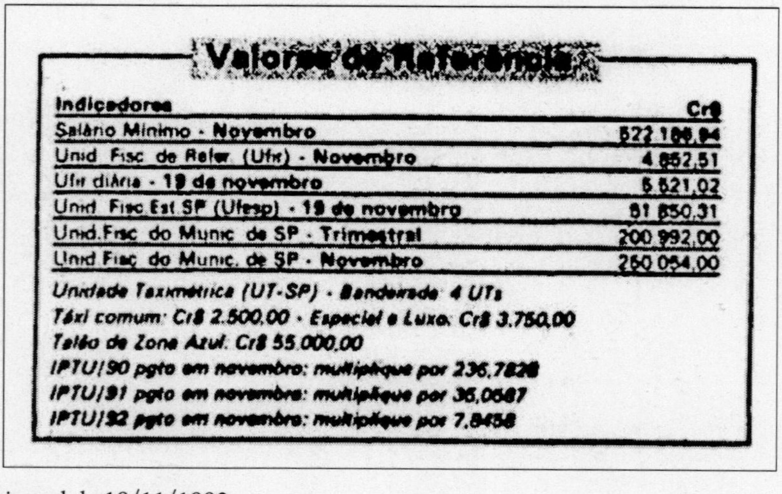

Valores de Referência

Indicadores	Cr$
Salário Mínimo - Novembro	522 186,94
Unid. Fisc. de Refer. (Ufir) - Novembro	4 852,51
Ufir diária - 19 de novembro	5 521,02
Unid. Fisc Est SP (Ufesp) - 19 de novembro	51 850,31
Unid. Fisc. do Munic. de SP - Trimestral	200 992,00
Unid. Fisc. do Munic. de SP - Novembro	260 054,00

Unidade Taximétrica (UT-SP) - Bandeirada: 4 UTs
Táxi comum: Cr$ 2.500,00 - Especial e Luxo: Cr$ 3.750,00
Talão de Zona Azul: Cr$ 55.000,00
IPTU/90 pgto em novembro: multiplique por 236,7828
IPTU/91 pgto em novembro: multiplique por 36,0587
IPTU/92 pgto em novembro: multiplique por 7,8458

Fonte: jornal de 19/11/1992

O abandono da moeda de um país passa pela deterioração gradual das três funções da moeda. O primeiro passo é deixar de usar a moeda como reserva de valor. As pessoas começam a guardar as suas reservas em outras moedas mais confiáveis. Em seguida, outras unidades de conta são usadas para expressar preços, muitas vezes em outra moeda que já é usada como reserva de valor. E, por fim, a moeda é abandonada de vez inclusive como meio de troca, sendo substituída pela moeda mais estável. É o que vemos em países onde a inflação é um problema crônico de muitos anos, como a Argentina, onde o dólar, e mesmo o real, são usados no dia a dia pela população.

Criptomoedas

Depois de compreendermos as funções da moeda, fica mais fácil de entender a onda do momento: as criptomoedas. Seria a criptomoeda a moeda do futuro, que substituirá as moedas fiat que temos hoje? Antes de tentar responder a essa importante questão, vamos procurar entender, afinal, o que é uma criptomoeda.

Não é objetivo aqui explicar como funciona uma criptomoeda, mesmo porque se trata de computação avançada, e foge ao escopo deste livro. O que podemos dizer é que a criptomoeda é uma **moeda virtual decentralizada**.

Ser virtual não é propriamente uma novidade. Na verdade, praticamente toda moeda em circulação atualmente é virtual. Pouco do que transacionamos no dia a dia se faz por meio de notas e moedas. A grande novidade da criptomoeda é o fato de ser decentralizada. Ou seja, não há um Banco Central que emite a moeda. A criptomoeda é criada por "mineiros", que conseguem encontrar certas combinações de códigos que são aceitos pelo sistema para validar as moedas criadas, em uma atividade chamada de "mineração". É também decentralizada no sentido de que a moeda não é armazenada em um sistema central, por exemplo, em uma conta em um banco. O "dinheiro" está espalhado pelo sistema, sendo que a garantia da existência desse dinheiro não se baseia na confiança depositada em um agente central, mas sim na comunidade como um todo.

Vejamos agora se as criptomoedas podem ser consideradas moedas de verdade. Em primeiro lugar, elas devem servir como **meio de troca**. Até o momento, essa função é mais um desejo do que uma realidade. Há, efetivamente, algumas empresas que têm aceitado o bitcoin e outras criptomoedas como forma de pagamento por suas mercadorias. No entanto, em grande parte das vezes, essas empresas estão associadas a corretoras de criptomoedas. Assim que recebe um pagamento em criptomoeda, a empresa troca rapidamente essas criptomoedas pela moeda nacional nessa corretora. É fácil de entender por quê: a empresa precisa usar aquele dinheiro para fazer girar o seu negócio (pagar fornecedores, funcionários, aluguel etc.). Dificilmente alguma dessas despesas poderá ser feita em criptomoedas, é bem provável que somente possam ser feitas em moeda nacional. Portanto, ao aceitar criptomoedas como forma de pagamento, a empresa precisa rapidamente convertê-las em moeda nacional. Note que o consumidor poderia ter feito o mesmo: antes de comprar alguma mercadoria em uma loja, o consumidor poderia ter trocado as suas criptomoedas por dinheiro nacional e, então, realizar a compra com esse dinheiro. Portanto, as criptomoedas têm, por enquanto, um limitado alcance como meio de troca.

As empresas que aceitam criptomoedas como meio de troca têm um outro problema, além de trocar as criptomoedas recebidas o mais rapidamente possível: como expressar os preços de suas mercadorias. Estamos nos referindo à função de **unidade de conta** da moeda. E, aqui, as empresas enfrentam o mesmo problema do uso das criptomoedas como meio de troca: como todos os seus compromissos com fornecedores, funcionários e governo são expressos em moeda nacional, estabelecer o preço em criptomoedas é um risco muito grande.

Imagine, por exemplo, um supermercado que aceite criptomoedas como forma de pagamento. Esse supermercado compra, digamos, farinha de trigo, e paga ao fornecedor R$ 3,00 por saco. Se fosse vender em reais, o preço do saco seria de R$ 5,00. No entanto, na hora de estabelecer o preço para o cliente, o supermercado faz a conversão de reais para, digamos, bitcoins, e chega a um preço de B$ 0,00025, considerando uma taxa de conversão de 1 bitcoin para cada R$ 20.000. O problema é que a cotação dos bitcoins em reais é muito volátil, e o supermercado precisa fixar o preço em reais, dado que todos os seus compromissos estão expressos nessa moeda. Assim, no dia seguinte, se a cotação do bitcoin cair para R$ 18.000, o preço da farinha de trigo precisaria ser alterado para B$ 0,000278, para manter o preço do produto em R$ 5,00. Essas mudanças de preços diárias são, obviamente, inviáveis operacionalmente. Portanto, o uso das criptomoedas como unidade de conta é, no final das contas, inviável. Somente será viável quando toda a economia estiver baseada em criptomoedas.

Nesse sentido, o governo de El Salvador iniciou um experimento social interessante, ao oficializar, em setembro de 2021, o bitcoin como uma das moedas oficiais do país, ao lado do dólar americano, que já é a moeda oficial. Isso significa que todos são obrigados a aceitar bitcoins como forma de pagamento. O problema, claro, está na volatilidade da cotação do bitcoin em relação ao dólar, a outra moeda oficial do país. Então, na prática, os preços continuam sendo expressos em dólar, apesar de se aceitar também o bitcoin como forma de pagamento.

Por fim, vamos falar da função de **reserva de valor** das criptomoedas. Vimos que a ideia de reserva de valor tem relação com a capacidade de a moeda manter o seu poder de compra ao longo do tempo. Como as criptomoedas têm uso muito limitado como meio de troca, a forma de medir a sua capacidade para funcionar como reserva de valor será sempre em relação a outras moedas. Ou seja, enquanto o poder de compra de uma moeda comum é medido pela sua capacidade de comprar mercadorias e serviços, o poder de compra das criptomoedas é medido pela sua capacidade de comprar outras moedas, dado que seu uso para comprar mercadorias e serviços é bem limitado, por enquanto. Por isso, a cotação das criptomoedas em dólar é a forma de acompanhar o seu poder de compra e, portanto, a sua função de reserva de valor.

E o que comanda a cotação das criptomoedas em relação ao dólar? Para responder a essa questão, precisamos entender o que comanda a taxa de câmbio entre as moedas. Como veremos em mais detalhes no Capítulo 5 deste livro, a taxa de câmbio depende basicamente de dois fatores: o primeiro e principal são os fundamentos da economia que emite a moeda; o segundo, mais importante para movimentos de curto prazo, é o fluxo de recursos na compra e na venda da moeda. Em tese, o fluxo depende do fundamento: se a moeda for considerada barata do ponto de vista dos fundamentos da economia, o fluxo de compra deve ser maior que o de venda, e vice-versa. No entanto, sabemos que nem sempre é assim. Às vezes o fluxo cria o seu próprio fluxo. E as bolhas estão aí para provar isso.

E quais são os fundamentos do preço de uma moeda? Quando se trata da moeda de um país, os fundamentos vão desde os fluxos do balanço de comércio, passando pelos níveis relativos de inflação e taxas de juros, até a situação política do país que emite a moeda. E o que dizer das criptomoedas? Trata-se de moedas sem país. Assim, não há fluxo comercial, inflação, taxa de juros, situação política, nada que possa ser usado para a sua precificação com base em fundamentos. Portanto, não conseguimos avaliar, com base em fundamentos, se as criptomoedas estão caras ou baratas.

O que resta, então, para precificar as criptomoedas? No caso específico do bitcoin, o fato de sabermos que sua quantidade é limitada, tornando-se mais e mais difícil gerar bitcoins à medida que se vai chegando próximo a esse limite. Então, como a oferta é limitada e a demanda, em tese, ilimitada, o preço do bitcoin tende a subir indefinidamente com o tempo. Trata-se de um argumento puramente de fluxo, que é, como vimos anteriormente, o segundo motivo para os movimentos dos preços de um ativo.

Sendo assim, o bitcoin tem no seu fluxo de negociação o único fundamento para os seus preços. É a lógica do "mico preto": as pessoas compram bitcoins hoje porque têm esperança de que, no futuro, alguém os comprará a um preço mais alto. Dizem os mais céticos que o mercado financeiro é todo assim: pessoas procurando ativos que possam ser repassados mais adiante a preços maiores. Em termos. O investidor que, por exemplo, compra ações, certamente tem esperança de poder vendê-las mais caras no futuro. Mas também está comprando uma fração de uma empresa, que tem potencial de geração de lucros e pagamento de dividendos. No limite, esses dividendos são o motivo da precificação de uma ação, que deveria valer a soma de todos os dividendos futuros, trazidos a valor presente. Nada disso ocorre com as criptomoedas.

Portanto, hoje, as criptomoedas servem como reserva de valor baseado em duas esperanças: 1) de que a sua escassez fará com que se valorize diante de outras moedas e 2) que um dia sejam aceitas verdadeiramente como meio de troca, substituindo as moedas fiat emitidas pelos bancos centrais. Essa segunda esperança se baseia na tese de que o poder discricionário dos governos vai, mais cedo ou mais tarde, acabar por destruir suas próprias moedas, como já ocorre hoje com governos menos responsáveis. As pessoas, então, concluirão que é melhor colocar sua confiança em uma moeda que não está debaixo da asa de nenhum governo, tendo como garantia a sua própria escassez, o que a protegeria da corrosão inflacionária.

É nesse ponto que, curiosamente, ocorre um paralelo entre a mais moderna moeda criada pela civilização e a mais antiga: a criptomoeda e o ouro. O ouro, a exemplo da criptomoeda, também tem na escassez o fundamento principal de seu valor. Por isso, serviu como moeda de troca e reserva de valor durante séculos e, mesmo com o advento do papel-moeda emitido por casas bancárias e governos, serviu durante muito tempo como seu lastro. No entanto, o padrão-ouro colapsou sob o peso de suas próprias contradições, e a moeda fiat veio para quebrar esse vínculo, deixando a confiança nas moedas nas mãos da responsabilidade dos governos. Paradoxalmente, as criptomoedas propõem uma espécie de volta ao passado, servindo como o novo ouro dos séculos vindouros. Se isso vai funcionar ou não, somente o tempo dirá.

Base monetária

Chamamos de **base monetária** todo o montante de dinheiro disponível em uma economia. De alguma maneira, a base monetária deve acompanhar o crescimento do PIB, uma vez que o dinheiro serve para pagar pelo valor criado em uma economia.

Para entender melhor esse conceito, vamos relembrar que o dinheiro nada mais é do que uma forma de facilitar as trocas entre as pessoas. O dinheiro não tem, em si, valor. O dinheiro serve apenas para lubrificar o mecanismo de trocas. Portanto, o dinheiro disponível em uma economia deve acompanhar o tamanho da economia, ou seja, a soma de todos os produtos e serviços criados e que podem ser trocados entre si pelas pessoas. Se mais dinheiro for criado do nada, teremos inflação, ou seja, os mesmos produtos e serviços serão vendidos por um preço maior. Por outro lado, se a base monetária não acompanhar o tamanho da economia, teremos deflação (diminuição dos preços), o que também não é saudável, dado que as pessoas preferirão segurar o dinheiro a gastá-lo, provocando desaceleração da atividade econômica.

Vimos que, no início da civilização, o dinheiro era representado por qualquer mercadoria amplamente aceita na sociedade. Não somente metais preciosos serviram como dinheiro, mas mercadorias como sementes de cacau, arroz, tabaco, sal e milho, entre outros, fizeram o papel de facilitador de trocas comerciais ao longo dos séculos e em diferentes civilizações. Digamos que os dois homens da sociedade primitiva que serviu como nosso primeiro exemplo usassem, por exemplo, o sal como moeda. Claro que aquele que produzisse mais sal teria mais "dinheiro". Esse é o problema da moeda-mercadoria: a sua disponibilidade não está ligada à atividade econômica como um todo, mas à capacidade de produção daquela mercadoria.

Portanto, uma superprodução da mercadoria-moeda teria como efeito a inflação em termos daquela mercadoria-moeda. Foi o que aconteceu, por exemplo, no século XVI na Europa, com a descoberta das minas de prata na América do Sul por parte do reino espanhol. A inundação de prata fez com que essa mercadoria-moeda perdesse o seu poder de compra ao longo do tempo. Claro, mais prata para a mesma quantidade de mercadorias em circulação faz com que o preço dessas mercadorias aumente. O que manda é a produção, e a base monetária deve acompanhar o aumento da produção.

A criação do dinheiro é, modernamente, função dos bancos centrais dos países. Esse dinheiro é criado (ou deveria ser criado) de acordo com a demanda da atividade econômica. No **Gráfico 1**, podemos observar como a base monetária brasileira acompanha o PIB ao longo dos anos. Note que há um forte descolamento durante a pandemia, com o pagamento do Auxílio Emergencial. Nesse caso, a base monetária aumentou porque o governo emitiu títulos públicos, vendeu-os ao mercado e distribuiu o dinheiro arrecadado com essa venda para os cidadãos. Esse dinheiro adicional aumentou, de forma abrupta, a base monetária. Note que esse dinheiro foi verdadeiramente criado, pois antes o que estava em forma de ativos financeiros nas mãos de investidores se transformou em dinheiro pronto para ser gasto na mão dos que receberam o Auxílio Emergencial.

Gráfico 1 – Brasil: Base Monetária e PIB (jul./1994 = 100)

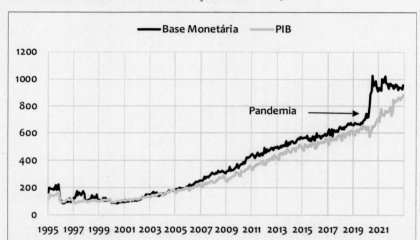

Fonte: Banco Central

Observe que, depois disso, a base monetária permanece constante, apesar do aumento do PIB no período. Isso acontece porque a inflação gerada pelo aumento artificial da base monetária vai inflando o PIB ao longo do tempo. No final desse processo, a base monetária voltará a coincidir com o PIB, pois o dinheiro disponível na economia deve, sempre, representar o total da produção de bens e serviços do país.

A maldição do dinheiro

Para terminar este capítulo, vamos filosofar um pouco. O dinheiro é uma realidade mundana, entranhada em nossas vidas de tal maneira que não conseguimos pensar em um mundo onde o dinheiro não existisse.

Apesar dessa necessidade vital, os brasileiros lidamos muito mal com o dinheiro. Não porque, via de regra, administramos mal as nossas finanças pessoais, mas no sentido de encarar o dinheiro como algo sujo, a própria personificação do mal. Falar de dinheiro é algo que constrange, não é assunto que se discuta. A ganância por ganhar mais e mais dinheiro é vista como um pecado. O próprio dinheiro tem um aspecto pecaminoso em nossa cultura.

Na verdade, se percebermos bem, o que se está demonizando não é o dinheiro em si, mas a troca, o comércio, que também muitas vezes é visto com desconfiança, como trapaça. O dinheiro é apenas um meio para tornar mais fáceis as trocas. Como vimos logo no começo deste capítulo, a troca comercial supõe a criação de valor excedente, que será trocado pelo valor excedente produzido pelo parceiro comercial. Trata-se de uma relação ganha-ganha, e é com base nessa relação que o PIB de um país cresce. Só há criação de valor (e, portanto, de produto) quando esse valor é percebido como tal por um parceiro comercial, que troca algo que também tem valor para o parceiro. O dinheiro é somente a representação desse valor criado.

Nesse sentido, o dinheiro é uma das mais nobres invenções que o ser humano já criou. Permite que aquilo que produzimos, e que tem valor para outros, possa ser trocado por coisas que tenham valor para nós. O dinheiro permite que a criatividade do ser humano (no sentido de criar valor) troque de mãos de maneira bem mais fácil, incentivando justamente que o ser humano seja cada vez mais criativo. O dinheiro, sem dúvida nenhuma, foi uma das invenções fundamentais para o salto civilizacional da humanidade.

A maldição do dinheiro, ou melhor, o preconceito contra o dinheiro, no fundo, nasce do preconceito contra o comércio. Estamos, todos, o tempo inteiro, trocando valores entre nós. Mas há uma certa prevenção contra essa troca, como se tivesse que haver sempre um perdedor. Karl Marx, por exemplo, afirmava que os operários de uma fábrica eram explorados pelos patrões, na medida em que estes lucravam com o seu trabalho sem precisarem, eles mesmos, trabalharem. Na linguagem de Marx, os patrões extraíam a mais-valia dos seus operários. Na verdade, o que temos são operários que vendem a sua força, o seu tempo e a sua habilidade para os patrões, em troca das coisas que eles podem comprar com o pagamento que recebem. Nessa troca, ambos ganham: o empresário, que consegue produzir mercadorias para vender no mercado (criando valor para outros) e os operários, que, de outra forma, não conseguiriam trocar a sua força, o seu tempo e as suas habilidades por coisas que querem ou de que precisam. Em outras palavras, estariam desempregados. A ideia de que os próprios empregados poderiam se auto-organizar, dispensando o patrão, parte do pressuposto de que o patrão não aporta valor algum ao processo de criação do produto vendido, sendo apenas um sanguessuga que se aproveita da força e das habilidades de seus empregados. Obviamente esse pressuposto está errado, o que foi mais que provado nos países que adotaram as premissas de Marx, em que o patrão foi apenas substituído pelo Estado e, portanto, os empregados não se auto-organizaram verdadeiramente. O Estado não tem a mesma capacidade do patrão capitalista de gerar valor e, portanto, sistemas baseados nas ideias de Marx colapsaram após algum tempo.

Note sempre, sempre, sempre, a utilização da palavra valor. Estamos, a todo momento, em busca de criação de valor. E quem diz se algo tem ou não valor é quem está disposto a fazer uma troca comercial por aquele valor. Uma troca mutuamente vantajosa.

Não, o dinheiro não é uma maldição, o comércio não é uma maldição. Trata-se, na verdade, de uma bênção. Sem o comércio, as pessoas viveriam em seus mundinhos diminutos, sobrevivendo somente daquilo que produzissem pessoalmente. O comércio permitiu a construção da civilização. E o dinheiro permitiu o comércio.

CAPÍTULO 2

A INFLAÇÃO

O que é inflação?

Começaremos com uma afirmação, no mínimo, polêmica: inflação não é o simples aumento de preços. Ainda que o aumento de preços possa indicar um processo inflacionário, a inflação não se resume ao aumento de preços. A movimentação dos preços pode ser apenas o sintoma de uma doença mais profunda.

Para entender melhor o conceito, vamos usar o mar como metáfora.

Como sabemos, o mar não é uma superfície lisa, como a superfície de um balde d'água. O mar tem ondas, causadas pelos ventos. As ondas elevam a superfície do mar em vários pontos, que depois voltam à sua posição original. Esses aumentos e reduções da altura do mar em diversos pontos são intermitentes, não permanentes.

Chamamos os aumentos pontuais dos preços de **mudança relativa de preços**, e são mais semelhantes às ondas do mar. Podemos ter mudanças relativas de preços por vários motivos: um choque de oferta (a falta de um determinado produto por problemas de produção), uma mudança de padrão de consumo, uma evolução tecnológica.

Por exemplo, o boicote dos países da Opep na década de 1970 fez com que os preços do petróleo subissem de maneira intensa naquela época. Essa elevação de preços, em si, não é inflação, mas apenas uma mudança relativa de preços. Se o restante da economia fosse não inflacionário, os consumidores trocariam a sua cesta de consumo, gastando mais com combustíveis e menos com outras mercadorias, fazendo com que os preços dessas outras mercadorias recuassem em virtude de uma diminuição da sua demanda. Os combustíveis, digamos assim, "expulsariam" outros produtos da cesta de consumo das famílias.

A coisa muda de figura quando falamos de mudança da maré. Em determinados períodos, o nível do mar como um todo se eleva em determinadas regiões. É o fenômeno conhecido como maré, provocada pela mudança de posição do Sol e, principalmente, da Lua.

A inflação é mais semelhante à maré. Trata-se de uma mudança permanente do patamar do conjunto de preços. Voltando ao nosso exemplo anterior, o choque de preços do petróleo somente se transformaria em inflação se a renda dos consumidores absorvesse esse novo patamar de preços sem que precisassem renunciar a outros itens de sua cesta de consumo. Nesse caso, esse novo patamar de preços se incorporaria ao consumo, resultando em um nível geral superior de preços.

Mais ainda: esse aumento de preços do petróleo faria com que os preços de outros itens da cesta de consumo também aumentassem, dado que o petróleo é insumo para várias outras mercadorias. Se os consumidores absorvessem também esses aumentos, então esses novos preços estariam igualmente incorporados permanentemente.

Mas a metáfora da maré, como toda metáfora, é limitada. O aumento do nível do mar tem um limite. O aumento do nível dos preços, por outro lado, não conhece limites. O processo inflacionário é um círculo vicioso, em que o aumento dos preços de certas mercadorias e serviços leva ao aumento dos preços de outras mercadorias e serviços, sempre sancionados pela renda disponível da população, que consegue continuar comprando a mesma cesta de consumo mesmo a preços maiores.

Não vamos, neste momento, discutir as causas da inflação, mas a chave é entender como a renda disponível mantém-se sempre suficiente para sancionar preços cada vez mais altos. Se, em algum momento, uma mercadoria não encontrasse comprador em seu novo nível de preços, o seu vendedor seria obrigado a reduzir o seu preço ou, no limite, a sair do mercado. É essa a chave para entender a inflação, como veremos mais adiante.

Medindo a inflação

Para medir a inflação, precisamos medir a variação de preços de uma cesta constante de consumo. Isso porque o que importa é a variação dos preços, e não a variação das quantidades de mercadorias da cesta de consumo. Digamos que uma família gaste R$ 100,00 no supermercado comprando o conjunto de mercadorias da **Tabela 1**.

Tabela 1 – Lista de supermercado de uma familia brasileira

Mercadoria	Quantidade	Preço unitário	Preço total	Peso
Óleo de Soja	2 litros	R$ 10,00	R$ 20,00	20%
Arroz	5 kg	R$ 4,00	R$ 20,00	20%
Café	1 kg	R$ 25,00	R$ 25,00	25%
Feijão	2 kg	R$ 10,00	R$ 20,00	20%
Farinha de trigo	3 kg	R$ 5,00	R$ 15,00	15%
Total			R$ 100,00	100%

Fonte: elaboração do autor

Para medir a inflação dessa família, precisamos acompanhar a mesma cesta ao longo do tempo. Assim, digamos que essa cesta passe a custar R$ 110,00 porque o preço do óleo de soja aumentou 50%. É o que observamos na **Tabela 2**.

Tabela 2 – Lista de supermercado de uma família brasileira: aumento de 50% no preço do óleo de soja

Mercadoria	Quantidade	Preço unitário	Preço total	Peso
Óleo de Soja	2 litros	**R$ 15,00**	R$ 30,00	27,3%
Arroz	5 kg	R$ 4,00	R$ 20,00	18,2%
Café	1 kg	R$ 25,00	R$ 25,00	22,7%
Feijão	2 kg	R$ 10,00	R$ 20,00	18,2%
Farinha de trigo	3 kg	R$ 5,00	R$ 15,00	13,6%
Total			R$ 110,00	100%

Fonte: elaboração do autor

Note que as quantidades das mercadorias permaneceram constantes. A única coisa que mudou foi o preço do óleo de soja, que aumentou de R$ 10,00 para R$ 15,00 o litro (aumento de 50%). Esse aumento do óleo de soja fez com que o preço dessa cesta de produtos tenha aumentado em 10%, de R$ 100,00 para R$ 110,00.

A mesma família poderia ter mudado a sua cesta de consumo diante desse aumento (**Tabela 3**).

Tabela 3 – Lista de supermercado de uma família brasileira: mudança da lista

Mercadoria	Quantidade	Preço unitário	Preço total	Peso
Óleo de Soja	**1 litro**	R$ 15,00	R$ 15,00	15%
Arroz	5 kg	R$ 4,00	R$ 20,00	20%
Café	1 kg	R$ 25,00	R$ 25,00	25%
Feijão	2 kg	R$ 10,00	R$ 20,00	20%
Farinha de trigo	**4 kg**	R$ 5,00	R$ 20,00	20%
Total			**R$ 100,00**	**100%**

Fonte: elaboração do autor

Observe que o preço pago pela nova cesta foram os mesmos R$ 100,00 da primeira compra, mas a cesta está diferente: temos um litro de óleo de soja a menos e um quilo de farinha de trigo a mais. Nesse caso, não há como medir a inflação dessa família, pois a cesta de consumo mudou. Como vimos anteriormente, a inflação para a mesma cesta de consumo foi de 10%, e então a família adequou a sua cesta de consumo para manter o mesmo gasto. Não é o fato de gastar o mesmo que faz com que a inflação dessa família tenha sido zero, pois a cesta de consumo mudou.

A inflação de um país é medida da mesma maneira. O IBGE e outros institutos que medem a inflação determinam uma cesta de consumo e acompanham os preços dessa cesta. Como exemplo, vejamos a cesta de consumo usada pelo IBGE para calcular o IPCA no momento em que este livro é escrito (apenas os primeiros dois subníveis, há mais), na **Tabela 4**.

Tabela 4 – Cesta de consumo usada pelo IBGE

Item	Peso
Alimentação e bebidas	21,3%
Alimentação no domicílio	15,7%
Alimentação fora do domicílio	5,6%
Habitação	15,2%
Encargos e manutenção	9,5%
Combustíveis e energia	5,7%
Artigos de residência	3,9%
Móveis e utensílios	1,8%

Item	Peso
Aparelhos eletrodomésticos	1,8%
Consertos e manutenção	0,3%
Vestuário	4,4%
Roupas	3,0%
Calçados e acessórios	1,1%
Joias e bijuterias	0,3%
Transportes	22,3%
Transporte público	2,9%
Veículo próprio	11,2%
Combustíveis	8,2%
Saúde e cuidados pessoais	12,4%
Produtos farmacêuticos	3,6%
Serviços de saúde	5,0%
Cuidados pessoais	3,8%
Despesas pessoais	9,7%
Serviços pessoais	6,0%
Recreação e fumo	3,7%
Educação	5,6%
Cursos regulares	4,2%
Leitura e papelaria	0,6%
Cursos diversos	0,8%
Comunicação	5,1%
Telefonia móvel	1,4%
Aparelho telefônico	0,9%
Combo TV, internet, telefone	1,5%
Outros	1,3%
Total	**100,0%**

Fonte: IBGE

A composição dessa cesta de consumo foi calculada com base em uma pesquisa que o IBGE faz de tempos em tempos, chamada Pesquisa de Orçamento Familiar (POF). A última foi realizada em 2018 e, desde então, os pesos dos diversos itens variam com os preços das mercadorias e serviços.

Por trás de cada um desses pesos, há uma quantidade de mercadoria e um preço, como nas tabelas que vimos anteriormente. Assim, a variação dos preços afeta o valor total da cesta de consumo, indicando qual foi a inflação no período. Vamos ver, por exemplo, na **Tabela 5**, o IPCA de junho de 2022, que foi de 0,67%.

Observe como cada um desses itens apresentou variação diferente de preços. O número da inflação final é apenas uma média de preços que variam mais ou menos do que a média. O mesmo acontece geograficamente. Na **Tabela 6**, podemos ver como foi a inflação nas capitais cobertas pela pesquisa nesse mesmo mês.

Tabela 5 – Cálculo do IPCA de junho de 2022

Item	Peso	Variação de preços
Alimentação e bebidas	21,3%	0,80%
Habitação	15,2%	0,41%
Artigos de residência	3,9%	0,55%
Vestuário	4,4%	1,67%
Transportes	22,3%	0,57%
Saúde e cuidados pessoais	12,4%	1,24%
Despesas pessoais	9,7%	0,49%
Educação	5,6%	0,09%
Comunicação	5,1%	0,16%
Total	100,0%	0,67%

Fonte: IBGE

Tabela 6 – Inflação nas diversas cidades brasileiras em junho de 2022

Cidade	Inflação	Cidade	Inflação
Aracaju	0,67%	Porto Alegre	0,70%
Belo Horizonte	0,83%	Recife	1,13%
Belém	0,26%	Rio Branco	0,81%
Brasília	0,81%	Rio de Janeiro	0,39%
Campo Grande	0,64%	Salvador	1,24%
Curitiba	0,65%	São Luís	0,51%
Fortaleza	0,61%	São Paulo	0,61%
Goiânia	0,51%	Vitória	0,61%

Fonte: IBGE

Então, observe que há variações entre os produtos da cesta e entre as regiões geográficas. Não é à toa que, muitas vezes, temos a sensação de que a inflação "oficial" não é aquela que realmente afeta as nossas vidas. O IPCA é uma grande média. A minha inflação e a sua são particulares à nossa própria cesta de consumo, consumida em uma determinada cidade. Por isso, nunca será exatamente igual à inflação "oficial".

O IPCA foi projetado para medir a inflação de pessoas que têm renda de até 40 salários-mínimos por mês. Mas, lembre-se, trata-se de uma média, e como grande parte da população brasileira ganha bem menos do que isso (a renda média do brasileiro é próxima de dois salários-mínimos), se você ganha mais do que essa média, é bem provável que sua cesta de consumo tenha mais serviços (como, por exemplo, educação) do que alimentos, em relação ao IPCA. Então, sua inflação particular será afetada principalmente pelos preços dos serviços que você consome, não pelos alimentos.

As principais medidas de inflação no Brasil

Vimos anteriormente o cálculo do **Índice de Preços ao Consumidor Amplo (IPCA)**, que é o índice de inflação usado pelo Banco Central no sistema de metas de inflação. O IPCA, calculado pelo IBGE, considera a cesta de consumo de famílias que ganham de 1 a 40 salários-mínimos, ponderada pela participação de cada uma dessas faixas de renda na população. Ou seja, a cesta das famílias mais pobres tem maior peso no índice do que a cesta das famílias mais ricas.

Já o **Índice Nacional de Preços ao Consumidor (INPC)**, também calculado pelo IBGE, mede a inflação da cesta de consumo de famílias com rendimento entre 1 e 5 salários-mínimos. Ou seja, o INPC mede a inflação das famílias mais pobres, enquanto o IPCA mede a inflação da população brasileira em geral.

Na **Tabela 7** podemos observar as diferenças de pesos entre o IPCA e o INPC em fevereiro de 2023.

Tabela 7 – Comparação entre os pesos dos itens da cesta de consumo do IPCA e do INPC

Item	IPCA	INPC	Diferença em p.p.	Diferença percentual
Alimentação e bebidas	21,3%	24,9%	+3,6%	+17%
Habitação	15,2%	17,2%	+2,0%	+13%
Artigos de residência	3,9%	4,8%	+0,9%	+23%
Vestuário	4,4%	5,6%	+0,8%	+27%
Transportes	22,3%	19,2%	-3,1%	-14%
Saúde e cuidados pessoais	12,4%	11,4%	-1,0%	-8%
Despesas pessoais	9,7%	7,7%	-2,0%	-21%
Educação	5,6%	4,1%	-1,5%	-27%
Comunicação	5,1%	5,2%	+0,1%	+2%

Fonte: IBGE/elaboração do autor

A partir dessa tabela comparativa, podemos inferir a diferença de consumo entre os mais pobres e a população brasileira como um todo. Note como os mais pobres gastam mais de seu orçamento com itens básicos, como alimentação, habitação e vestuário, e menos com transportes, saúde e educação. O motivo para isso é que os mais pobres usam mais serviços fornecidos pelo governo, como saúde e educação públicas, além de usar menos transporte particular e mais transporte público.

Um outro índice de inflação muito utilizado é o **Índice Geral de Preços-Mercado (IGP-M)**, calculado pela FGV. Por ser calculado por uma entidade privada, foi durante muito tempo o índice preferido para o reajuste de contratos, em função da desconfiança em relação a um índice calculado por um órgão do governo, como o IPCA. Além disso, o IGP-M é divulgado no penúltimo dia de cada mês, o que o torna um índice bastante conveniente para o reajuste mensal de contratos. Mas essas duas vantagens não compensam um defeito grave: sua composição. Vejamos.

O IGP-M é formado por três subíndices:

- IPA-M: Índice de Preços no Atacado-Mercado (60% do IGP-M)
- IPC-M: Índice de Preços ao Consumidor-Mercado (30% do IGP-M)
- INCC-M: Índice Nacional do Custo da Construção-Mercado (10% do IGP-M)

Note que grande parte do IGP-M (70%) é formado por índices que não têm relação com o consumo das famílias. Isso significa que a inflação medida pelo IGP-M pode ser (e geralmente é) completamente diferente do reajuste salarial e da variação da renda das famílias, que é melhor medida pelo IPCA. Podemos observar a diferença entre esses dois índices no **Gráfico 2**.

Note como o IGP-M parece um cavalo bravo, enquanto o IPCA é mais bem-comportado. Isso acontece porque os preços no atacado são diretamente influenciados pelos preços das commodities e do dólar. As empresas, no entanto, não repassam essas oscilações para os preços finais de maneira imediata, o que faz com que os preços no varejo apresentem oscilações bem menores.

Esse comportamento do IGP-M é um problema grave para um índice usado no reajuste de contratos que envolvem pessoas físicas, pois, como dissemos, os reajustes salariais não acompanham essas oscilações bruscas. Por isso, cada vez mais o IGP-M vai sendo substituído pelo IPCA no reajuste de contratos, principalmente de aluguéis para pessoas físicas.

Gráfico 2 – IPCA *vs.* IGP-M (inflação acumulada em 12 meses)

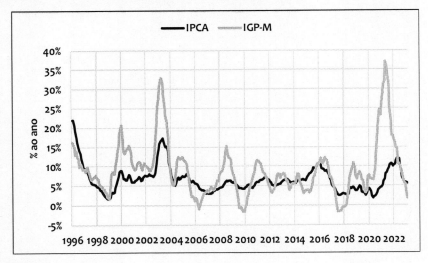

Fonte: Banco Central

Por fim, vamos ver um conceito de inflação pouco conhecido, mas muito importante para as decisões do Banco Central a respeito da taxa de juros: o **deflator implícito do PIB**. Esse índice tem o objetivo de medir a inflação de todos os bens e serviços do Brasil, tanto no nível do produtor quanto no nível do consumidor. Além disso, considera também a inflação dos gastos do governo, dos investimentos e das exportações/importações. Obtém-se o deflator implícito dividindo-se a variação do PIB nominal pela variação do PIB real, ambos calculados pelo IBGE. O PIB nominal considera todos os produtos e serviços pelos seus preços nominais. Já o PIB real é calculado considerando-se a quantidade produzida de cada produto e serviço, de modo a expurgar a variação de preços. Veremos mais detalhes sobre o cálculo do PIB no Capítulo 7.

Na **Tabela 8**, podemos ver uma comparação, ano a ano, do IPCA com o IGP-M e com o deflator implícito do PIB, desde o início do Plano Real.

Tabela 8 – Comparação entre índices de inflação

Ano	IPCA	IGP-M	Deflator do PIB
1996	9,56%	9,18%	18,46%
1997	5,22%	7,73%	7,73%
1998	1,66%	1,78%	4,92%
1999	8,94%	20,10%	8,01%
2000	5,97%	9,95%	5,61%
2001	7,67%	10,37%	8,23%
2002	12,53%	25,30%	9,80%
2003	9,30%	8,69%	14,09%
2004	7,60%	12,42%	7,75%
2005	5,69%	1,20%	7,43%
2006	3,14%	3,84%	6,77%
2007	4,45%	7,74%	6,44%
2008	5,90%	9,80%	8,78%
2009	4,31%	-1,71%	7,31%
2010	5,90%	11,32%	8,42%
2011	6,50%	5,09%	8,32%
2012	5,83%	7,81%	7,94%
2013	5,91%	5,52%	7,50%
2014	6,40%	3,67%	7,85%
2015	10,67%	10,54%	7,57%

Ano	IPCA	IGP-M	Deflator do PIB
2016	6,28%	7,19%	8,10%
2017	2,94%	-0,53%	3,67%
2018	3,74%	7,55%	4,49%
2019	4,30%	7,31%	4,22%
2020	4,52%	14,39%	5,14%
2021	10,06%	17,78%	11,38%
2022	5,79%	5,45%	8,28%

Fonte: Banco Central

Por que congelamentos de preços não funcionam?

Figura 4 – O combate patriótico à inflação

Fonte: Jornal do Comércio

A **Figura 4** representa um momento emblemático da história brasileira. São consumidores em um supermercado, no início de março de 1986, cantando o hino nacional contra a remarcação de preços. Era a aurora do Plano Cruzado, o primeiro de uma série de planos heterodoxos para combater a inflação que maltratava a população brasileira.

Como sabemos, de nada adiantou. Em cada um dos planos, a inflação permanecia controlada durante um certo tempo, para depois voltar com mais força ainda. No **Gráfico 3**, podemos verificar a inflação mensal de 1985 a 1994, com destaque para os curtos períodos em que os planos funcionaram para baixar a inflação.

Os consumidores cantando o hino nacional e fechando supermercados traduzem um terrível mal-entendido sobre o que causa a inflação. A inflação não é causada pela "ganância" dos empresários, ainda que os empresários sejam, de fato, gananciosos. Aliás, é da natureza das empresas cobrar o máximo possível pela mercadoria ou serviço que estão vendendo. Se alguém pagar o preço, terão tido sucesso. Se não, deverão tomar uma decisão a respeito do preço a ser cobrado. Antes de continuar, portanto, ser-nos-á útil entender como os preços são formados.

A decisão sobre preços é das mais importantes tomadas pelo empresário. É aqui que termina todo o processo do seu produto ou serviço: depois de trazer o produto ou o serviço à vida, o empresário precisa decidir por quanto vai vendê-lo. É nessa decisão que reside a vida ou a morte de uma empresa. Se o preço for muito alto, menos clientes irão consumir aquele produto. Se for muito baixo, pode não pagar os custos de produção, gerando prejuízo.

Gráfico 3 – Planos de estabilização monetária

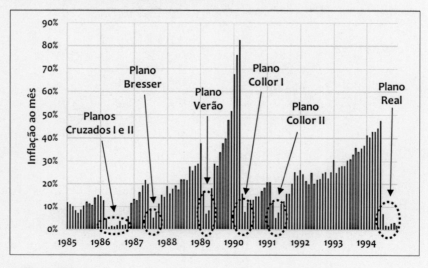

Fonte: Banco Central

Muitos acham que o preço de um produto ou serviço é determinado somente pelo seu custo. O empresário colocaria uma margem de lucro sobre o custo de produção e pronto, está formado o preço. Nada mais errado. Se fosse assim, o que impediria o empresário de praticar a maior margem de lucro possível? Ou melhor, qual seria o limite para a margem de lucro? Se o custo de produção fosse o único fator determinante do preço final do produto, estariam certos aqueles que apontam a "ganância" dos empresários como o principal fator para o nível dos preços.

Mas não é assim que funciona. O preço dos produtos e serviços é determinado com base no balanço entre oferta e demanda. Vamos a um exemplo básico. Digamos que você seja dono de um cinema e esteja pensando em quanto cobrará pelo ingresso. Depois de alguns estudos, você chega na relação entre preço e quantidade de clientes conforme o **Gráfico 4**.

Com o preço a R$ 25,00, 20 corajosos cinéfilos comparecem ao seu cinema. Já se o preço do ingresso for R$ 5,00, a quantidade de clientes aumenta para 120. Apenas com essas informações, alguém poderia pensar que a decisão é simples: com o ingresso a R$ 25,00, o total arrecadado será de R$ 500,00 (20 x R$ 25,00), e se o ingresso for de R$ 5,00, o total arrecadado será de R$ 600,00 (120 x R$ 5,00). Portanto, a decisão óbvia do empresário parece ser baixar o preço do ingresso para R$ 5,00, de modo a atrair mais clientes e faturar mais.

Gráfico 4 – Curva de demanda de ingressos de cinema

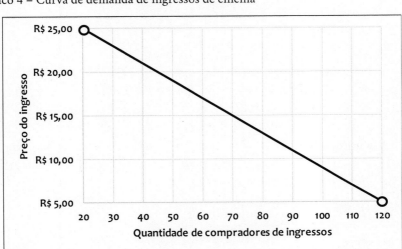

Fonte: elaboração do autor

No entanto, essa conta não é assim tão simples. É preciso entender os custos fixos do negócio. Atender 120 clientes é muito mais caro do que atender 20. São necessários mais funcionários e instalações maiores. Portanto, o empresário vai decidir o preço final do ingresso não em função do total arrecadado (faturamento), mas em função do **lucro** final para o seu negócio. Esse cálculo é resumido pela curva de oferta, conforme podemos ver no **Gráfico 5**.

Gráfico 5 – Curva de oferta de ingressos de cinema

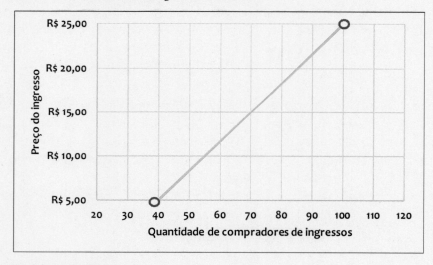

Fonte: elaboração do autor

Observe como a relação se inverte na curva de oferta: quanto maior o preço, mais o empresário estará disposto a aumentar a oferta daquele produto. No caso, se o preço do ingresso for R$ 5,00, o empresário estará disposto a investir para oferecer 40 lugares no cinema. Mais do que isso, o negócio já começa a dar prejuízo, por causa dos custos fixos. Já se o preço do ingresso for de R$ 25,00, o empresário se sentirá seguro em investir para aumentar a oferta para 100 lugares.

Claro que a oferta precisa conversar com a demanda. E é isso que vamos ver no **Gráfico 6**.

Gráfico 6 – Oferta e demanda de ingressos de cinema

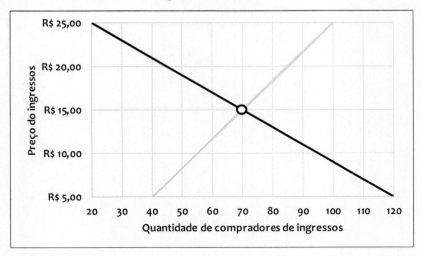

Fonte: elaboração do autor

Observe como, nesse exemplo, as curvas de oferta e demanda encontram-se no preço de R$ 15,00 e na quantidade de 70 lugares no cinema. Ou seja, é somente com esse preço que a quantidade de lugares satisfaz tanto aos clientes quanto ao empresário.

Claro que essa é uma forma muito simplificada de entender o problema da formação de preços. Há muitas outras variáveis a serem consideradas, como a existência de monopólios e o tempo necessário para que um investimento se torne operacional para atender à demanda. Mas, mesmo com todas as suas limitações, esse modelo explica como os preços não dependem exclusivamente da vontade do empresário. Sua "ganância" esbarra nas limitações da demanda. Se um determinado preço não for suficiente para pagar as contas da empresa e, **ao mesmo tempo**, atrair consumidores em número suficiente, nada feito, o empresário simplesmente não vai conseguir aumentar os seus preços sem ter prejuízo.

Por outro lado, se a demanda, por qualquer motivo, aumenta, a coisa muda de figura. É o que podemos observar no **Gráfico 7**.

Gráfico 7 – Deslocamento da curva de demanda por ingressos de cinema

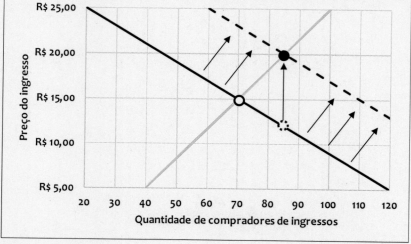

Fonte: elaboração do autor

Observe como a curva de demanda se deslocou para cima (linha pontilhada). Agora, essa curva se encontra com a curva de oferta em um ponto mais acima, representado pela bolinha preta. As duas curvas agora se encontram no cruzamento 85 lugares *vs.* R$ 20,00. Com o aumento da demanda, portanto, o empresário pode aumentar a capacidade do seu cinema e cobrar mais caro pelo ingresso. Na curva de demanda anterior, para que 85 cinéfilos se interessassem em comprar ingressos, esses ingressos deveriam custar R$ 12,50 (bolinha branca pontilhada). Agora, o empresário pode cobrar R$ 20,00.

Esse aumento da demanda pode se dar, por exemplo, por uma mudança de comportamento dos consumidores, que, por algum motivo, estão dispostos a pagar mais caro pelo entretenimento, diminuindo outras despesas em seu orçamento. Ou pode ser um aumento da renda da população, que tem mais dinheiro para gastar com cinema. O fato é que a curva de demanda se deslocou, e permitiu o aumento dos preços dos ingressos.

Outro motivo pelo qual os preços podem aumentar é pelo deslocamento da curva de oferta, conforme podemos ver no **Gráfico 8**.

Observe que, agora, foi a curva de oferta que se deslocou para cima (linha pontilhada). Como efeito desse movimento, o novo preço de equilíbrio do ingresso também aumentou para R$ 20,00. A diferença para o caso anterior, no entanto, é que esse novo preço de equilíbrio se dá com uma quantidade bem menor de ingressos ofertados: se antes o número de ingressos aumentou de 70 para 85, desta vez diminuiu de 70 para 45. Ou seja, a curva de oferta deslocou-se na direção de reduzir o número de ingressos ofertados.

Esse deslocamento da curva de oferta pode se dar, por exemplo, por uma mudança da legislação, que torna mais cara a manutenção do negócio. Ou pode ter ocorrido uma valorização muito grande do aluguel dos imóveis, tornando mais caro montar um cinema. Nesses casos, o ingresso precisa custar R$ 20,00 para que o empresário esteja disposto a ofertar 45 lugares, quando, na curva anterior, esse preço era de R$ 7,50.

Gráfico 8 – Deslocamento da curva de oferta de ingressos de cinema

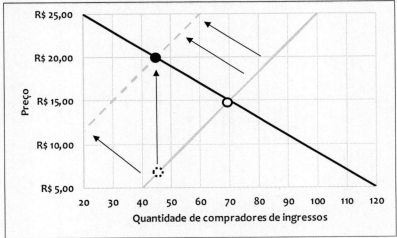

Fonte: elaboração do autor

Então, note como são muitas as variáveis envolvidas na determinação dos preços dos produtos e serviços. Essas variáveis vão afetando o balanço entre oferta e demanda ao longo do tempo, e os preços vão seguindo esse balanço. Nada a ver com "ganância", ainda que todos os empresários sejam, de fato, "gananciosos".

Além disso, há um outro fator bastante importante para a determinação dos preços: o **risco do negócio**. Quando um empresário decide iniciar um empreendimento, ele não tem ideia do que vai encontrar pela frente, apesar de todo o planejamento que possa fazer. Ele tem uma razoável ideia de quais serão os seus custos, mas o faturamento vai depender de muitos fatores que não estão totalmente sob o seu controle. Por exemplo, a própria volatilidade da economia.

Sabemos que um empreendimento tem mais chance de dar certo com a economia crescendo do que com a economia em recessão. Portanto, o sucesso de um negócio depende de acertar com razoável precisão o estado da economia no futuro próximo, para que os investimentos estejam de acordo com a demanda prevista. Vamos, então, comparar a volatilidade da economia brasileira com a da economia americana nos **Gráficos 9 e 10**, em que podemos observar os crescimentos anuais dos PIBs do Brasil e dos Estados Unidos entre 1980 e 2022.

Gráfico 9 – Brasil: crescimento anual do PIB

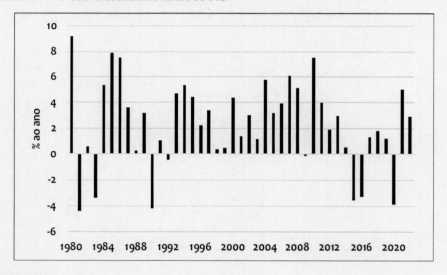

Fonte: FMI

Gráfico 10 – Estados Unidos: crescimento anual do PIB

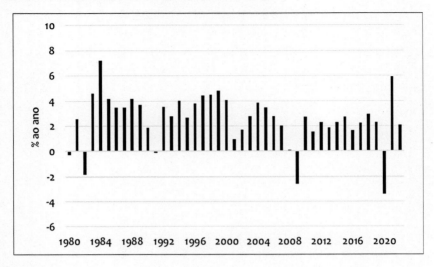

Fonte: FMI

É visível como as variações anuais do PIB nos Estados Unidos são menos intensas do que as variações anuais do PIB brasileiro. Nesse período de 42 anos, o Brasil enfrentou 6 anos com crescimento abaixo de 1% negativo, enquanto isso aconteceu nos Estados Unidos em apenas 3 anos. Além disso, é fácil observar que, mesmo em anos de crescimento positivo, a economia brasileira apresenta uma volatilidade muito maior. Em termos estatísticos, o desvio padrão do crescimento brasileiro nesse período foi de 3,4% ao ano, ao passo que, nos Estados Unidos, o desvio padrão foi de apenas 2,1% ao ano.

Ou seja, para um empresário americano, foi bem mais fácil acertar qual seria o crescimento da economia nos anos seguintes do que para um empresário brasileiro. Isso tem consequências para a curva de oferta: o empresário brasileiro precisa trabalhar com uma **margem de segurança** maior ao projetar o investimento que irá fazer para atender à demanda. Assim, tudo o mais constante, os preços tendem a ser mais altos no Brasil do que nos Estados Unidos, simplesmente porque o empresário brasileiro vive em um ambiente econômico mais volátil do que o ambiente econômico de seu par americano.

Um terceiro fator que influencia a curva de oferta é o custo do capital para a empresa, tanto físico quanto humano. O capital físico tem um custo relacionado com as taxas de juros praticadas na economia, e as taxas de juros são função da expectativa de inflação. Em outras palavras, quanto maior for a inflação esperada, maior precisa ser a taxa de juros. E mais do que isso: se a **incerteza** sobre a inflação futura for maior, as taxas de juros precisam ser suficientemente altas para compensar essa incerteza. Nesse sentido, da mesma forma que comparamos os PIBs do Brasil e dos Estados Unidos, vamos comparar a inflação anual nos dois países, conforme podemos ver nos **Gráficos 11 e 12**.

Gráfico 11 – Brasil: inflação anual ao consumidor

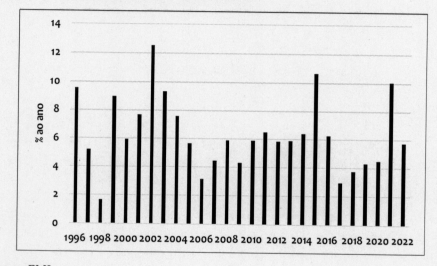

Fonte: FMI

Gráfico 12 – Estados Unidos: inflação anual ao consumidor

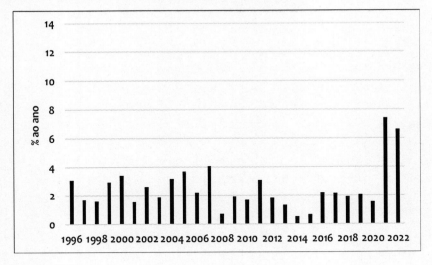

Fonte: FMI

Note como não só a inflação nos Estados Unidos é menor, como, e principalmente, apresenta oscilação bem menor, ano após ano, que a inflação brasileira. Estatisticamente, o desvio padrão dos índices anuais de inflação no Brasil nesse período de 26 anos foi de 2,5% ao ano, contra 1,6% ao ano nos Estados Unidos. Assim, as taxas de juros no Brasil são maiores do que nos EUA pelo simples fato de que não somente o nível, mas também a **incerteza** inflacionária no Brasil é maior do que nos Estados Unidos, tornando a oferta de capital aqui mais escassa do que lá, o que resulta, em geral, em preços mais altos para compensar.

Também a escassez de capital humano bem formado afeta negativamente a curva de oferta. O empresário precisa contratar mais pessoas para fazer o mesmo serviço que, em outras partes mais desenvolvidas do mundo, pode ser feito com menos pessoas. A produtividade é mais baixa, o que se traduz na exigência de um preço maior para a produção da mesma quantidade de mercadorias ou serviços.

Enfim, vimos como a formação dos preços passa por decisões empresariais que procuram equacionar um delicado equilíbrio entre oferta e demanda, sendo que, no Brasil, vários fatores pressionam os preços para cima. Qualquer tentativa de controlar os preços diretamente estará fadada ao fracasso, na medida em que perturba esse delicado equilíbrio. Fica fácil de entender o porquê quando observamos novamente as curvas de oferta e demanda, conforme o **Gráfico 13**, em que o preço que equilibra oferta e demanda é R$ 15,00, quando então são ofertados 70 lugares no cinema.

Agora, imaginemos que o governo decida tabelar o preço do ingresso em R$ 10,00. Se as curvas de oferta e demanda permanecerem nos seus mesmos lugares, a quantidade demandada de lugares no cinema será de 95 (bolinha preta na curva de demanda) e a quantidade ofertada de lugares será de 55 (bolinha pontilhada na curva de oferta). Teremos, então, escassez de lugares no cinema: 40 pessoas que gostariam de ir ao cinema, pagando R$ 10,00 o ingresso, não conseguirão. Isso acontece não por uma "sabotagem" do empresário, com o objetivo de forçar o preço para cima. A escassez ocorre porque o empresário terá prejuízo se produzir mais com aquele preço de ingresso. A sua curva de oferta determina a relação entre preço e oferta, e qualquer quantidade ofertada fora da curva significa prejuízo para o empresário.

Esse simples raciocínio, relativamente fácil de entender, explica por que congelamentos de preços invariavelmente provocam escassez de produtos.

Gráfico 13 – Efeito da intervenção do governo nos preços

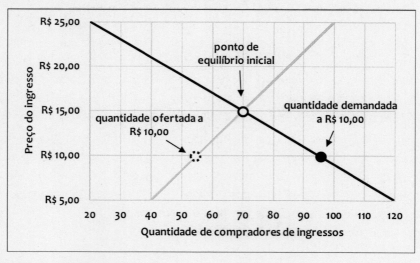

Fonte: elaboração do autor

Como conseguimos controlar a inflação

Agora que vimos como não se controla a inflação, vamos entender como, finalmente, conseguimos controlar a inflação no Brasil.

Após vários planos de congelamento de preços fracassados, o país encontrava-se em uma situação crítica, com uma inflação anual já em quatro dígitos, e crescendo. Um novo plano de controle da inflação precisava endereçar dois problemas: 1) a inércia inflacionária e 2) o desequilíbrio fiscal. Muitos confundem o Plano Real com o truque monetário utilizado (o uso da URV, explicado adiante), quando, na verdade, trata-se da parte menos importante do plano, ainda que tenha sido a mais instigante. O grande trabalho de controle da inflação no Brasil apoiou-se em uma série de medidas que tinham como objetivo dotar o país de um mínimo de racionalidade no trato do orçamento público.

Em junho de 1993, o então ministro da Fazenda, Fernando Henrique Cardoso, editou a primeira do que seria uma série de medidas para equilibrar as contas públicas. Recebeu o nome de Plano de Ação Imediata (PAI), e contava com medidas de cortes de despesas e aumento de impostos. Mas o mais importante estava em sua introdução, que resumia a dinâmica do crescimento econômico com base na disciplina fiscal[2]:

– O Brasil só consolidará sua democracia e reafirmará sua unidade como nação soberana se superar as carências agudas e os desequilíbrios sociais que infernizam o dia a dia da população.

– A dívida social só será resgatada se houver ao mesmo tempo a retomada do crescimento autossustentado da economia.

– A economia brasileira só voltará a crescer de forma duradoura se o país derrotar a superinflação que paralisa os investimentos e desorganiza a atividade produtiva.

– A superinflação só será definitivamente afastada do horizonte quando o governo acertar a desordem das suas contas, tanto na esfera da União como dos estados e municípios.

– E as contas públicas só serão acertadas se as forças políticas decidirem caminhar com firmeza nessa direção, deixando de lado interesses menores.

Podemos até desenhar (**Figura 5**) para que o entendimento fique bem claro.

---

[2] Fonte: A moeda e a lei (pp. 656-657) – Gustavo H. B. Franco – Zahar – Edição do Kindle.

Figura 5 – Os passos para a consolidação da democracia

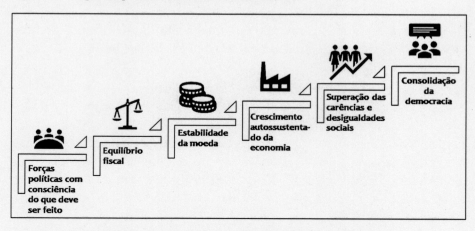

Fonte: elaboração do autor com base em *A moeda e a lei*, Gustavo Franco

Note como o primeiro e o último passos nesse processo pertencem à esfera política, enquanto somente as etapas intermediárias são econômicas. Ou seja, se não há uma consciência firme da classe política, vale dizer, da sociedade como um todo, de que o equilíbrio fiscal do Estado é condição *sine qua non* para a superação das carências sociais, não há como construir o edifício da consolidação da democracia. Essa discussão é válida tanto para 1993, menos de 10 anos após o fim do regime militar, quanto é hoje. É impressionante a presciência desse documento inicial do Plano Real, que estabelece as bases para e as consequências da estabilidade da moeda, e que deve ser lido e relido sempre.

A segunda parte do Plano Real foi a introdução da Unidade Real de Valor (URV) em março de 1994. Como vimos no capítulo anterior, a moeda tem três funções: meio de troca, reserva de valor e unidade de conta. Essa última função refere-se à expressão dos preços das mercadorias. Em um país em que a moeda é estável, expressamos os preços na moeda do país. Assim, dizemos que tal mercadoria custa tantos reais. Vimos que, no Brasil da hiperinflação, imóveis eram anunciados com seus preços em dólares, pois o cruzeiro (moeda da época) desvalorizava-se muito rapidamente. Além disso, também vimos que o brasileiro estava acostumado a expressar preços em "moedas indexadas". Por exemplo, quando se tratava de impostos, utilizava-se a Unidade Fiscal de Referência (Ufir) ao invés de cruzeiros. A Ufir era reajustada diariamente pela inflação, de modo que o valor dos impostos era estável nessa "moeda".

Portanto, a introdução da URV foi, até certo ponto, natural, dada a experiência do brasileiro com moedas indexadas em geral. A URV fez o papel de um superindexador, que servia para indexar todos os preços da economia. A mágica da URV foi justamente trocar oficialmente o cruzeiro por outra unidade de conta que não se desvalorizava com a inflação do cruzeiro. E, mais do que isso: ao invés de lançar mão de congelamento arbitrário de preços na antiga moeda, o Plano Real pressupunha a livre negociação de preços e contratos entre os agentes econômicos, usando a URV como base.

Vou dar um exemplo pessoal. Na época em que houve a transição do cruzeiro para a URV, eu pagava um plano de saúde. Os pagamentos ocorriam no dia 30 de cada mês. Esse detalhe é importante, porque, como a inflação era muito alta, o valor real do pagamento dependia do dia do mês em que o pagamento ocorria. Não lembro exatamente os números, mas digamos que eu tivesse pagado Cr$ 100.000 no dia 30/3/1994. Esse valor equivalia a 109,47 URVs pela tabela da época (cada URV valia R$ 913,50 no dia 30/3). No entanto, quando a empresa me enviou o boleto para o pagamento da mensalidade de abril (que ocorreria no dia 30), o valor era de 154,44 URVs. A empresa tinha transformado os R$ 100.000 pela URV do dia 1/3 (que valia R$ 647,50), e não pelo valor da URV de 30/3, que era o dia do pagamento. Perguntada, a empresa informou que havia convertido os valores das mensalidades de todos os clientes pela URV do dia 1/3, independentemente do dia do vencimento da fatura. A alegação era de que o dia do pagamento era apenas uma conveniência para o cliente, e não deveria influenciar o verdadeiro preço do serviço, pago igualmente por todos os clientes, que deveria ser transformado pela URV do dia 1/3. Assim, todos os clientes pagariam o mesmo valor em URV, independentemente do dia de vencimento de sua fatura.

Obviamente, não aceitei a argumentação, pois isso significaria um aumento de 41% no preço da minha mensalidade, equivalente à inflação de março de 1994. Cancelei meu contrato e migrei para outra operadora, que praticava preços mais razoáveis em URVs. Esse tipo de negociação ocorreu entre todos os agentes econômicos do país, não necessitando de uma ordem estatal para congelar os preços em determinado patamar.

A grande sacada da URV foi que a mudança monetária não se limitou a um simples corte de zeros. A nova moeda não era simplesmente a antiga com menos zeros. Era uma moeda que estava "protegida" contra a inflação da antiga moeda, pois o seu valor era reajustado diariamente pela inflação do cruzeiro. A transformação da URV em reais, em que a unidade de conta passou também a ser meio de troca, foi absolutamente natural. Depois de quatro meses de vigência, os agentes econômicos já tinham determinado todos os seus preços em URVs, de modo que a transição para o real ocorreu sem sobressaltos.

Havia um truque adicional, que ajudou na percepção de estabilidade da nova moeda: o fator de conversão da URV coincidia com o valor do dólar. Assim, na verdade, uma URV valia um dólar. Na história que contei antes, a URV do dia 30/3 valia R$ 913,50, e esse era o valor de um dólar nesse dia. Desse modo, quando, em 1/7/1994, a URV deu lugar ao real, a nova moeda valia exatamente um dólar. Não que houvesse, como na Argentina e em outros países, um compromisso do governo de manter a paridade com o dólar. O câmbio, pelo menos nesse início do Plano Real, era flutuante. Tanto que o real passou a valer menos de um dólar nos primeiros meses do plano, conforme podemos observar no **Gráfico 14**.

Gráfico 14 – Taxa de câmbio R$/US$ no início do Plano Real

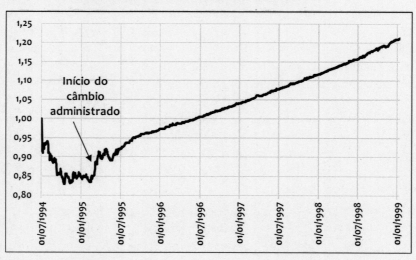

Fonte: Banco Central

Note como, logo no início de vigência do real, o dólar afundou até abaixo de R$ 0,85, ficando nesse patamar até o início de março de 1995. Com a eclosão da crise do México (uma crise de balança de pagamentos, sobre a qual não entraremos em detalhes aqui), a moeda brasileira se desvaloriza e o Banco Central inicia uma nova forma de administração do câmbio. Ao invés de deixar o câmbio livre, o Banco Central adota o sistema de "bandas cambiais", que iria permanecer em vigor até janeiro de 1999.

Por meio desse sistema, o real se desvalorizava em relação ao dólar de maneira controlada, de modo que o dólar, na prática, tornou-se a âncora do real nesse período de quase quatro anos. Com o câmbio controlado, uma importante fonte de inflação estava sob controle.

Nesse período, outras reformas importantes foram implementadas, de modo a tornar mais robusto o controle das contas públicas. Entre elas, as mais importantes foram:

- A maior parte dos bancos estaduais foi privatizada, retirando um instrumento importante de escoamento de recursos públicos com que contavam os governadores.

- As dívidas dos estados foram renegociadas, e ficaram proibidas as emissões de dívidas por parte dos entes subnacionais.

- Grandes privatizações foram realizadas (Vale, telecomunicações), eliminando potencial fonte de consumo de recursos, seja para investimentos, seja para cobertura de prejuízos.

- Finalmente, em 2001, foi aprovada a Lei de Responsabilidade Fiscal, que disciplinava os gastos dos entes subnacionais.

Com o passar do tempo, a âncora cambial passou a ser a face mais visível da estabilidade da moeda. O problema é que, como todo preço tabelado, o câmbio começou a não refletir a competitividade da economia brasileira em relação ao resto do mundo. Já em 1994, a China promoveu uma grande desvalorização de sua moeda para promover as suas exportações. Com isso, ganhou mercados, o que obrigou outros países a seguirem pelo mesmo caminho. O México, no início de 1995, desvalorizou a sua própria moeda, o que pressionou outras moedas da América Latina, inclusive o real, levando o governo brasileiro a adotar as bandas cambiais.

A partir de 1997, um a um, vários países do sudeste asiático foram desvalorizando suas moedas: Tailândia, Coreia do Sul, Malásia e outros. Por fim, a Rússia também desvalorizou a sua moeda, em agosto de 1998. A partir daí, as pressões sobre o real foram ficando insuportáveis, com o Banco Central brasileiro perdendo suas reservas internacionais a um ritmo muito forte, quando, em 15 de janeiro de 1999, decidiu pela livre flutuação do câmbio. O resultado pode ser visto no **Gráfico 15**.

Gráfico 15 – Taxa de câmbio R$/US$ na flutuação do real

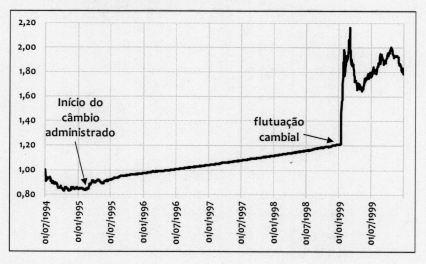

Fonte: Banco Central

Com o fim da âncora cambial, seria necessário outro mecanismo para coordenar as expectativas de inflação dos agentes econômicos. Em todos os países onde a inflação tem um nível civilizado, o Banco Central atua de modo a coordenar essas expectativas. É o chamado **sistema de metas de inflação**.

O sistema de metas de inflação

No sistema brasileiro de metas de inflação, o Comitê de Política Monetária (Copom) decide o nível da taxa Selic, que é a taxa de juros que serve para liquidar as operações dos bancos com o Banco Central (veremos mais sobre a taxa Selic no Capítulo 3). A taxa Selic, portanto, serve de referência para as taxas de juros de todas as outras operações de crédito do sistema financeiro e, portanto, para o nível geral das taxas de juros no Brasil. Quanto maior a taxa de juros, menor será a atividade econômica e, portanto, menor a inflação esperada. E, vice-versa, quanto menor a taxa de juros, maior será a atividade econômica e, portanto, maior será a inflação esperada. Também no Capítulo 3, veremos em mais detalhes como funciona esse mecanismo.

Como dissemos anteriormente, o Banco Central funciona como um maestro das expectativas de inflação. A ideia por trás do sistema de metas de inflação é uma teoria econômica amplamente aceita, que recebe o nome de

Teoria das Expectativas Racionais. Segundo essa teoria, os agentes econômicos (indivíduos e empresas) conhecem como funciona a economia onde estão inseridos, e esperam que esse modelo de economia funcione de acordo com o seu conhecimento. Parece meio etéreo, mas ficará mais claro quando aplicarmos o conceito ao trabalho do Banco Central no controle da inflação.

No sistema de metas de inflação, a missão do Banco Central (BC) é fazer todo o necessário para manter a inflação próxima da meta. Os agentes econômicos sabem disso, e esperam que o BC aja dessa forma. Trata-se de uma "expectativa racional", ou seja, no modelo conhecido por todos, o BC vai agir conforme a sua missão. Por isso, se o BC tem credibilidade, os agentes econômicos, sem nenhuma informação adicional, vão estimar a inflação futura exatamente na meta. Os agentes econômicos não têm uma bola de cristal ou um modelo ultrassofisticado para estimar a inflação de daqui a três ou quatro anos. Eles simplesmente cravam a meta como a sua melhor estimativa para a inflação futura, porque sabem que o BC vai trabalhar para levar a inflação para a meta ao longo do tempo. Por isso é tão importante a **credibilidade** do BC no sistema de metas de inflação.

Por outro lado, para que o BC estime a inflação futura e, assim, calibre o nível da taxa Selic necessária para trazer a inflação para a meta, existe um modelo de previsão de inflação. Nesse modelo utilizado pelo BC, as expectativas de inflação têm um papel fundamental. Ou seja, os agentes econômicos determinam as suas expectativas de inflação com base na meta do BC, e o BC usa essas mesmas expectativas para alimentar o seu modelo de previsão de inflação. Se o BC faz a sua lição de casa ao longo do tempo, expectativas e inflação convergem para a meta, essa é a lógica.

Vejamos como isso funciona na prática. O BC se informa a respeito das expectativas do mercado por meio do Relatório Focus. O Relatório Focus tem periodicidade semanal, e reúne o resultado de uma pesquisa do BC com bancos, corretoras, gestores de recursos e consultorias econômicas, que respondem quais são suas expectativas para uma série de variáveis econômicas. Alguns criticam a composição dos respondentes desse questionário, afirmando que haveria uma espécie de "viés" nas respostas, porque esses pesquisados teriam interesse em determinado nível de taxa de juros, pois ganhariam com taxas de juros mais altas. Essa é uma visão comum, mas equivocada. Esses agentes de mercado ganham e perdem dinheiro tanto na alta quanto na baixa das taxas de juros. Não importa tanto o nível das taxas, mas o seu movimento, para que os operadores do mercado financeiro aufiram lucros. Além disso, o BC divulga periodicamente um ranking dos respondentes com as previsões que mais se mostraram próximas da realidade. Trata-se de um incentivo para que os respondentes procurem fazer previsões as mais precisas possíveis, pois o ranking traz um certo prestígio para os respondentes selecionados.

No momento em que escrevo (janeiro de 2023), o último Relatório Focus publicado traz as informações reproduzidas na **Figura 6**. Há outras informações no Relatório Focus, como dados de comércio exterior e das contas públicas (dívida e superávit). Mas vamos focar os dados da **Figura 6**, que são os essenciais para que o BC tome o pulso do mercado.

Em primeiro lugar, note como o relatório traz o resultado de quatro semanas atrás, o da semana anterior e o da semana corrente. Além disso, mostra uma setinha que indica se a estimativa dessa semana é maior, menor ou estável em relação à da semana anterior. Por fim, o número entre parênteses indica durante quantas semanas seguidas o indicador vem subindo, caindo ou permanecendo estável. Nota-se a preocupação de monitorar não somente o nível do indicador, mas a sua tendência. Por exemplo, no caso do IPCA de 2023, o indicador estava subindo há seis semanas seguidas, indicando uma clara tendência de alta.

Figura 6 – Relatório Focus de 13/1/2023

Mediana - Agregado — 2023

	Há 4 semanas	Há 1 semana	Hoje	Comp. semanal *	Resp. **	5 dias úteis	Resp. ***
IPCA (variação %)	5,23	5,39	5,48	▲ (6)	143	5,49	98
PIB Total (variação % sobre ano anterior)	0,79	0,77	0,79	▲ (1)	102	0,79	59
Câmbio (R$/US$)	5,27	5,28	5,28	= (2)	109	5,26	76
Selic (% a.a)	12,00	12,50	12,50	= (1)	127	12,50	79

Mediana - Agregado — 2024

	Há 4 semanas	Há 1 semana	Hoje	Comp. semanal *	Resp. **	5 dias úteis	Resp. ***
IPCA (variação %)	3,60	3,70	3,84	▲ (1)	131	3,87	93
PIB Total (variação % sobre ano anterior)	1,50	1,50	1,50	= (4)	84	1,50	51
Câmbio (R$/US$)	5,26	5,30	5,30	= (2)	102	5,30	73
Selic (% a.a)	9,00	9,25	9,50	▲ (1)	123	9,38	78

Mediana - Agregado — 2025 / 2026

	Há 4 semanas	Há 1 semana	Hoje	Comp. semanal *	Resp. **	Há 4 semanas	Há 1 semana	Hoje	Comp. semanal *	Resp. **
IPCA (variação %)	3,20	3,50	3,50	= (1)	109	3,01	3,22	3,47	▲ (5)	103
PIB Total (variação % sobre ano anterior)	1,90	1,90	1,90	= (2)	69	2,00	2,00	2,00	= (45)	67
Câmbio (R$/US$)	5,30	5,30	5,30	= (5)	78	5,30	5,35	5,30	▼ (1)	74
Selic (% a.a)	8,00	8,25	8,50	▲ (2)	101	8,00	8,00	8,25	▲ (1)	96

Fonte: Banco Central

Além disso, para os anos mais próximos (no caso, 2023 e 2024), temos também as estimativas dos respondentes que enviaram seus dados nos cinco dias úteis anteriores à publicação do relatório. Isso é importante para entender a tendência mais recente, dado que muitos respondentes podem simplesmente não ter atualizado as suas estimativas.

Como vimos anteriormente, os agentes econômicos tendem a cravar a inflação de longo prazo na meta se acreditam que o BC tem vontade e condições para levar a inflação para a meta. No início de 2023, o Relatório Focus indicava um IPCA de 3,50% para 2025 e de 3,47% para 2026. Considerando que a meta de inflação é de 3,00% para 2025, concluímos que o mercado estava mostrando um certo ceticismo com relação à capacidade de o BC trazer a inflação para a meta naquele ano. Para 2026, a meta ainda não havia sido definida na data daquele Relatório Focus, mas o mercado considerava que a mesma meta deveria prevalecer. Então, temos para 2026 o mesmo ceticismo que temos para 2025, o que não é um bom sinal para o Banco Central. Nesse caso, em tese, o BC deveria elevar as taxas de juros, para convencer os mercados de que a meta será cumprida. No entanto, outras considerações podem ser feitas, como a leitura de que um aumento das taxas de juros poderia causar uma desaceleração mais forte e indesejada da atividade econômica, e o custo adicional para levar a inflação para o centro da meta não valeria a pena. Por isso, existem as bandas em torno das quais há uma tolerância, de modo que o BC não precisa reagir imediatamente a desvios em relação à meta. No caso de 2025, a tolerância é de 1,5% para cima ou para baixo, o que significa que se considera que o BC cumpriu a meta se a inflação ficar entre 1,5% e 4,5%. Portanto, 3,5% ainda está dentro do limite de tolerância. Mas é claro que, se o BC permite que a inflação fique sistematicamente acima da meta, mesmo que dentro da banda de flutuação, isso vai minando a confiança no BC ao longo do tempo.

A meta para a inflação é definida pelo Conselho Monetário Nacional (CMN), em sua reunião de junho de cada ano. O CMN é composto atualmente pelo ministro da Fazenda, pelo ministro do Planejamento e pelo presidente do Banco Central.

Na **Tabela 9**, temos as reuniões do CMN e a meta de inflação determinada em cada reunião, desde o estabelecimento do sistema de metas de inflação.

Tabela 9 – Decisões do CMN sobre as metas de inflação

Ano da Reunião	Ano para o qual a inflação foi determinada	Meta de inflação determinada	Observação
1999	1999	8,00%	
	2000	6,00%	
	2001	4,00%	
2000	2002	3,50%	
2001	2003	3,25%	
2002	2003	4,00%	Revisão
	2004	3,75%	
2003	2004	5,50%	Revisão
2003	2005	4,50%	
2004	2006	4,50%	
2005	2007	4,50%	
2006	2008	4,50%	
2007	2009	4,50%	
2008	2010	4,50%	
2009	2011	4,50%	
2010	2012	4,50%	
2011	2013	4,50%	
2013	2014	4,50%	
2015	2016	4,50%	
2016	2018	4,50%	
2017	2019	4,25%	Início da determinação 3 anos à frente
	2020	4,00%	
2018	2021	3,75%	
2019	2022	3,50%	
2020	2023	3,25%	
2021	2024	3,00%	

Ano da Reunião	Ano para o qual a inflação foi determinada	Meta de inflação determinada	Observação
2022	2025	3,00%	A partir desse ano, a meta será aferida de maneira contínua, e não mais dentro do ano calendário
2023	2026	3,00%	

Fonte: Banco Central

Note alguns detalhes interessantes:

- A primeira reunião do CMN para determinar a meta de inflação, em junho de 1999, estabeleceu a meta para aquele ano e para os dois anos seguintes. A partir da reunião de 2000 até a reunião de 2016, o CMN sempre determinou a meta de inflação para dali a dois anos.

- A partir da reunião de 2017, o CMN passou a estabelecer também a meta para dali a três anos. Assim, na reunião de junho de 2022, o CMN determinou a meta de inflação para 2025.

- Nas reuniões do CMN de 2002 e 2003, houve uma revisão para cima da meta para o ano seguinte, além da determinação da meta para dali a dois anos. Essa foi uma prática usada logo no início do sistema de metas para acomodar a inflação causada pela escalada do dólar em 2002. No entanto, logo se concluiu que era melhor ser fiel à meta estabelecida, de modo a ancorar melhor as expectativas, e tal prática não foi mais utilizada.

- A meta de inflação foi mantida em 4,50% de 2005 a 2018, sendo reduzida somente a partir de 2019, na reunião do CMN de 2017, a mesma que começou a determinar a meta para três anos à frente. A tentativa de levar a meta para 3% já havia sido feita, sem sucesso, nas reuniões do CMN de 2000 a 2002. A meta de 3% ou menos é bastante comum, como podemos ver na **Tabela 10**.

Como a **Tabela 10** refere-se a 2021, o Brasil aparece isolado com uma meta de 3,75%, mas sabemos que a meta para 2024 é de 3,00%, o que fará o Brasil se juntar a países como Chile, Colômbia e México. Coincidência ou não, os três são os únicos da América Latina que pertencem à OCDE, o chamado "clube dos países ricos".

E como o Banco Central, afinal, faz com que a inflação convirja para a meta? Muitos acham que é somente por meio das taxas de juros. Sim, esse é o instrumento principal, e que veremos com mais detalhes no Capítulo 3. Mas não é só isso. Como se trata de coordenar expectativas (ou seja, trata-se de um jogo de credibilidade), o BC precisa mostrar o que pretende fazer ao longo do tempo e por que pretende fazê-lo. É como um bom médico, que explica para o seu paciente todos os procedimentos que irá realizar, e por que está realizando cada procedimento. Dessa forma, o paciente sentirá muito mais confiança no médico.

Tabela 10 – Metas de inflação (2021)

2,00	2,50	3,00	3,75	4,00	4,50	5,00	> 5,50
Canadá	Austrália	Albânia	Brasil	Armênia	África do Sul	Belarus	Bangladesh
Coreia do Sul	Islândia	Chile		Azerbaijão		Jamaica	Kirguistão
EUA	Polônia	Colômbia		República Dominicana		Casaquis-tão	Tadjiquis- tão
Israel	Romênia	Costa Rica		Guatemala		Malawi	Zâmbia
Japão		Georgia		Honduras		Moldávia	Gana
Noruega		Hungria		Índia		Sri Lanka	Uzbequis- tão
Nova Zelândia		Indonésia		Paraguai		Tanzânia	
Peru		México		Rússia		Turquia	
Reino Unido		Filipinas				Uganda	
República Tcheca		Sérvia				Ucrânia	
Suécia						Uruguai	
Suíça							
Tailândia							
Zona do Euro							

Fonte: investfunds.ru

Os principais instrumentos que o BC usa para construir a sua credibilidade e coordenar expectativas são o Comunicado pós-Copom e a Ata da reunião do Copom. Ambos os documentos estão disponíveis no site do Banco Central. O BC se utiliza desses documentos para se comunicar com o mercado, transmitindo a avaliação que a autoridade monetária tem da economia e o que pretende fazer para trazer a inflação para a meta.

Vejamos como exemplo o comunicado após a 249ª reunião do Copom, que ocorreu no dia 21/9/2022. Nessa reunião, o Comitê decidiu manter a taxa de juros em 13,75%, encerrando um longo ciclo de alta da taxa Selic.

PARTE 1: DECISÃO

Em sua 249ª reunião, o Comitê de Política Monetária (Copom) decidiu manter a taxa Selic em 13,75% a.a.

PARTE 2: BREVE DESCRIÇÃO DO CENÁRIO

A atualização do cenário do Copom pode ser descrita com as seguintes observações:

- *O ambiente externo mantém-se adverso e volátil, com contínuas revisões negativas para o crescimento das principais economias, em especial para a China. O ambiente inflacionário segue pressionado, enquanto o processo de normalização da política monetária nos países avançados prossegue na direção de taxas restritivas;*

- *Em relação à atividade econômica brasileira, a divulgação do PIB apontou ritmo de crescimento acima do esperado no segundo trimestre, e o conjunto dos indicadores divulgado desde a última reunião do Copom seguiu sinalizando crescimento;*

- *A inflação ao consumidor, apesar da queda recente em itens mais voláteis e dos efeitos de medidas tributárias, continua elevada;*

- *As diversas medidas de inflação subjacente apresentam-se acima do intervalo compatível com o cumprimento da meta para a inflação;*

- *As expectativas de inflação para 2022, 2023 e 2024 apuradas pela pesquisa Focus encontram-se em torno de 6,0%, 5,0% e 3,5%, respectivamente; e*

- *No **cenário de referência**, a trajetória para a taxa de juros é extraída da pesquisa Focus e a taxa de câmbio parte de USD/BRL 5,20, evoluindo segundo a paridade do poder de compra (PPC). O preço do petróleo segue aproximadamente a curva futura pelos próximos seis meses e passa a aumentar 2% ao ano posteriormente. Além disso, adota-se a hipótese de bandeira tarifária "verde" em dezembro de 2022 e "amarela" em dezembro de 2023 e de 2024. Nesse cenário, as projeções de inflação do Copom situam-se em 5,8% para 2022, 4,6% para 2023 e 2,8% para 2024. As projeções para a inflação de preços administrados são de -4,0% para 2022, 9,3% para 2023 e 3,7% para 2024.*

- *O Comitê optou novamente por dar ênfase ao horizonte de seis trimestres à frente, que reflete o horizonte relevante, suaviza os efeitos diretos decorrentes das mudanças tributárias, mas incorpora os seus impactos secundários. Nesse horizonte, referente ao primeiro trimestre de 2024, a projeção de inflação acumulada em doze meses situa-se em 3,5%. O Comitê julga que a incerteza em torno das suas premissas e projeções atualmente é maior do que o usual.*

PARTE 3: BALANÇO DE RISCOS

O Comitê ressalta que, em seus cenários para a inflação, permanecem fatores de risco em ambas as direções. Entre os riscos de alta para o cenário inflacionário e as expectativas de inflação, destacam-se (i) uma maior persistência das pressões inflacionárias globais; (ii) a incerteza sobre o futuro do arcabouço fiscal do país e estímulos fiscais adicionais que impliquem sustentação da demanda agregada, parcialmente incorporados nas expectativas de inflação e nos preços de ativos; e (iii) um hiato do produto mais estreito que o utilizado atualmente pelo Comitê em seu cenário de referência, em particular no mercado de trabalho. Entre os riscos de baixa, ressaltam-se (i) uma queda adicional dos preços das commodities internacionais em moeda local; (ii) uma desaceleração da atividade econômica global mais acentuada do que a projetada; e (iii) a manutenção dos cortes de impostos projetados para serem revertidos em 2023. O Comitê avalia que a conjuntura, ainda particularmente incerta e volátil, requer serenidade na avaliação dos riscos.

PARTE 4: JUSTIFICATIVA DA DECISÃO

*Considerando os cenários avaliados, o balanço de riscos e o amplo conjunto de informações disponíveis, o Copom decidiu manter a taxa básica de juros em 13,75% a.a. O Comitê entende que essa decisão reflete a incerteza ao redor de seus cenários e um balanço de riscos com variância ainda maior do que a usual para a inflação prospectiva, e é compatível com a estratégia de convergência da inflação para o redor da meta ao longo do **horizonte relevante**, que inclui o ano de 2023 e, em grau menor, o de 2024. Sem prejuízo de seu objetivo fundamental de assegurar a estabilidade de preços, essa decisão também implica suavização das flutuações do nível de atividade econômica e fomento do pleno emprego.*

PARTE 5: GUIA DE FUTURAS AÇÕES (*FORWARD GUIDANCE*)

O Comitê se manterá vigilante, avaliando se a estratégia de manutenção da taxa básica de juros por período suficientemente prolongado será capaz de assegurar a convergência da inflação. O Comitê reforça que irá perseverar até que se consolide não apenas o processo de desinflação como também a ancoragem das expectativas em torno de suas metas. O Comitê enfatiza que os passos futuros da política monetária poderão ser ajustados e não hesitará em retomar o ciclo de ajuste caso o processo de desinflação não transcorra como esperado.

PARTE 6: VOTOS

Votaram por essa decisão os seguintes membros do Comitê: Roberto de Oliveira Campos Neto (presidente), Bruno Serra Fernandes, Carolina de Assis Barros, Diogo Abry Guillen, Maurício Costa de Moura, Otávio Ribeiro Damaso e Paulo Sérgio Neves de Souza. Os seguintes membros votaram por uma elevação residual de 0,25 ponto percentual: Fernanda Magalhães Rumenos Guardado e Renato Dias de Brito Gomes.

Podemos observar que o Comunicado se divide basicamente em seis partes:

1. a **decisão** propriamente dita;

2. uma breve descrição do **cenário econômico** e das expectativas dos agentes econômicos, com base no Relatório Focus;

3. a descrição do **balanço de riscos**, ou seja, o que poderia impulsionar a inflação para cima ou para baixo no futuro;

4. a **justificativa** da decisão, com base no exposto anteriormente;

5. uma descrição do que o BC pretende fazer no futuro, o que no mercado é conhecido como *forward guidance*; e

6. os **votos** de todos os diretores do BC que fazem parte do Comitê.

Os comunicados pós-reunião do Copom nem sempre foram assim. O primeiro comunicado disponível no site do BC, o da 46ª reunião, que ocorreu no dia 19/4/2000, é lacônico:

"Em que pesem as recentes trajetórias favoráveis das taxas de inflação e dos resultados fiscais, o Copom, levando em conta os riscos associados às questões: (i) FGTS; (ii) preço do petróleo; e (iii) ambiente externo com consequente aumento do risco Brasil, decidiu manter a taxa Selic em 18,50% ao ano, sem reintroduzir o viés".

Esses comunicados curtos deixavam para a Ata da reunião a maior parte da informação.

No entanto, seguindo tendência dos principais bancos centrais do mundo, a começar pelo Federal Reserve (Fed) dos EUA, o BC, sob a direção de Ilan Goldfjan, decidiu, a partir da 200ª reunião do Copom, em 20/7/2016, escrever um comunicado muito mais substancial, de modo a antecipar grande parte de sua visão para o mercado e ajudando na tarefa de coordenar expectativas. É a partir daí que temos comunicados na forma como vimos anteriormente.

Vejamos os principais conceitos usados no comunicado:

- O Copom refere-se, na parte sobre o cenário, ao **cenário de referência**. Trata-se de um cenário-base que o Copom desenha e que considera como o mais provável. A partir desse cenário, o Copom projeta, usando modelos próprios, a inflação para os anos seguintes. Essa inflação serve como uma referência para o mercado (daí o nome do cenário) de como o Copom está vendo o processo inflacionário. No caso, a inflação nesse cenário seria de 4,6% em

2023 e de 2,8% para 2024, contra uma expectativa do Relatório Focus de 5,0% para 2023 e 3,5% para 2024. Ou seja, o Copom está vendo como mais provável uma inflação menor do que o Focus, e essa é uma informação importante, dado que, com isso, é mais provável que o Copom pratique uma taxa de juros menor do que o mercado considera necessário para trazer a inflação para a meta. Mas o Copom faz questão de enfatizar que a incerteza em relação ao seu cenário de referência é "maior do que o usual".

- O **balanço de riscos** serve como uma forma de o Copom transmitir aos agentes econômicos o seu viés, ou seja, se entende que a inflação tem maior risco de subir do que de cair, ou vice-versa. No caso desse particular comunicado, o Copom pede uma inusual "serenidade" na avaliação dos riscos, o que pode ser uma reação a uma volatilidade acima da usual no mercado.

- **Horizonte relevante** da política monetária: apesar de o BC ter um mandato para a inflação no ano calendário, na prática a autoridade monetária está sempre olhando um horizonte de 12 a 18 meses, que é o período em que a política monetária (o nível dos juros) influencia a inflação. Isso significa que, a partir de meados do ano, as decisões do Copom pouco podem influenciar a inflação daquele ano e, portanto, a inflação do ano seguinte passa a ser a referência para as decisões de política monetária. Nesse caso, a reunião se deu em setembro de 2022 e, assim, o BC já está olhando para a inflação de 2023 e, em menor grau, para 2024. Toda a decisão tomada hoje só vai ter efeito dali a vários meses. Voltaremos a esse ponto quando falarmos sobre a taxa Selic.

- O *forward guidance* é uma tentativa de sinalizar movimentos futuros do Copom. No caso, o Copom fez questão de transmitir uma mensagem dura, afirmando que não hesitará em retomar o processo de alta se a inflação e as expectativas não convergirem para a meta. Talvez o Copom tenha se visto na obrigação de dar uma satisfação àqueles que avaliavam que seria mais prudente continuar subindo a taxa Selic. Sinal disso foram dois votos divergentes, de diretores que preferiam ter continuado a elevar a taxa de juros. Assim, a continuidade do ciclo de alta dos juros foi substituída por um *forward guidance* mais duro. Esse tipo de "troca" pode funcionar por algum tempo, mas se o cenário de convergência da inflação não se concretiza, o Copom precisa cumprir o que prometeu em seu *forward guidance*, sob pena de perder a sua credibilidade com o mercado, o que seria punido com a desancoragem das expectativas de inflação ao longo do tempo.

Note que o Copom menciona também, na Parte 4: Justificativa, o "nível de atividade" e o "fomento do pleno emprego", que não são objetivos primários do BC, mas que entram na equação de maneira acessória. Apesar de a missão principal do BC ser o controle da inflação, o Copom calibra o período de tempo mais adequado para atingir esse objetivo de modo a minimizar, tanto quanto possível, os danos à atividade econômica no curto prazo. Trata-se de um equilíbrio político delicado, e que deve ser avaliado pelo BC a cada momento.

Muitos não se conformam com essa prioridade dada ao Banco Central de controlar a inflação, muitas vezes sacrificando a atividade econômica para tanto. Aqueles que criticam esse foco, na verdade, não entenderam como funciona o sistema de metas de inflação e o papel da autoridade monetária nesse sistema.

Existe uma crença disseminada de que o nível das taxas de juros é definido a priori pelo Banco Central, seguindo modelos ditados sabe-se lá por quais interesses, modelos esses alimentados por agentes econômicos interessados em taxas de juros altas (os chamados "rentistas"). Nada mais longe da realidade. O BC é escravo da meta de inflação, e a determinação do nível da taxa de juros é, ao longo do tempo, função desse objetivo. No curto prazo, não há modelo que diga qual a taxa de juros ótima, aquela que vai controlar a inflação sem prejudicar muito a atividade econômica. O BC vai, então, tateando, tentando, observando. Não é à toa que as reuniões do Copom ocorrem somente de 45 em 45 dias, em média, e que os movimentos do BC sejam, em grande parte do tempo, pequenos. É preciso tempo para que o BC observe a reação da economia ao nível da taxa Selic.

O nível de taxa de juros da economia é dado pelas condições econômicas, não pelo Banco Central. O BC não é um "tabelador de taxa de juros", a autoridade monetária apenas calibra os juros de acordo com o seu objetivo, que é controlar a inflação. É o estado da economia que vai dizer qual o nível necessário e suficiente de taxa de juros para atingir esse objetivo. Cabe ao BC tentar "adivinhar" qual é esse nível e levar a taxa de juros até lá. Ao fazer isso, o BC coordena as expectativas dos agentes econômicos, que esperam que a inflação convergirá para a meta em algum momento no futuro não muito distante.

Dizer que é o estado da economia que determinará o nível das taxas de juros desafia a lógica comum. Muitos pensam que é justo o inverso: a taxa de juros é que determinaria o estado da economia, ou seja, o nível da atividade econômica, o emprego, a renda da população etc. Sim, isso é verdade no curto prazo. Ao aumentar a taxa de juros, o BC tem por objetivo que a atividade econômica se desacelere para, assim, a inflação recuar. Mas o nível necessário da taxa de juros para que isso aconteça é função das maiores ou menores distorções da economia do país. Ao longo do tempo, cada país terá um nível de taxa de juros compatível com as suas condições objetivas.

Há também críticas ao modelo no que se refere a uma suposta "natureza" da inflação. A taxa de juros não funcionaria, ou seria até contraproducente, em se tratando de uma "inflação de oferta", ou seja, uma inflação causada pela falta de produtos no mercado, de modo que a solução para a inflação não seria o aumento da taxa de juros, mas o aumento da oferta. Nesse sentido, o aumento da taxa de juros provocaria até o efeito inverso, ao desestimular o investimento em novas fábricas, lojas e restaurantes, o que limitaria o aumento da oferta de produtos e serviços. O problema desse raciocínio é o horizonte de tempo da análise: qualquer investimento demanda tempo para se transformar em oferta. E o próprio investimento é demanda antes de se transformar em oferta: durante o período de investimento, o empresário gasta com o projeto, mão de obra, materiais etc., o que impulsiona a demanda. Só depois, com tudo pronto, e se tudo der certo, começa a oferta de produtos e serviços. Nesse meio-tempo, o BC se vê com a batata quente na mão, tendo que controlar as expectativas de inflação.

O problema é que, normalmente, a inflação não tem sobrenome. A inflação é causada por um desbalanceamento entre oferta e demanda, não importa se foi a oferta que caiu ou se foi a demanda que subiu. O BC age para diminuir a demanda e, assim, adequar oferta e demanda. As decisões de investimento são, obviamente, influenciadas pelo nível das taxas de juros, mas são também influenciadas pela previsibilidade da inflação. Um ambiente de inflação alta é tão ou mais prejudicial para os investimentos quanto um ambiente de juros altos. E, como vimos anteriormente, os juros são altos não por "vontade" do BC, mas pelas condições gerais da economia. Assim, muito mais efetivo e duradouro para o aumento da oferta é mudar as condições gerais da economia do que manter as taxas de juros artificialmente baixas, que podem até dar um fôlego curto para a economia, mas levam a uma inflação mais alta ao longo do tempo, o que acaba sendo deletério para a própria atividade econômica.

Uma outra crítica recorrente ao sistema de metas e à atuação do BC é a identificação de fatores particulares como a causa da inflação, e contra os quais o aumento dos juros seria simplesmente ineficaz. Escaladas de preços de commodities são o fator mais comum, principalmente petróleo, ou de certos alimentos. O exemplo mais famoso dessa tentativa de isolar a inflação de alguns itens para justificar o processo inflacionário foi a famosa "inflação do chuchu". Em abril de 1977, o então ministro da Fazenda, Mario Henrique Simonsen, para justificar a inflação de 4% em março daquele ano, diz a famosa frase: *"não se trata de inflação de demanda ou de custo, é inflação do chuchu mesmo"*. A "inflação do chuchu" passou para o folclore nacional, sendo usada para ironizar declarações de ministros da Fazenda, sempre que tentavam colocar a culpa em itens particulares para justificar um processo inflacionário fora de controle.

De qualquer forma, o BC está atento a esse tipo de distorção. Por isso, o Copom acompanha também o chamado **núcleo** da inflação, que retira do cálculo preços muito voláteis, como os de alimentos e combustíveis. Vejamos o **Gráfico 16**, onde mostramos o IPCA acumulado em 12 meses ao longo dos 3 anos entre 2020 e 2022. Temos o IPCA, o núcleo da inflação (excluindo combustíveis e alimentos), a inflação de alimentos, dos produtos importados (aqueles que sofrem mais diretamente a influência do câmbio), a inflação dos preços administrados (aqueles previstos em contratos, como eletricidade) e, finalmente, a inflação de serviços, que mede a variação dos preços do cabeleireiro, dos estacionamentos, do restaurante etc.

Gráfico 16 – Núcleo e componentes do IPCA

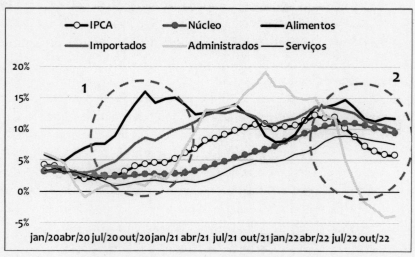

Fonte: elaboração do autor com dados do Banco Central

Vamos prestar atenção em dois momentos, destacados pelos círculos pontilhados. No primeiro, temos o efeito da pandemia na inflação, com o aumento dos preços dos alimentos (quem não se lembra de toda a discussão a respeito dos preços do arroz e do óleo de soja nessa época) e dos preços dos produtos importados, em função da desvalorização do real em relação ao dólar. O IPCA começa a subir, mas note que o núcleo permanece estável nesse período, mostrando que a inflação estava localizada em alguns poucos itens. O Banco Central não reage nesse momento, mesmo com a inflação subindo, pois sente conforto com o núcleo estável.

Já em 2022 (segundo círculo pontilhado), mesmo com o IPCA recuando em função da forte queda dos preços administrados que se seguiu ao corte de impostos sobre combustíveis, o BC continua subindo as taxas de juros, somente interrompendo o ciclo de alta em setembro daquele ano, em um nível bastante alto. Podemos observar como o núcleo estava rodando bem acima do IPCA, mostrando que, apesar do corte dos preços dos combustíveis e eletricidade, refletido na forte queda da inflação de preços administrados, o núcleo continuava muito alto, bem mais alto que o próprio IPCA. Por isso, o BC mantém-se preocupado e atuante.

Uma última observação sobre esse gráfico: perceba como a inflação de serviços segue, ainda que em outro patamar, o núcleo da inflação. Podemos dizer que o núcleo da inflação coincide mais ou menos com a inflação de serviços, aquela que mais reflete a real tendência da inflação, sem a influência direta de atos do governo ou do câmbio. Se você quiser saber se precisa se preocupar com a inflação, observe a inflação de serviços. Quando a cabeleireira se sentir confiante para aumentar o preço, pode começar a desconfiar que a inflação está disseminada na economia...

Após mais de duas décadas desde a sua adoção, podemos dizer que o sistema de metas de inflação funciona? No **Gráfico 17**, observamos a evolução da inflação ao longo desses anos, em relação às metas estabelecidas pelo CMN.

Gráfico 17 – Histórico de inflação e metas

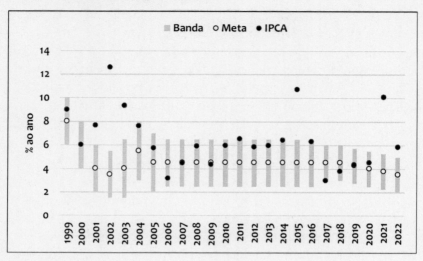

Fonte: Banco Central

Note como a inflação ficou acima da meta em 18 desses 24 anos de vigência do sistema de metas. Desses 18 anos, em 6 a inflação ficou, inclusive, acima da banda superior da meta. Ou seja, em 25% do tempo, o BC perdeu a meta de inflação, já considerando a faixa de tolerância. Não parece ser um bom desempenho. Mas, se considerarmos que, dessas 6 vezes, 3 ocorreram nos anos de 2001, 2002 e 2003, quando o sistema de metas ainda era muito novo e passava por ajustes, temos que as outras 3 ocasiões ocorreram em um período de 19 anos, ou 15% do tempo, o que parece ser um melhor *track record*.

O que devemos observar é que, mesmo não conseguindo cumprir a meta de inflação em todos os anos, somente o fato de haver uma meta e um Banco Central independente (operacionalmente independente até 2022, formalmente independente a partir de então) que se compromete a cumprir essa meta já se constituiu em um avanço significativo em relação ao passado tenebroso que o Brasil viveu em décadas anteriores. Contar com inflação razoavelmente baixa ao longo dos últimos quase 30 anos, mesmo com algumas exceções pontuais, é uma grande conquista civilizatória, graças aos fundamentos estabelecidos pelo Plano Real e seus aperfeiçoamentos posteriores.

Breve histórico da inflação no Brasil

Para medir a inflação brasileira, vamos usar o índice de inflação da cidade de São Paulo calculada pela Fipe, com histórico desde 1940. Antes disso, não há medidas confiáveis de inflação.

Na **Tabela 11**, listamos todas as moedas desde o cruzeiro, criado por Getúlio Vargas em novembro de 1942. Consideramos uma nova moeda somente quando houve uma reforma monetária que cortou zeros. Nesta tabela, listamos as moedas, seu tempo de vida, a inflação anual média durante esse período e a inflação acumulada, também no período de vida da moeda.

Tabela 11 – Moedas do Brasil de 1942 a 2022

Moeda	Início	Fim	Duração	Inflação anual média	Inflação acumulada
Cruzeiro	nov/42	jan/67	24 anos e 3 meses	28,3%	41.834%
Cruzeiro Novo	fev/67	fev/86	19 anos e 1 mês	57,5%	582.126%
Cruzado	mar/86	jan/89	2 anos e 11 meses	351%	7.974%
Cruzado Novo	fev/89	mar/90	1 ano e 2 meses	3.735%	6.942%
Cruzeiro	abr/90	jul/93	3 anos e 4 meses	754%	127.144%
Cruzeiro Real	ago/93	jun/94	11 meses	5.531%	3.924%
Real	jul/94	dez/22	28 anos e 6 meses (and counting...)	6,8%	555%

Fonte: Banco Central

Salta aos olhos a imensa diferença entre o real e as outras moedas. O sistema de metas de inflação e a disciplina fiscal foram os responsáveis por esse pequeno milagre. Espero, sinceramente, que saibamos, como sociedade, preservar essa grande conquista.

O preço das coisas

A exemplo do capítulo anterior, terminamos este com um pouco de filosofia. A Declaração Universal dos Direitos Humanos traz, em seu artigo 25, a seguinte redação:

"Todo ser humano tem direito a um padrão de vida capaz de assegurar a si e à sua família saúde, bem-estar, inclusive alimentação, vestuário, habitação, cuidados médicos e os serviços sociais indispensáveis e direito à segurança em caso de desemprego, doença, invalidez, viuvez, velhice ou outros casos de perda dos meios de subsistência em circunstâncias fora de seu controle".

Grande parte dessa declaração, assim como grande parte das constituições dos países, lista uma série de direitos que todos os seres humanos temos. Uma parte deles se refere a como os seres humanos se relacionam entre si e como vão conviver em sociedade, tais como formas de governo, direitos legais e normativos sobre atitudes discriminatórias. Outra parte, no entanto, se refere a direitos que envolvem a produção de bens e, portanto, têm a ver com as leis que regem a economia.

A natureza fornece alguns bens diretamente, sem a necessidade de transformação ou transporte. O ar que respiramos, por exemplo. Se, no futuro, o ar estiver irrespirável e precisarmos usar máscaras para purificar o ar, isso deixará de ser verdade. Se a natureza fornecesse todos os bens de que precisamos, não seria necessária uma declaração formal do direito humano a esses bens. O fato de uma declaração desse tipo existir (como o artigo 25 supracitado) demonstra que o acesso a bens econômicos não é automático.

Mas, além disso, e o mais importante, o fato de estar em uma declaração de direitos (ou em uma Constituição) não torna esses bens disponíveis automaticamente. Todos os bens econômicos precisam ser produzidos e transportados por seres humanos, tão titulares de direitos humanos quanto os que consomem esses bens. Assim, temos uma tensão inerente ao processo econômico, e que declarações de direitos simplificam sem realmente resolvê-los. Essa tensão consiste na justa distribuição da riqueza gerada no processo econômico da produção de bens a partir da natureza.

Todo bem produzido traz, em si, um conjunto de horas de trabalho e de matérias-primas que tomam a forma, dentro de um processo de produção, do bem a ser consumido. O valor das matérias-primas é praticamente irrelevante nessa conta. A parte do leão é formada pelas horas de trabalho. E aqui entendemos "horas de trabalho" de maneira muito mais ampla do que normalmente estamos acostumados a pensar. Vejamos um exemplo, adaptado do livro *I, pencil,* de Leonard Read[3].

---

[3] I, pencil – Leonard E. Read – Foundation For Economic Education.

Um lápis é um objeto simples, a quem ninguém dá realmente muita importância. Pelo menos, não tanta importância quanto damos para outras criações do gênio humano, como um avião ou um iPhone. Um lápis é algo banal. E, por isso, servirá muito bem para chamar a atenção para o fato de que nada é realmente simples no mundo da produção econômica de bens.

Antes de entrar no processo de produção propriamente dito, um lápis tem início na mente de seres humanos que pensam esse processo de produção. Afinal, já pensou como é difícil juntar madeira e grafite em um todo sólido e resistente? E, antes destes, outros seres humanos pensaram sobre as propriedades químicas e físicas dos componentes que formam o lápis, e que serviram de base para projetar o processo de sua produção. As horas de trabalho de cada um desses seres humanos estão, de alguma forma, embutidas em um simples lápis.

Agora começa o processo de produção propriamente dito. Um lápis tem, entre seus componentes, basicamente madeira e grafite, além da tinta que serve para dar o acabamento. Comecemos pela madeira.

A madeira é um elemento da natureza, mas que precisa ser retirado por seres humanos. Esses seres humanos usam instrumentos que foram produzidos por outros seres humanos: serras ou machados. Esses instrumentos também tiveram os seus próprios processos de produção, cada um com muitas horas-homem para serem produzidos. Depois disso, a madeira precisa ser transportada para a fábrica. Temos aí outros seres humanos envolvidos, que também usam instrumentos (caminhões, trens, navios) que implicam, cada um deles, o emprego de horas de trabalho de seres humanos. Uma vez na fábrica, seres humanos empregam suas horas de trabalho para produzir o lápis, usando também máquinas e instrumentos que, por sua vez, também passaram por um processo de produção que envolveu muitos outros seres humanos.

O mesmo processo será seguido para as outras matérias-primas, o grafite e a tinta. Para que tudo isso funcione, é preciso que haja uma empresa especializada em produção e venda de lápis. A produção de bens de consumo para atender às necessidades de bilhões de seres humanos não pode ficar a cargo de artesãos. Sua produtividade é muito baixa para prover bens a toda essa multidão. Por isso, os seres humanos se organizam em torno de empresas e linhas de produção com um certo grau de automatização. Essas empresas, além de organizar o trabalho dos seres humanos de modo a otimizar as horas-homem necessárias para a produção, são responsáveis por algo muito importante: o planejamento da produção. Afinal, qual a demanda pelos lápis? Quantos lápis produzir? Qual o investimento a ser feito para comprar máquinas e instrumentos para a produção? A resposta a todas essas questões demanda seres humanos que também precisam ser remunerados.

Por fim, existe este ser execrável, que muitos pensam ser totalmente dispensável, enquanto outros acham que deve ser mantido com rédea curta: o capitalista, que é o sujeito que, aparentemente, é o único que não emprega suas horas de trabalho, mas se apropria das horas de trabalho de outros seres humanos. A questão é que o capitalista é indispensável em todo esse processo. Por quê? Simples: qualquer empreendimento, mesmo a produção de um simples lápis, envolve muitas e variadas decisões, todas elas com seus próprios riscos. Se pudéssemos saber, com certeza, que todas as etapas descritas anteriormente funcionariam conforme o planejado, incluindo aí a demanda pelo produto final, o lápis, o capitalista seria dispensável. No entanto, não é assim.

Algumas economias totalmente planificadas, em que os capitalistas foram dispensados, passaram pela História. Nesse tipo de economia, havia a pretensão de se eliminar o risco dos empreendimentos, por meio de uma planificação central. Vimos que não funcionou conforme o planejado, justamente porque é impossível eliminar o risco dos empreendimentos. E o personagem que arrisca o capital em empreendimentos chama-se capitalista.

É muito difícil avaliar se o quanto o capitalista está recebendo pelo seu capital é exagerado ou não. Não é possível saber o tamanho do risco assumido, ou seja, a probabilidade de aquele empreendimento não dar certo, por qualquer motivo. Além disso, como diz o velho ditado, "você vê as pingas que eu tomo, mas não os tombos que eu levo". Associamos a figura do capitalista àquele homem gordo, vestido de fraque e fumando um charuto. Sim, para cada figura dessas, há inúmeras mais que perderam parte ou todo o seu capital em empreendimentos que não foram para a frente. A mortalidade de empresas no mundo é gigantesca e, no Brasil, maior ainda. Capitalistas de sucesso usam o seu capital acumulado para empreender, colocando o seu capital em risco novamente.

Muitos não investem em bolsa por acharem muito arriscado, o que é verdade. Pois saiba que as empresas da bolsa são as mais seguras, aquelas que chegaram a um tamanho suficientemente grande para serem as mais estáveis de uma economia. Imagine em todas as empresas menores, que também precisam de capital para funcionarem, qual o tamanho do risco incorrido pelo capitalista.

Além disso, muitas vezes o capitalista se confunde com a própria gerência da empresa. Ou seja, é o capitalista que emprega suas horas de trabalho para garantir que aquele conjunto de seres humanos e recursos naturais produza os bens necessários para outros seres humanos, tomando as decisões certas para que a mágica aconteça. E, quando as decisões não são certas, o capitalista perde o seu capital, os seres humanos perdem seus empregos e outros seres humanos ficam sem os bens que aquela empresa poderia estar produzindo.

Espero que todo esse longuíssimo preâmbulo tenha servido para que você entenda essa coisa simples, chamada **preço**. O preço de um bem é o resultado de todo esse processo. É a soma das matérias-primas e de todas as horas gastas por todos os seres humanos em todos os processos envolvidos na produção daquele bem que lhe parece tão simples. Além disso, o preço também embute o risco do capitalista, que precisa remunerar o seu capital a ponto de tornar-se atrativo assumir aquele risco. Caso contrário, não haverá capitalistas e, portanto, não haverá empresas e, portanto, não haverá bens.

Se você acompanhou até aqui, poderá entender por que não faz sentido a expressão a seguir, muito comum em manchetes de jornal:

Preço abusivo será punido

Certamente você já ouviu essa frase muitas vezes e, provavelmente, concorda com ela, mesmo sem ter pensado muito no assunto, pois parece bastante razoável, a princípio.

O que seria um "preço abusivo"? Quando o Uber começou a sua operação no Brasil, houve muita reclamação com relação ao seu mecanismo de "preço dinâmico", que nada mais é do que aumentar o preço do serviço onde a demanda está mais alta. Com isso, mais motoristas são chamados para aquela área, aumentando a oferta, o que atende à demanda pelo serviço naquele momento e local.

As pessoas reclamavam (e acho que ainda reclamam) porque, por algum estranho motivo, entendem serem titulares de uma espécie de "direito ao transporte por um preço razoável", algo que, inclusive, deveria estar inscrito na Declaração Universal dos Direitos Humanos. O problema, claro, está no fato de que fornecer transporte exige uma longuíssima cadeia de produção, em que cada ser humano envolvido no processo precisa ser devidamente remunerado, da mesma forma que acontece na produção do lápis. Caso contrário, nada feito, o transporte não estará disponível.

O sistema anterior, que contava apenas com táxis devidamente cadastrados na prefeitura, oferecia preços tabelados, sem esse "abuso" dos preços dinâmicos. O resultado todos conhecem: não havia táxis no momento de grande demanda. Alguns poderiam pensar que deveria haver uma espécie de tabelamento dos preços do Uber, de modo que não houvesse esse "abuso". Sim, mas provavelmente o resultado seria o mesmo de quando tínhamos táxis com preços tabelados.

De maneira mais genérica, não existe isso de "preços abusivos" em um mercado competitivo. Abuso de preços pode ocorrer em um mercado dominado por cartéis, em que os preços são combinados entre os concorrentes, e o consumidor não conta com bens alternativos. Por exemplo, um cartel de postos de gasolina em um determinado bairro pode forçar os consumidores, que eventualmente não podem procurar gasolina em outros bairros, a pagarem preços que, de outra maneira, seriam mais baixos. Mas cartel é crime econômico tipificado. Então, não vamos considerar esse caso, que não é caso de economia, mas de polícia.

Mesmo no caso de uma empresa monopolista, o preço não é abusivo, pois sempre existem alternativas. Inclusive, o de não consumo. Em certa ocasião, estava eu na sede da CBMM, a produtora quase monopolista de nióbio no mundo. A empresa tem algo como 90% das reservas mundiais do metal, que melhora uma série de processos produtivos na área de siderurgia. Perguntei ao diretor financeiro o que impedia a empresa de cobrar o preço que quisesse, dado que era virtualmente monopolista do metal. O diretor respondeu-me que a liberdade de preços da empresa esbarrava na capacidade dos chineses (seus maiores compradores) de desenvolverem alternativas ao nióbio. O preço deveria ser o mais alto possível, mas não tão alto que tornasse viável economicamente o surgimento de alternativas. Tratava-se de um equilíbrio bastante delicado, que toda empresa monopolista enfrenta. No curto prazo, o monopolista leva vantagem, claro, mas no longo prazo o "abuso" de preços pode levar ao fim do seu negócio, pela sua substituição por uma alternativa mais barata.

Esse raciocínio é mais delicado quando se trata de bens de primeira necessidade. Aqui entra uma segunda frase que ouvimos muito:

Saúde não é mercadoria

Substitua "saúde" por "água", "comida", "moradia" ou qualquer outra necessidade humana básica. Nada disso deveria ser mercadoria. No entanto, são bens como o lápis: precisam ser produzidos e transportados por seres humanos, que precisam ser devidamente remunerados. Além, claro, do lucro do odioso capitalista. Aliás, muitos se revoltam por haver pessoas que lucram com coisas como saúde e comida. Não parece ser adequado, para dizer o mínimo.

No entanto, esses bens são bens econômicos como outros quaisquer, se analisados do ponto de vista de produção e disponibilidade. Não há diferença alguma entre um remédio e um, digamos, iate, quando se trata de garantir que alguém esteja disposto a arriscar o seu capital contratando pessoas e equipamentos para produzi-los. As mesmas decisões são necessárias para que se torne possível fazer chegar comida ou joias nas casas das pessoas. Não há aqui espaço para considerações morais: cada ser humano envolvido no processo, por mais empatia que tenha pelo próximo, em primeiro lugar deve cuidar de sua própria sobrevivência ou da sobrevivência da empresa onde trabalha. Funciona mais ou menos como nas emergências aéreas: a instrução das companhias aéreas, em caso de emergência, é que o adulto coloque primeiro a máscara em si mesmo, e só depois ajude a criança a colocar a própria máscara. Caso contrário, se o adulto tenta ajudar a criança antes de ajudar a si mesmo, corre o risco de que ambos pereçam.

É para isso que existe um agente econômico que não segue a lógica do mercado: o Estado. O Estado serve justamente para tornar acessível à parte menos privilegiada da sociedade bens essenciais que, de outra maneira, não estariam acessíveis. Existem muitas formas de se fazer isso, e não é escopo deste livro entrar nos detalhes.

Outro ponto que sempre levanta polêmica é o preço de produtos que se encontram na fronteira tecnológica, principalmente quando envolve procedimentos médicos ou remédios. O desenvolvimento tecnológico sempre segue um roteiro conhecido: 1) grandes investimentos em pesquisa, com várias linhas de pesquisa sem sucesso, 2) descoberta de um produto promissor, 3) testes de mercado, 4) colocação comercial a um alto preço de modo a acelerar a recuperação do investimento e 5) popularização.

Todo produto de alta tecnologia segue esse roteiro, e não seria diferente na área de medicina. Ocorre que, nesse caso, estamos tratando com vidas humanas e, como diz a manchete, "saúde não é mercadoria". O problema é que qualquer tentativa de mudar o ciclo visto anteriormente pode acabar por inviabilizar a criação de novos procedimentos/remédios. Sem o incentivo de "lucros excepcionais" quando uma pesquisa finalmente gera retornos, os financiadores dessas pesquisas podem avaliar que não vale a pena o investimento.

Novamente, aqui o Estado pode exercer o papel de financiador "a fundo perdido", bancando pesquisa básica. Mas isso não é tão simples quanto parece. Normalmente envolve somas bastante significativas, além de passar por políticas muitas vezes sequestradas por agentes, digamos, menos produtivos. São bem conhecidos os problemas de priorização de incentivos governamentais e avaliação de políticas públicas de fomento à pesquisa, e não é escopo deste livro descrevê-los.

É muito fácil o discurso da "saúde para todos". No filme *Elysium*, a maior parte da população vive em um planeta Terra miserável, enquanto uma minoria usufrui de todas as benesses da tecnologia em uma estação espacial próxima. Entre essas benesses, existem máquinas que curam praticamente qualquer doença, regenerando a pessoa. O roteiro é de um simplismo atroz, tratando aquelas máquinas como se fossem uma espécie de "dádiva divina", sequestrada por seres humanos insensíveis. Não é assim que funciona. Qualquer avanço no campo da medicina exige muitos investimentos, e os capitalistas que investem nessas pesquisas só o fazem porque pode haver um bom retorno sobre o capital investido. E não pense que "capitalistas" são homens de terno e gravata, fumando caros charutos enquanto decidem quem pode ou não pode ter acesso aos caros tratamentos de ponta. Capitalistas, no caso, são os milhares de acionistas dessas empresas, que investem suas poupanças em suas ações, esperando ter uma remuneração que lhes permita atingir seus objetivos de vida.

De qualquer forma, mesmo que estivéssemos falando de capitalistas selvagens, isso não mudaria o fato de que é necessário que o negócio da geração de novas tecnologias na área médica seja lucrativo, de modo a atrair capital para novas pesquisas. A saúde é uma mercadoria como outra qualquer, por mais que isso possa revoltar os espíritos mais sensíveis. Por isso, do ponto de vista econômico, tem um preço. "Saúde não tem preço" pode ser um bom slogan, mas é sempre bom lembrar que a saúde mais cara é aquela que não existe.

CAPÍTULO 3

A TAXA DE JUROS

O tempo e o valor das coisas

Imagine que você tem um apartamento. Você pode escolher viver nele ou alugá-lo para que um terceiro viva nele. Se você escolher alugá-lo, precisará usar o dinheiro obtido com o aluguel para pagar o aluguel de um outro imóvel para você mesmo morar. Se, por outro lado, você optar por viver nele, você não receberá o aluguel de alguém, mas estará economizando o aluguel que pagaria para morar em outro lugar. Aliás, esta é a conta que as pessoas fazem ao comprar um imóvel: é melhor pagar a prestação de um apartamento ou pagar aluguel? Não vou, aqui, entrar no mérito dessa conta, estou apenas chamando a atenção do leitor para o fato de que possuir um apartamento significa ter o direito de receber um aluguel por ele, seja alugando de fato para um terceiro, seja morando nele, caso em que "recebemos" o aluguel na forma da economia de não estar pagando aluguel. Ou, de outra maneira, estamos pagando um aluguel para nós mesmos.

Analisando esse caso do imóvel próprio mais de perto, podemos perceber que estamos pagando pelo tempo que passamos (ou podemos passar) nele. Precisamos de um lugar onde possamos passar um tempo. Esse conceito deu origem a modelos de negócio que maximizam o benefício de quem precisa passar o tempo em algum lugar. Por exemplo, hotéis. Hotéis são negócios em que se pode alugar um lugar para ficar por um tempo limitado. Não faz sentido comprar um imóvel em um lugar onde vamos passar apenas alguns dias e nunca mais voltar. Aliás, este é o dilema de quem compra um imóvel na praia ou no campo: vale a pena gastar o dinheiro na compra e manutenção do imóvel ou é melhor simplesmente alugar um espaço por períodos determinados? No fundo, a escolha é entre pagar mais para ter a conveniência da disponibilidade ilimitada, ou pagar menos e ter disponibilidade por apenas alguns dias. O tempo que passamos no imóvel determinará se vale a pena, ou não, a sua compra.

Esse raciocínio do imóvel pode ser estendido a qualquer bem. Todo bem, no fundo, nos é útil durante o tempo em que podemos usufruí-lo. No limite, não precisaríamos ter nada, tudo poderia ser alugado. Poderíamos alugar automóveis, roupas, equipamentos. A indústria do aluguel existe justamente porque os bens têm valor somente durante o tempo em que efetivamente os usamos.

Por trás desse raciocínio está implícito o valor do dinheiro no tempo. Voltemos ao caso do imóvel. A decisão de comprar ou alugar passa pelo que podemos fazer com o dinheiro equivalente ao longo do tempo. No fundo, tudo se resume a usos alternativos do dinheiro que temos.

(Apenas uma pequena observação antes de continuarmos. Claro que nem tudo se resume ao que podemos fazer com o dinheiro que temos. A decisão de comprar ou não um imóvel, assim como comprar ou não um automóvel ou uma roupa de festa passa por considerações de outras naturezas que não simplesmente o valor do dinheiro no tempo. Segurança, disponibilidade, conveniência, aspectos emocionais, tudo isso entra na balança. Nem sempre a melhor decisão do ponto de vista estritamente financeiro mantém-se como a melhor decisão quando se consideram, na balança, fatores subjetivos e de difícil quantificação. Há razões que a própria razão desconhece, e isso é particularmente verdadeiro quando se trata de dinheiro.)

A esse valor do dinheiro no tempo chamamos de **juros**. Os juros nada mais são do que o preço que pagamos ou recebemos pelo aluguel do dinheiro ao longo de um determinado período de tempo. Esse aluguel é o preço do uso alternativo do dinheiro quando consideramos a compra de qualquer bem. A pergunta que devemos fazer é: quanto esse dinheiro renderia no mercado se fosse aplicado e, ao invés de comprar o bem, o alugássemos?

Note como esse raciocínio é o mesmo que fizemos logo no início deste capítulo, em que a pessoa possui um imóvel e, ao invés de morar nele, o aluga para um terceiro, usando o dinheiro obtido para ele mesmo alugar um outro imóvel. O ponto fundamental aqui é que existe um patrimônio, e o patrimônio gera um valor ao longo do tempo. Se esse patrimônio está na forma de um apartamento ou na forma de dinheiro no banco, tanto faz. O fato é que esse patrimônio, ao longo do tempo, gera um valor de aluguel.

Claro que o imóvel pode ficar vazio ou o dinheiro pode ficar no colchão. Nesses casos, o patrimônio não gera nada. Mas essa é uma circunstância que procuramos evitar a todo custo. O patrimônio é feito para gerar alguma renda, e procuramos que isso aconteça da maneira mais eficiente possível.

Quando falamos de imóveis, o aluguel é expresso em reais. Por exemplo, um apartamento é alugado por R$ 2.000 por mês. Já no caso do dinheiro, o valor do aluguel é dado por um percentual do valor do patrimônio, chamado de **taxa de juros**. Assim, dizemos, por exemplo, que um determinado investimento está rendendo 10% ao ano. Para saber o volume de juros recebido, basta multiplicar essa taxa pelo valor do patrimônio investido.

É compreensível que o aluguel de imóveis e de quaisquer outros bens seja expresso em reais e não em taxa. Afinal, para expressar o aluguel em forma de taxa, seria necessário que houvesse concordância, entre quem aluga e quem paga o aluguel, sobre o valor exato do bem, o que é muito difícil no caso de imóveis e outros bens. Já no caso do dinheiro, sabemos exatamente o montante, tornando mais prático expressar os juros por meio de uma taxa.

De qualquer forma, independentemente da forma como expressamos os juros, o conceito precisa ficar claro, pois é fundamental para entender a dinâmica da economia. Os juros são a remuneração do tempo durante o qual usamos o dinheiro, assim como o aluguel é a remuneração do tempo durante o qual usamos o imóvel. Essa ideia de **tempo** é central para entender como o nível das taxas de juros em uma economia afeta a atividade econômica.

Digamos que você tenha um dinheiro guardado na Caderneta de Poupança. Como sabemos, a Caderneta rende aproximadamente TR + 6% ao ano. Quanto maior a TR (Taxa Referencial), menos propenso você estará em gastar aquele dinheiro. Precisa ser uma necessidade grande para tirar esse dinheiro da Poupança, abrindo mão dos juros. E, pelo contrário, quando a remuneração da poupança cai, fica mais fácil tomar a decisão de sacar o dinheiro para gastar. Esse mecanismo é fundamental para entender o efeito da taxa de juros sobre o nível da atividade econômica.

Como é formada a taxa de juros na economia?

Muitos pensam que a taxa de juros é ditada unilateralmente pelos bancos ou pelo governo. Mas, como qualquer outra mercadoria, o preço do aluguel do dinheiro é função da onipresente lei da oferta e da demanda.

De um lado, temos aqueles que têm dinheiro sobrando. Estes estão à procura dos melhores destinos para o seu dinheiro. Do outro lado, temos aqueles que precisam de dinheiro. Estes estão dispostos a encontrar quem empreste dinheiro na menor taxa possível. É o encontro desses dois personagens que determina, em última análise, o preço do dinheiro. Vejamos como funciona nos **Gráficos 18 e 19**.

No **Gráfico 18**, quanto maior a taxa de juros, há mais pessoas dispostas a emprestar dinheiro. Essa, portanto, é a curva de **oferta** por dinheiro.

Gráfico 18 – Curva de oferta de dinheiro

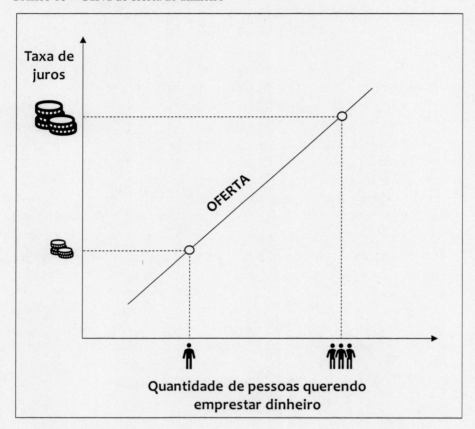

Fonte: elaboração do autor

No **Gráfico 19**, por outro lado, temos a curva de **demanda** por dinheiro, ou seja, a relação entre a taxa de juros e a quantidade de pessoas querendo tomar emprestado o seu dinheiro. Quanto maior a taxa de juros, menos pessoas estarão dispostas a tomar dinheiro emprestado.

Gráfico 19 – Curva de demanda por dinheiro

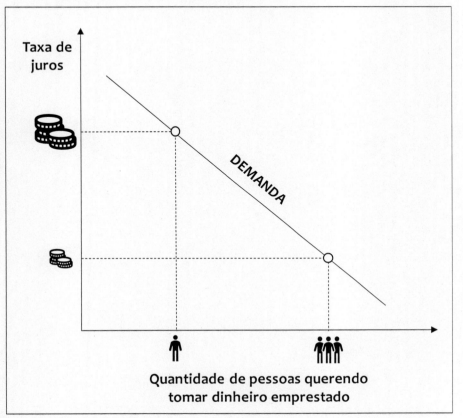

Fonte: elaboração do autor

Juntando as duas curvas (**Gráfico 20**), temos o esquema completo que explica o nível das taxas de juros na economia, onde oferta e demanda se encontram.

Gráfico 20 – Curvas de oferta e demanda de dinheiro, determinando o nível das taxas de juros

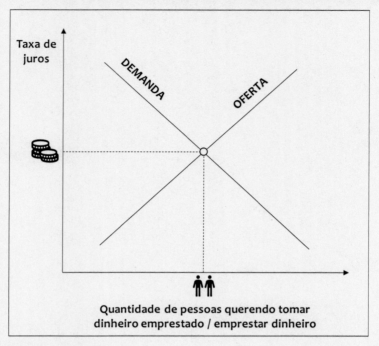

Fonte: elaboração do autor

Esse é um esquema muito simples. Ele não considera uma outra variável importantíssima: o tempo. Em outras palavras, existe um gráfico desses para cada prazo. Os agentes econômicos (tomadores e emprestadores) se encontram considerando as suas próprias necessidades de prazo. Assim, aqueles que querem tomar emprestado por um período de, digamos, 12 meses, precisam encontrar alguém disposto a emprestar pelo mesmo período. Desse modo, as curvas de oferta e demanda têm um certo desenho para esse prazo de 12 meses, assim como para quaisquer outros prazos. Isso nos leva a outro conceito, o de **curva de juros**.

A curva de juros nada mais é do que a taxa de juros para cada prazo. Por exemplo, no **Gráfico 21**, temos a curva de juros no início de 2018. Essa curva de juros é especial: ela tem como tomador de empréstimos o governo. Trata-se dos juros pagos pelos títulos públicos. Então, governo e seus financiadores concordavam, no início de 2018, em pagar/receber 6,70% ao ano por um empréstimo de 1 ano, 7,90% ao ano por um empréstimo de 2 anos, e assim por diante, até 10,00% ao ano para um empréstimo de 9 anos de prazo.

Gráfico 21 – Curva de juros no Brasil no início de 2018

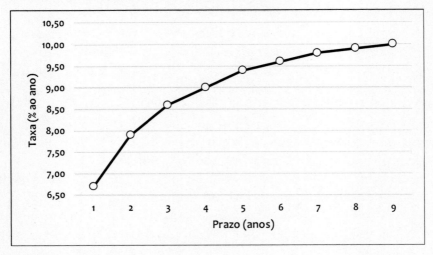

Fonte: Tesouro Nacional

Note como introduzimos mais uma variável para determinar as taxas de juros: além do prazo, temos também que conhecer **quem** está tomando o dinheiro emprestado. Quanto maior o risco de calote, maior será a taxa de juros para o mesmo prazo. O governo é considerado o agente econômico de menor risco de calote. Isso acontece porque o governo pode sempre aumentar impostos ou até, no limite, imprimir dinheiro para pagar as suas dívidas. Claro que essas são possibilidades teóricas. Sabemos que a capacidade de o governo taxar a sociedade tem um limite, dado pelas condições políticas e pela capacidade dos contribuintes de esconder os seus rendimentos ou patrimônio em esquemas de elisão fiscal ou, no limite, de pura e simples sonegação. Por outro lado, a impressão de dinheiro é uma faculdade do Banco Central, um ente, em tese, independente do governo. E, mesmo que, de alguma maneira, o governo consiga imprimir dinheiro, tratar-se-ia de um pagamento "fake" da dívida, pois aquele dinheiro não foi gerado pela atividade econômica. O resultado, como sabemos, é inflação, que fará com que a dívida do governo perca valor, o que não deixa de ser um calote.

De qualquer modo, de todos os agentes econômicos de um país, o governo é sempre considerado o de menor risco. Portanto, essa curva de juros do **Gráfico 21** é a referência para a formação das taxas de juros de todos os outros agentes econômicos, desde os bancos, passando pelas lojas de departamento até chegar nos agiotas. O risco de calote de cada um desses agentes recebe o nome técnico de **risco de crédito**.

Risco de crédito é o risco de que aquele para quem emprestamos uma soma de dinheiro não nos pague o devido na data devida. Quanto maior a probabilidade de calote, maior será o risco de crédito. E quanto maior for o risco de crédito, maior será a taxa de juros exigida pelo emprestador. Por isso, temos diferentes níveis de taxas de juros para um mesmo prazo. Isso é fácil de entender se considerarmos que quanto maior o risco de crédito, teremos menos gente disposta a emprestar dinheiro. Voltando ao nosso esquema de oferta e demanda de dinheiro, o **Gráfico 22** mostra como a curva de oferta se desloca para a direita (aumenta a oferta) quanto menor é o risco de crédito de quem está tomando dinheiro emprestado. Assim, na medida em que o risco de crédito diminui, também diminui a taxa de juros e aumenta o número de pessoas dispostas a emprestar dinheiro. No gráfico, o equilíbrio se desloca da bolinha branca para a bolinha preta.

Gráfico 22 – Nível da taxa de juros em função do risco de crédito

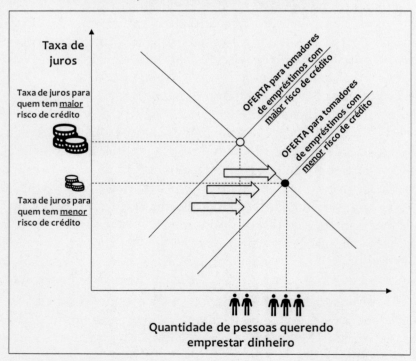

Fonte: elaboração do autor

Portanto, os agiotas não cobram taxas extorsivas por serem malvados. Eles apenas seguem a lei da oferta e da demanda por dinheiro. Como há poucas pessoas dispostas a emprestar dinheiro para quem já está endividado e não tem renda nem bens para garantir o seu empréstimo (risco de crédito altíssimo), os agiotas cobram taxas de juros mais altas para compensar o risco. Em resumo, a escassez de dinheiro faz com que seu preço seja mais alto.

Na **Tabela 12**, temos os níveis de taxas de juros (prefixadas) praticadas no final de 2022, por modalidade de crédito.

Tabela 12 – Taxas prefixadas por modalidade de crédito (dez/2022 – mediana da amostra)

Consignado funcionário público	24%
Consignado INSS	26%
Aquisição de veículos	27%
Aquisição de bens em geral	29%
Consignado empregado privado	38%
Crédito pessoal	68%
Cheque especial	150%
Cartão de crédito (parcelamento)	161%
Cartão de crédito (rotativo)	437%

Fonte: Banco Central

Observe como a taxa de juros cobrada vai aumentando na medida em que o risco de crédito aumenta. Empréstimos com garantia, seja de salário (consignado), seja de um bem (automóvel), são os mais baratos. Os empréstimos vão ficando mais caros quando não se tem garantia (crédito pessoal) e tornam-se proibitivos quando, além de não contarem com garantia, não têm um prazo para liquidação, podendo ser rolados eternamente (cheque especial e rotativo do cartão de crédito).

Resumimos a mecânica de formação das taxas de juros na economia na **Figura 7**, em que temos representadas as três forças que determinam as taxas de juros.

Figura 7 – As três forças que determinam as taxas de juros

Fonte: elaboração do autor

Nesta seção, vimos como as taxas de juros são formadas pelo balanço entre oferta e demanda de dinheiro na economia, e qual a influência do prazo e do risco de crédito na formação das taxas de juros. Mas o núcleo desse jogo chama-se **taxa básica de juros**. É ela o início de tudo. É o que veremos na próxima seção.

Taxa Selic, a mãe de todas as taxas de juros

Nas economias modernas, em que o Banco Central tem o monopólio da impressão da moeda corrente do país, a maneira como essa autoridade monetária regula a quantidade de moeda é por meio do seu custo. Ou seja, por meio do nível da taxa de juros. Mas, para entender como funciona esse mecanismo, precisamos antes entender como o Banco Central atua no mercado financeiro.

O Sistema Especial de Liquidação e Custódia (Selic)

Ao longo do dia, os bancos emprestam dinheiro para empresas e pessoas físicas (nas suas várias linhas de crédito), e tomam dinheiro emprestado de empresas e pessoas físicas, por meio da emissão de CDBs e outros títulos bancários. No final do dia, os bancos fazem um balanço entre o que emprestaram e o que tomaram emprestado no mercado. Se o saldo termina negativo, o banco precisa tomar dinheiro emprestado de outro banco que tenha terminado o dia com saldo positivo. Como garantia desse empréstimo, o banco usa os títulos públicos que tem em sua carteira. É como se vendesse esses títulos públicos, com promessa de recompra no dia seguinte.

Essas transações entre os bancos são registradas em um sistema chamado Sistema Especial de Liquidação e Custódia (Selic), mantido pelo Banco Central. Por isso, a taxa de juros desse empréstimo entre os bancos é chamada de taxa Selic. O Banco Central está ali para garantir que essa taxa seja a mais próxima possível da **meta** para a taxa Selic, divulgada na reunião do **Comitê de Política Monetária (Copom)**. Se tem mais bancos com saldo negativo no final do dia (o que forçaria a taxa de juros para cima, dado que haveria mais interessados em tomar dinheiro emprestado do que em emprestar), o Banco Central atua como emprestador de última instância, mantendo a taxa Selic próxima da meta. E vice-versa, quando há mais bancos com excesso de caixa do que com falta, o Banco Central entra no mercado "enxugando" essa liquidez. Para tanto, toma emprestado desses bancos na meta da taxa Selic, evitando que a taxa Selic caia abaixo da meta. Essa dinâmica está representada na **Figura 8**.

Figura 8 – Dinâmica da determinação da taxa Selic

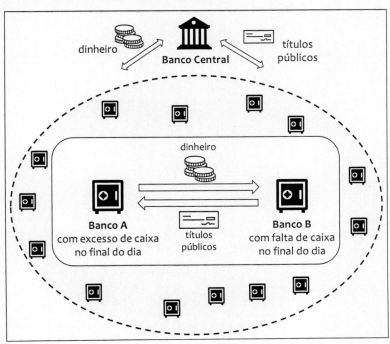

Fonte: elaboração do autor

Observe como os bancos transacionam uns com os outros, enquanto o Banco Central se mantém como o emprestador e tomador de empréstimo de última instância, para garantir que todas essas transações se deem na taxa Selic.

Por isso chamamos a taxa Selic de **taxa básica** da economia. Os bancos calculam as taxas de juros que cobrarão de seus empréstimos a partir dessa taxa básica. À taxa Selic, acrescentam o risco pelo prazo do empréstimo, o risco de crédito do tomador do empréstimo e os impostos.

Podemos comparar a taxa Selic ao **leme de um navio**. Já notou como a direção de um navio do tamanho de um transatlântico ou de um petroleiro é determinada por um leme muitas vezes menor do que o próprio navio? Esta é a característica da taxa Selic: apesar de pequena, é ela que define a direção do grande navio da economia.

O Banco Central usa esse grande poder da taxa Selic para controlar a inflação. Ou, de maneira mais técnica, para trazer as expectativas de inflação para a meta de inflação, definida pelo Conselho Monetário Nacional (CMN), conforme vimos no Capítulo 2.

Mas como a taxa Selic, sendo tão pequena, influencia toda a economia? É o que veremos a seguir.

Figura 9 – A taxa Selic é como o leme de um grande navio

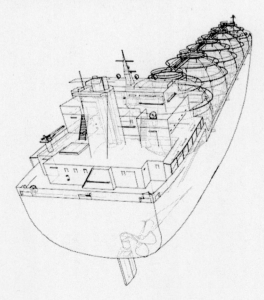

Fonte: 123rf.com

Os canais de transmissão da Política Monetária

Apesar de termos usado a figura do leme inicialmente, a melhor ilustração de como a taxa Selic influencia toda a economia é compará-la com um motor, que transmite sua força para a economia por meio de correias de transmissão, conhecidas como os **canais de transmissão da Política Monetária**. O mecanismo pode ser resumido na **Figura 10**.

Comecemos por observar que a inflação vai subir ou cair a partir das decisões de consumo que as famílias e as empresas tomam (1). Sabemos que o nível das taxas de juros influencia as decisões de consumo desses agentes econômicos. Mas como ocorre essa influência? Por meio de três mecanismos.

O primeiro são as **taxas de juros praticadas pelos bancos** (2). Ou seja, o **custo do crédito**. Quanto maior a taxa de juros, menor a probabilidade de alguém querer tomar um empréstimo, seja para consumo, seja para investimento, o que diminui o consumo e, por consequência, a pressão sobre os preços.

Figura 10 – Os canais de transmissão da política monetária

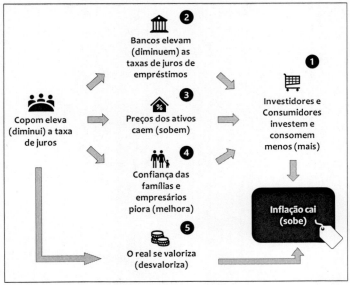

Fonte: elaboração do autor

O segundo é o chamado **efeito riqueza** (3). Quando as taxas de juros sobem, os ativos financeiros perdem valor, e as pessoas ficam mais pobres, tendo menos vontade (ou mais medo) de gastar dinheiro com consumo. Assim, a economia esfria e a inflação tende a se reduzir.

O terceiro mecanismo é a **confiança** dos empresários e das famílias (4). Com a elevação das taxas de juros, todo mundo fica mais desconfiado de que a economia vai desacelerar. Funciona como uma profecia autorrealizável: as pessoas pensam que a economia vai para o buraco, e porque todo mundo pensa assim, a economia vai para o brejo mesmo.

Por fim, um quarto mecanismo, que, ao contrário dos anteriores, influencia diretamente os preços, é o **câmbio** (5).

A seguir, veremos em detalhes cada um desses mecanismos, por meio dos quais a taxa Selic influencia a inflação.

As taxas de juros praticadas pelos bancos

Um argumento que normalmente vem à tona quando abordamos o tema da relação da Selic com o nível das outras taxas de juros na economia são as altíssimas taxas de juros no Brasil para algumas modalidades de crédito, como o cheque especial ou o rotativo do cartão de crédito. Assim, não parece que um aumento de alguns poucos pontos percentuais na taxa Selic possa fazer grande diferença no nível das taxas de juros dessas modalidades de crédito. No **Gráfico 23**, podemos observar exatamente esse fenômeno.

Gráfico 23 – Selic e juros do Cheque Especial/Cartão de Crédito

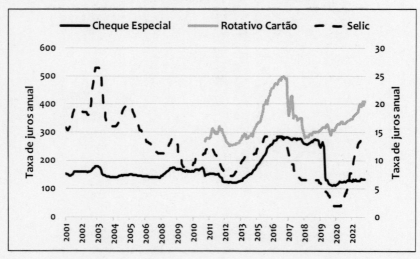

Fonte: Banco Central

As taxas de juros cobradas pelo cheque especial e pelo rotativo do cartão são tão mais altas que a Selic que fomos obrigados a usar duas escalas no **Gráfico 23**: na esquerda temos a escala do cheque especial e do rotativo, enquanto na direita temos a escala da taxa Selic. Observe que as taxas dessas duas modalidades de crédito são cerca de 20 vezes maiores do que a taxa Selic. Além disso, e é isso que queremos mostrar aqui, os movimentos dessas taxas de juros têm pouco ou nada a ver com os movimentos da Selic. Por exemplo, entre 2003 e 2009, a Selic recuou de maneira relevante, enquanto a taxa de juros do cheque especial pouco se moveu. Ou, entre 2018 e 2021, a Selic também recuou como nunca, enquanto a taxa de juros cobrada no rotativo do cartão de crédito engatou uma subida. Além disso, os grandes movimentos das taxas dessas duas modalidades parecem ter mais a ver com mudanças institucionais. Por exemplo, a taxa do rotativo despenca a partir de 2017, provavelmente respondendo à nova legislação, que passou a exigir a transformação do saldo do rotativo em um empréstimo parcelado. A queda da taxa do cheque especial a partir de 2020 foi fruto de uma resolução do CMN, que limitou a cobrança a 150% ao ano nessa modalidade.

Mas se essa falta de correlação entre Selic e taxas de juros praticadas pelos bancos é verdadeira para o cheque especial e o rotativo do cartão (modalidades usadas somente por quem já está desesperado), o mesmo não podemos dizer de outras modalidades de crédito. É o que podemos observar no **Gráfico 24**, em que comparamos a taxa Selic com a taxa de financiamento de veículos e a taxa do consignado para os pensionistas do INSS.

Gráfico 24 – Selic e juros do Crédito Pessoa Física

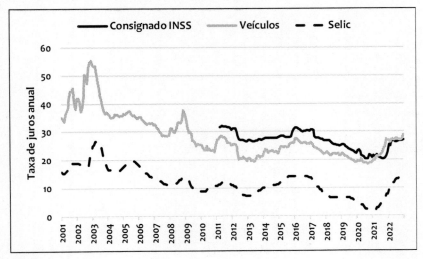

Fonte: Banco Central

Observe como a taxa de financiamento de veículos segue quase que perfeitamente as idas e vindas da taxa Selic. O mesmo podemos dizer da taxa do consignado, ainda que tenhamos um histórico mais curto.

Para as empresas, a mesma coisa. No **Gráfico 25**, podemos observar como se comportam as taxas de juros cobradas em desconto de duplicata e para capital de giro. Note como seguem quase que exatamente os movimentos da taxa Selic.

Gráfico 25 – Selic e juros do Crédito Pessoa Jurídica

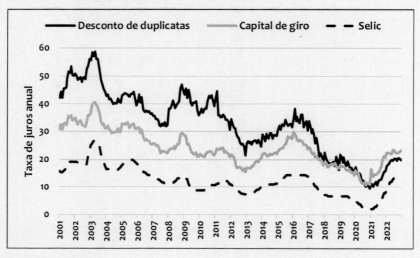

Fonte: Banco Central

Segundo dados do Banco Central[4], no final de 2022, o saldo de crédito do rotativo do cartão era de R$ 77 bilhões, contra um total de crédito para pessoas físicas (usando recursos "livres" — vamos explorar esse ponto em seguida) de R$ 1,5 trilhão. Ou seja, o rotativo do cartão representava apenas 5% do total do crédito disponibilizado para a pessoa física. Portanto, mudar a taxa Selic acaba influenciando 95% do crédito para a pessoa física. Para a pessoa jurídica, esse montante chega próximo de 100%.

Mas estávamos falando, até o momento, dos chamados **recursos livres**, que é o nome dado ao montante de dinheiro que os bancos emprestam sem estarem ligados a qualquer "dinheiro carimbado". Por exemplo, uma parte do dinheiro depositado na Caderneta de Poupança precisa, por lei, ser emprestado pelos bancos para o financiamento imobiliário. Esse

---

[4] Nota para a imprensa de 27/1/2023 (https://www.bcb.gov.br/estatisticas/estatisticasmonetariascredito).

dinheiro não é "recurso livre", pois o banco não pode emprestá-lo como bem entender. Ele tem uma finalidade concreta, definida em lei. Esses recursos carimbados são chamados de **recursos direcionados**.

Esses recursos direcionados servem para que o governo, de alguma forma, proporcione taxas de juros mais acessíveis a grupos selecionados. No **Gráfico 26**, podemos observar como as taxas de algumas linhas de crédito usando recursos direcionados (crédito imobiliário e empréstimos do BNDES) evoluíram no tempo em relação à taxa Selic.

Note como o financiamento imobiliário para a pessoa física pouco se movimenta, independentemente do nível da Selic. Há, sim, algumas oscilações, mas são bem menores do que aquelas que vemos na taxa Selic. Já para os recursos do BNDES, que servem basicamente para o financiamento de investimentos de empresas, observe como ficaram abaixo da taxa Selic pelo menos até 2016, quando a sua metodologia de cálculo foi modificada, de modo a seguir mais de perto as taxas de juros de mercado. Mesmo assim, tanto em um caso quanto no outro, podemos observar como são taxas de juros muito mais baixas do que as que vimos anteriormente.

Gráfico 26 – Selic e juros do Crédito Direcionado

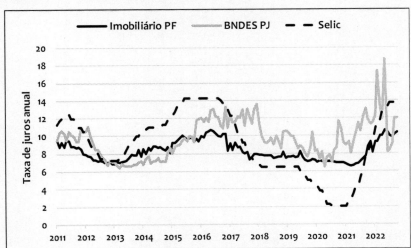

Fonte: Banco Central

Qual o efeito da existência desses recursos direcionados sobre a força da política monetária? Vimos logo no início deste capítulo que a taxa Selic funciona como um motor, e que necessita de correias de transmissão para que a sua força chegue a todos os cantos da atividade econômica. Quanto mais, digamos, lubrificadas estiverem essas correias de transmissão, menos força a taxa Selic precisará fazer para obter o mesmo efeito.

Vamos a um exemplo simples do que queremos dizer. Veja a **Figura 11**, em que o motor (taxa Selic) produz uma potência de 120 unidades, e essa potência é transmitida para 10 engrenagens. Cada uma dessas engrenagens é um tipo de empresa ou família. Podem ser empresas grandes, médias, pequenas, famílias pobres ou ricas, não importa, cada uma dessas engrenagens "sente" a potência do motor e transmite 1/10 dessa potência (ou 12 unidades) para a economia brasileira.

Figura 11 – Selic: o motor e as engrenagens em perfeito funcionamento

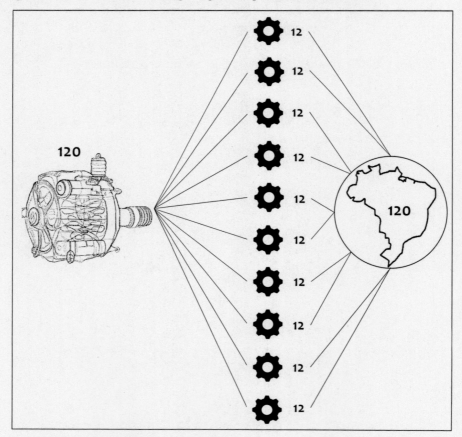

Fonte: elaboração do autor

Agora vejamos a **Figura 12**, onde quatro dessas engrenagens encontram-se "enferrujadas". Para que a mesma potência de 120 unidades chegue à economia brasileira, o motor taxa Selic precisa produzir uma potência de 200 unidades. Cada uma das seis engrenagens não enferrujadas transmite uma potência de 20 unidades para a economia, totalizando as mesmas 120 unidades do exemplo anterior. A diferença é que as quatro engrenagens "enferrujadas" não sentem nada, enquanto cada uma das outras seis engrenagens que estão funcionando "sentem" uma potência de 20 unidades (lembrando que, no exemplo anterior, a potência para cada engrenagem era de 12 unidades).

Figura 12 – Selic: o motor e as engrenagens enferrujadas

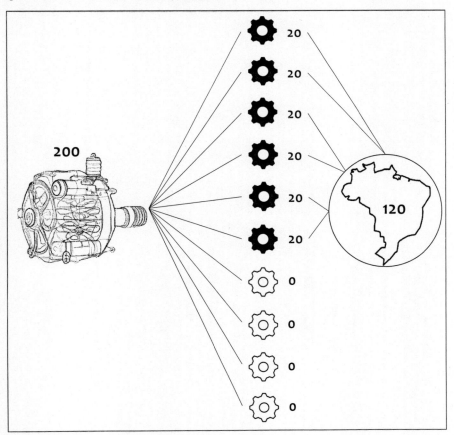

Fonte: elaboração do autor

Assim, para que algumas engrenagens não "sintam" toda a potência da política monetária, as outras precisam compensar, para que o objetivo do Banco Central, que é uma potência de 120 unidades, seja transmitida para a economia brasileira. É exatamente isso o que acontece quando algumas empresas e famílias podem contar com taxas de juros que não são influenciadas pela taxa Selic. Quanto maior for a parcela de crédito direcionado na economia, maior precisará ser a taxa Selic para causar o mesmo efeito. E, claro, maior será o sofrimento daqueles que não podem contar com taxas de juros subsidiadas.

No **Gráfico 27**, podemos observar a evolução do crédito direcionado em relação ao crédito total da economia, considerando tanto o crédito para pessoas jurídicas quanto para pessoas físicas. Note que o total de crédito direcionado aumentou de 34% do total do crédito em 2007 para o máximo de 50% em 2016. Com a redução do balanço do BNDES, esse montante voltou para 40% em 2022, mas ainda acima do volume de 2007, e certamente muito acima do que seria o razoável para termos uma taxa Selic mais civilizada.

Gráfico 27 – Recursos livres *vs.* recursos direcionados

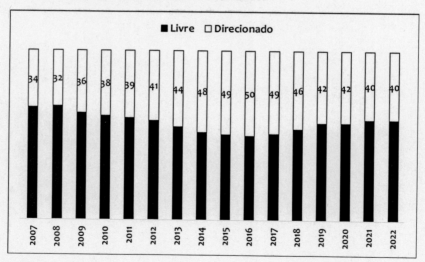

Fonte: Banco Central

O efeito riqueza

O efeito riqueza (ou, como às vezes brincamos, o "efeito pobreza") é a sensação de riqueza ou pobreza que os investidores sentem quando as taxas de juros caem ou sobem. Isso acontece porque os preços dos ativos refletem, hoje, a mudança nas taxas de juros. Esse efeito é mais claro nos títulos de renda fixa prefixados. Vamos a um exemplo simples.

Imagine que você seja o feliz proprietário de um título do tesouro direto chamado Tesouro Prefixado, que vence daqui a um ano. Digamos que a taxa de juros hoje, para esse prazo, seja de 10% ao ano. Então, o preço desse título no mercado é calculado da seguinte forma (desculpe-me, vou precisar usar uma fórmula matemática aqui, mas é rápido, não vai doer nada):

$$Preço = \frac{R\$1.000,00}{(1+0,10)} = R\$909,09$$

Uma breve explicação: o preço do título na data de vencimento é sempre de R$ 1.000,00. O preço hoje é esse preço na data de vencimento, dividido pela taxa de juros hoje. Por isso, dividimos os R$ 1.000,00 pela taxa de juros de 10%.

Agora, imagine que a taxa de juros suba para 11%. O novo preço desse título será o seguinte:

$$Preço = \frac{R\$1.000,00}{(1+0,11)} = R\$900,90$$

Note como o preço diminuiu com o aumento da taxa de juros. Mais precisamente, diminui 0,9%. Ou seja, o infeliz proprietário desse título ficou 0,9% mais pobre com o aumento da taxa de juros. O inverso ocorreria se a taxa de juros caísse. Imagine que a taxa de juros tivesse caído para 9%. O novo preço do título seria o seguinte:

$$Preço = \frac{R\$1.000,00}{(1+0,09)} = R\$917,43$$

Ou seja, houve uma valorização de 0,9%, o que faz com que o investidor se sinta mais rico.

Esse efeito é tanto maior quanto mais longe estiver o vencimento do título. Por exemplo, digamos que esse título prefixado vencesse daqui a 5 anos, e a taxa de juros subisse de 10% para 11%.

O preço inicial do título seria:

$$Preço = \frac{R\$1.000,00}{\left(1+0,10\right)^5} = R\$620,92$$

O novo preço do título seria:

$$Preço = \frac{R\$1.000,00}{\left(1+0,11\right)^5} = R\$593,45$$

Portanto, houve um prejuízo de 4,4%, muito maior que os 0,9% do título de 1 ano de prazo. Assim, quanto maior o prazo do título, maior o prejuízo ou o lucro causado pelo aumento ou redução das taxas de juros e, portanto, maior o efeito riqueza para o investidor.

Por que isso é importante? Se o objetivo do Banco Central é causar diminuição de riqueza, de modo a levar os investidores a adiar seus planos de consumo, então quanto maior o prazo dos títulos, maior será esse efeito. Ou, de outra maneira, quanto maior o prazo dos títulos, menor precisará ser o aumento das taxas de juros para causar o mesmo efeito desejado pelo Banco Central. Dizemos que a potência da política monetária aumenta com o aumento do prazo dos títulos do governo. Claro que esse raciocínio vale tanto para a alta quanto para a baixa das taxas de juros, como vimos nos exemplos anteriores.

Vejamos o estado de coisas no Brasil nesse quesito. No **Gráfico 28**, mostramos a evolução do prazo médio dos títulos públicos negociados no mercado.

Gráfico 28 – Prazo médio da dívida pública

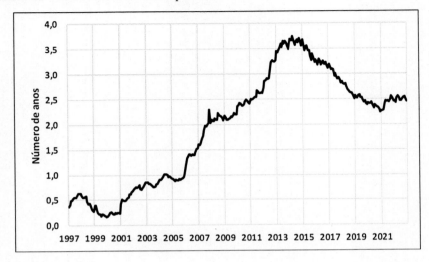

Fonte: Banco Central

Observe como houve uma grande evolução entre 2001 e 2013, quando o prazo médio saiu de menos de meio ano para mais de 3,5 anos. No entanto, com o descontrole fiscal a partir de 2014, esse prazo médio vem diminuindo, e estabilizou-se em 2,5 anos. Ou seja, a potência da política monetária é menor hoje do que era em 2015. Podemos quantificar esse fenômeno lançando mão do cálculo do prejuízo que um detentor de títulos públicos tem hoje em relação ao que ele tinha em 2015, para um mesmo aumento de taxa de juros (vamos usar o mesmo aumento que vimos no exemplo anterior, de 10% para 11%).

Em 2015:

$$Preço = \frac{R\$1.000,00}{(1+0,1)^{3,5}} = R\$716,35$$

$$Preço = \frac{R\$1.000,00}{(1+0,11)^{3,5}} = R\$694,02$$

Prejuízo em 2015:

$$\frac{R\$694,02}{R\$716,35} - 1 = -3,12\%$$

Em 2022:

$$Preço = \frac{R\$1.000,00}{\left(1+0,1\right)^{2,5}} = R\$787,99$$

$$Preço = \frac{R\$1.000,00}{\left(1+0,11\right)^{2,5}} = R\$770,36$$

Prejuízo em 2022:

$$\frac{R\$770,36}{R\$787,99} - 1 = -2,24\%$$

Portanto, para um mesmo aumento da taxa de juros, o investidor ficou "menos pobre" em 2022 do que em 2015 (2,24% contra 3,12% de prejuízo), o que significa que o "efeito riqueza" do aumento dos juros foi menor. Para que tivesse o mesmo efeito, a taxa de juros teria que subir 1,4% ao invés de 1% (de 10% para 11,4%):

$$Preço = \frac{R\$1.000,00}{\left(1+0,114\right)^{2,5}} = R\$763,46$$

Prejuízo:

$$\frac{R\$763,46}{R\$787,99} - 1 = -3,12\%$$

Assim, igualamos o prejuízo de 2022 com o prejuízo de 2015. Para ter o mesmo efeito riqueza, a taxa de juros precisaria subir 40% a mais (de 1,0% para 1,4%), o que demonstra a perda de potência da política monetária.

Alguém poderia dizer que o que o Banco Central determina é a taxa Selic, mas a taxa de juros usada para descontar esses títulos prefixados é a taxa prefixada que vale para aquele vencimento, não a taxa Selic, o que é correto. Então, nada garante que a taxa prefixada vá subir junto com a taxa Selic.

Sim, nada garante, mas normalmente é o que acontece. A remuneração dos títulos públicos depende, em grande parte, do nível da taxa Selic. No **Gráfico 29**, podemos ver a curva de juros em três momentos diferentes: janeiro de 2021, janeiro de 2022 e janeiro de 2023.

Gráfico 29 – Curvas de juros em diferentes datas

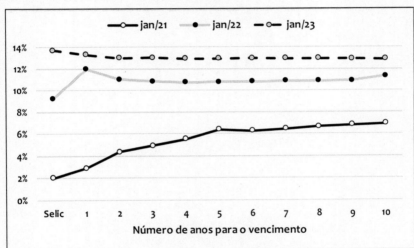

Fontes: Banco Central e Tesouro Nacional

Observe como as taxas de juros prefixadas de prazos mais longos vão acompanhando a taxa Selic à medida que esta vai subindo. Não é exatamente o mesmo movimento da taxa Selic, mas é o suficiente para causar o efeito riqueza.

O efeito riqueza também ocorre no mercado acionário, ainda que seja uma relação menos direta. O valor teórico de uma ação é dado pelo valor presente dos fluxos de caixa futuros gerados pela empresa. É o mesmo princípio usado para os títulos de renda fixa, com a diferença de que, no caso das ações, esse fluxo de caixa futuro é mais incerto do que no caso da renda fixa. Mas, em sendo o princípio o mesmo, o efeito riqueza deveria funcionar da mesma maneira. Vamos a um exemplo simples.

Digamos que uma empresa tenha uma perspectiva de crescimento de lucros de 5% ao ano, e pague dividendos de R$ 1,00 por ação hoje. Considerando que a taxa de juros, hoje, seja de 10% ao ano, o cálculo do "valor justo" da ação seria feito da seguinte forma[5]:

$$Preço = \frac{R\$1,00 \times (1+0,05)}{0,10-0,05} = R\$21,00$$

Agora, vamos supor que o BC eleve a taxa de juros de 10% para 11%. O novo preço da ação seria:

$$Preço = \frac{R\$1,00 \times (1+0,05)}{0,11-0,05} = R\$17,50$$

Portanto, o prejuízo do investidor seria de:

$$\frac{R\$17,50}{R\$21,00} - 1 = -16,67\%$$

Aqui não entram considerações sobre o prazo, como na renda fixa, pois assumimos que o pagamento de dividendos se dá para sempre ("na perpetuidade", como dizemos no mercado). Assim, o efeito riqueza se dá também para os detentores de investimentos em renda variável e quaisquer outros ativos que geram fluxos de caixa futuros. Por exemplo, imóveis.

Os imóveis valem a potencial geração de fluxo de aluguéis no futuro. Se a taxa de juros sobe, o valor dos imóveis tende a cair, pelo mesmo motivo que o valor dos títulos de renda fixa e de renda variável se desvalorizam. Os aluguéis do futuro são descontados a valor presente pela taxa de juros e, com uma taxa de juros maior, esse valor será menor hoje.

E, dessa forma, o efeito riqueza trabalha na direção desejada pelo BC quando este aumenta ou diminui as taxas de juros, tornando os detentores de ativos mais ou menos confiantes em relação ao futuro, em função de sua riqueza atual.

---

[5] Esta é a chamada Fórmula de Gordon, que calcula o preço de uma ação com base no fluxo futuro de pagamentos de dividendos por parte de uma empresa. A fórmula é a seguinte:

Expectativas de inflação e atividade econômica

No Capítulo 2, descrevemos em detalhes o papel crucial que as expectativas desempenham no sistema de metas de inflação. Aqui, vamos apenas explicitar a forma como as taxas de juros influenciam as expectativas.

As expectativas dos agentes econômicos são um importante fator de explicação da inflação futura. Isso acontece porque as pessoas e as empresas, na medida do possível, se defendem preventivamente contra a inflação futura. Assim, se a expectativa se deteriora, esses agentes econômicos procuram se proteger, seja remarcando preços, seja pedindo aumentos maiores de salários ou exigindo maior rendimento de seus investimentos. Esses movimentos acabam alimentando o processo inflacionário, fazendo com que se torne uma espécie de profecia autorrealizada.

Quando o Banco Central move a taxa Selic, um de seus objetivos é justamente mexer com as expectativas de inflação e de atividade econômica. Ao aumentar a taxa Selic, o BC espera que as pessoas e empresas tenham uma expectativa de uma atividade econômica e uma inflação menores no futuro, o que, por sua vez, ajudará no controle da inflação.

Taxa de câmbio

A taxa de câmbio influencia a inflação por meio dos preços dos produtos importados. Temos uma parte relevante dos produtos que compramos com ao menos um componente importado, ou mesmo que depende de algum serviço importado. Então, se a nossa moeda, o real, se valoriza em relação ao dólar, fica mais barato comprar coisas do exterior, diminuindo a inflação. Se, pelo contrário, o real se desvaloriza em relação ao dólar, as coisas importadas ficam mais caras.

E como a taxa Selic influencia a taxa de câmbio? Simples: quanto maior a taxa de juros, maior a atração de capitais externos. Esses dólares, para entrarem no país, precisam ser trocados por reais. Então, temos uma busca por reais, que se valorizam em relação ao dólar. E, como vimos, se o real se valoriza, as coisas importadas ficam mais baratas, diminuindo a inflação.

Por outro lado, se a taxa Selic fica mais baixa, os investimentos locais perdem a atratividade. Os dólares, então, saem do país. Para isso, é preciso vender reais para comprar dólares. A venda de reais faz com que a nossa moeda se desvalorize. E, como vimos, quando o real se desvaloriza, os produtos importados ficam mais caros, pressionando a inflação para cima. É assim que a taxa Selic influencia a inflação via a taxa de câmbio.

A **Figura 13** resume o que falamos.

Figura 13 – Efeito da taxa de juros na inflação via câmbio

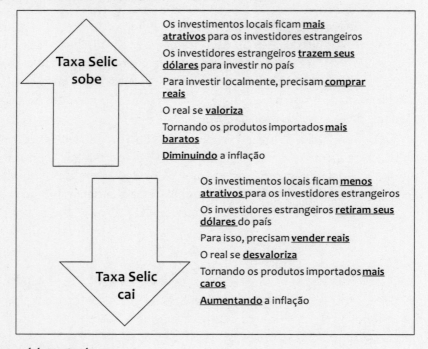

Fonte: elaboração do autor

Resumindo

Vimos, então, que a taxa Selic influencia a atividade econômica e a inflação por meio de cinco canais: o consumo das famílias e das empresas, o custo do dinheiro no sistema financeiro, o efeito riqueza, as expectativas de inflação e a taxa de câmbio. Pode parecer, à primeira vista, um exagero achar que algo tão pequeno e específico como a taxa Selic tenha tamanho poder sobre a economia. Mas evidências robustas, levantadas ao longo das últimas décadas em um sem-número de trabalhos acadêmicos, demonstram essa realidade. Não por outro motivo, a taxa básica de juros é, nos dias que correm, o instrumento por excelência para o controle da inflação no mundo inteiro.

Taxas de juros reais, nominais e neutra

O que realmente importa quando estamos lidando com moeda é o seu poder aquisitivo ao longo do tempo. Por isso, a análise da inflação, que é a medida da deterioração do poder de compra da moeda, é tão importante. Da mesma forma, quando falamos de taxas de juros, o que realmente importa é o rendimento além da inflação. Muitos se deixam enganar pelo valor nominal das taxas de juros, pensando que todo aquele dinheiro está entrando na conta, quando, na verdade, uma parte dele está sendo comida pela inflação sem nem mesmo notarmos.

Por isso, é importante descontarmos a inflação quando estamos analisando as taxas de juros. Chamamos essa taxa de juros descontada da inflação de **taxa de juros real**. Assim, por exemplo, se um investimento rendeu 10% e a inflação do período foi de 6%, a taxa de juros real será de aproximadamente 4%. Ou, de maneira mais exata (para quem gosta de uma fórmula):

$$Taxa\ de\ juros\ real = \left(\frac{1 + Taxa\ de\ juros\ nominal}{1 + Inflação} \right) - 1 = \frac{1 + 0,10}{1 + 0,06} - 1 = 3,77\%$$

Mas qual inflação usar?

No capítulo sobre a inflação, concluímos que se trata de algo muito particular. Cada um vai ter a sua inflação pessoal, a depender de sua própria cesta de consumo. Mas como é difícil calcular a própria inflação, o uso de índices oficiais acaba sendo a aproximação possível. Porém isso não é tudo. É preciso definir se vamos usar a inflação do passado ou uma estimativa da inflação no futuro. Claro que o mais fácil é usar a inflação passada. Mas é a inflação futura que nos dá a melhor informação para a tomada de decisão. Isso vale para nós, que estamos escolhendo o melhor investimento, para a empresa, que está planejando o investimento em um novo projeto, e também para o Banco Central, que está decidindo o nível da taxa Selic.

Vamos a um exemplo concreto. Digamos que estejamos no último dia do ano de 2021. A inflação de 2021, medida pelo IPCA, foi de 10,06%. No início de 2021, um título Tesouro Prefixado vencendo no final do ano estava pagando uma taxa de juros nominal de 2,85%. Quer dizer, quem ficou aplicado nesse título, obteve um retorno real de:

$$Taxa\,de\,juros\,real = \left(\frac{1+0,0285}{1+0,1006}\right)-1 = -6,55\%$$

Ou seja, quem comprou um título prefixado no início de 2021 com vencimento dali a um ano, amargou uma taxa de juros real negativa de mais de 6%! Em outras palavras, seu poder de compra diminuiu em mais de 6% ao longo de 2021. Mas chega de chorar sobre o leite derramado. Vamos olhar para a frente e verificar quais eram as condições dos investimentos para 2022. Mais especificamente, qual a inflação esperada para 2022. A fonte que vamos usar é o Relatório Focus do Banco Central.

Consultando o Relatório Focus, vamos descobrir que a inflação esperada para 2022 no final de 2021 era de 5,03%. Ao mesmo tempo, um título prefixado com vencimento para o final de 2022 estava rendendo 11,82% no final de 2021. Quem investisse seu dinheiro nesse título em tese obteria a seguinte taxa de juros real:

$$Taxa\,de\,juros\,real\,ex-ante = \left(\frac{1+0,1182}{1+0,0503}\right)-1 = 6,46\%$$

Mas essa taxa de juros real é apenas uma **estimativa**. É o que chamamos de taxa de juros real *ex-ante*. Depois que conhecemos a inflação de 2022, a nova taxa de juros real é chamada de *ex-post*, ou seja, é certa, pois é calculada com base em uma inflação já conhecida. No caso, a inflação observada em 2022 foi de 5,79%. Portanto, a taxa de juros real *ex-post* em 2022 de um título prefixado comprado no final de 2021 foi de:

$$Taxa\,de\,juros\,real\,ex-post = \left(\frac{1+0,1182}{1+0,0579}\right)-1 = 5,70\%$$

Note que o juro real *ex-post* foi menor do que o juro real *ex-ante*, porque a inflação observada no fim de 2022 para o ano acabou sendo maior que a inflação estimada no início daquele ano. Então, o investidor esperava ganhar 6,46% acima da inflação, mas, no final do ano, descobriu que seu retorno real foi de apenas 5,70%.

Essa distinção entre juro real *ex-ante* e *ex-post* é muito importante para a decisão do Banco Central sobre o nível das taxas de juros. O BC não olha para a taxa de juros real *ex-post*. Isso já é passado. O que importa, sempre, são as expectativas de quanto vai ser a inflação no futuro. Então, o BC calibra a taxa de juros considerando essas expectativas. Ou seja, considerando a taxa de juros real *ex-ante*.

E com que o BC compara a taxa de juros real *ex-ante*, para saber se está alta ou baixa? Com uma taxa de juros que chamamos de **taxa de juros real neutra da economia**. Esse nome pomposo traduz um conceito muito simples: qual a taxa de juros real que faz a economia funcionar sem pressões inflacionárias ou deflacionárias. Seria aquela taxa de juros em velocidade de cruzeiro. Sabe aquela parte da viagem em que o avião está a 10 mil pés de altura, avançando a 900 km/h e você nem sente? Essa é a velocidade de cruzeiro. Em tese, existe uma taxa de juros real que permite que a economia viaje suavemente, sem solavancos. Se o Banco Central entende que a inflação está acima da meta, aumenta a taxa de juros real acima da taxa neutra. Se, por outro lado, o BC avalia que a inflação está abaixo da meta, diminui a taxa de juros real abaixo da taxa neutra.

Só tem um problema: ninguém sabe realmente qual é essa taxa neutra. Os economistas de cada país quebram a cabeça e rodam seus sofisticados modelos para tentar aproximar qual seria essa taxa de juros real neutra. E o pior: tudo indica que essa taxa neutra muda com o tempo. Quanto mais produtiva e estável for a economia, menor será a taxa neutra, e vice-versa. Estima-se que uma economia como a norte-americana, por exemplo, tenha uma taxa de juros real neutra próxima de 1% ao ano. Já no Brasil, as estimativas para a taxa neutra são de algo em torno de 5% ao ano no momento em que escrevo este capítulo. Isso significa que, para uma meta de inflação de 3% e estando a economia em equilíbrio, a taxa Selic em velocidade de cruzeiro deveria ser de 8% ao ano. Claro que essa é apenas uma referência, pois, como dissemos, ninguém realmente sabe com certeza qual é a taxa de juros neutra a cada momento.

Extra: a Regra de Taylor[6]

John Brian Taylor é um economista americano da Universidade de Stanford que propôs uma regra simples para entender as decisões sobre as taxas de juros dos bancos centrais em regimes de meta de inflação. A regra é a seguinte:

---

6 Fonte: Para Não Esquecer: Políticas Públicas que Empobrecem o Brasil – Capítulo 7 (Política Monetária Inconsistente) – Marcelo Kfoury Muinhos e Filipe Gropelli Carvalho – Editora Autografia – 2022.

$$taxa\,básica = inflação$$

$$+\,taxa\,real\,neutra$$

$$+\,a \times desvio\,da\,inflação\,em\,relação\,à\,meta$$

$$+\,b \times hiato\,do\,produto$$

Vejamos cada um desses elementos da Regra de Taylor.

Taxa básica: é a taxa Selic, definida pelo Banco Central.

Inflação: é a inflação medida pelo deflator implícito do PIB, visto no Capítulo 2.

Taxa real neutra: é a taxa de juros real neutra.

Desvio da inflação em relação à meta: quantos pontos percentuais a inflação observada está distante da meta da inflação.

Hiato do produto: é o quanto o PIB está acima ou abaixo da tendência de crescimento do PIB de longo prazo. Ou seja, é o desvio do PIB em relação ao chamado PIB potencial do país.

"a" e "b": são os coeficientes de preferência do banqueiro central. O coeficiente "a" é a preferência por manter a inflação na meta, enquanto o coeficiente "b" é a preferência pelo "não sacrifício" do crescimento econômico. Quanto maior o coeficiente "a" em relação ao coeficiente "b", maior será a preferência do banqueiro central em manter a inflação na meta, mesmo com o sacrifício do crescimento. Por outro lado, quanto maior o coeficiente "b" em relação ao coeficiente "a", maior a preferência do banqueiro central em manter o crescimento econômico, mesmo que a inflação fique mais alta. Observe como esses dois objetivos estão presentes na Regra de Taylor, o que desmistifica um pouco a visão de que o Banco Central só olha para a inflação para tomar suas decisões. De qualquer forma, em geral, os banqueiros centrais de maior sucesso apresentam um coeficiente "a" maior do que o coeficiente "b", indicando que, no longo prazo, é melhor controlar primariamente a inflação, mesmo que isso signifique abrir mão de crescimento no curto prazo, pois a estabilidade da moeda é condição *sine qua non* para um crescimento sustentável de longo prazo.

CAPÍTULO 4

O MERCADO FINANCEIRO

Se dinheiro é sinônimo de pecado, o mercado financeiro e, no centro deste, os bancos personificam o próprio diabo. O mercado financeiro é identificado, senão como a origem de todo o mal, pelo menos como aquela parte do sistema capitalista que mais tira proveito do mal.

Vamos tentar desmistificar um pouco essa visão. Claro, se você tem prevenção contra o capitalismo, terá prevenção também contra o mercado financeiro. Isso eu não conseguirei, nem tenho a pretensão, de mudar. Mas, pelo menos, sairá deste capítulo com mais informações.

O que é um banco?

No capítulo sobre o dinheiro, vimos como algumas famílias de Florença e Veneza, entre outras cidades do norte da Itália, se especializaram em armazenar ouro e prata e, em troca, emitiam certificados aceitos em toda a Europa, atestando a existência física daqueles metais preciosos. Esses certificados substituíam o ouro ou a prata física, facilitando ainda mais o comércio, como podemos ver no esquema da **Figura 1**, repetido do Capítulo 1, ao lado da **Figura 14**, que explicaremos adiante.

Na **Figura 1**, em um primeiro momento, a pessoa deposita suas moedas de ouro em um banco e recebe um certificado que atesta a existência daquele ouro (1). A pessoa, então, usa o certificado para adquirir mercadorias em uma loja que aceita aquele certificado como se ouro fosse, pois confia na casa bancária (2). E, em um terceiro momento, a loja resgata aquele certificado na casa bancária, obtendo o ouro correspondente (3). A loja, inclusive, poderia usar aquele certificado para comprar outras mercadorias, e o ouro ficaria intacto nos cofres do banco. Com isso, apenas o certificado circularia. Esse certificado valia como dinheiro. No início, não havia Banco Central, eram essas casas de custódia que emitiam o dinheiro circulante.

Mas, se fosse somente isso, esse seria um negócio de simples custódia. O pulo do gato foi usar o ouro e a prata depositados como lastro para

empréstimos. O mesmo ouro e prata, agora, se multiplicavam em mais de um certificado, que poderiam ser usados como dinheiro em qualquer lugar da Europa. É o que podemos observar na **Figura 14**.

Em um primeiro momento (1), a casa bancária emite um certificado para o tomador do empréstimo, com lastro no ouro que tem depositado. Esse certificado servirá para que, na fase (2), o tomador do empréstimo invista em atividades que lhe trarão retorno. Esse retorno será usado para, na fase (3), quitar o empréstimo feito à casa bancária.

Figura 1 – A origem do papel-moeda

Figura 14 – Empréstimos com lastro nos depósitos

Fonte: elaboração do autor

Fonte: elaboração do autor

Note que, nesse meio-tempo, o certificado poderia ser usado por qualquer um para sacar o ouro da casa bancária, tanto pelo depositante inicial quanto por quem recebeu o certificado em posse do tomador do empréstimo. A isso chamamos de **alavancagem**, quando o mesmo lastro é usado várias vezes. O esquema só funciona na base da confiança, ou seja, se os agentes econômicos envolvidos não quiserem, todos ao mesmo tempo, resgatar o ouro com seus certificados. Se isso ocorresse, não haveria ouro para todos, e o esquema todo viria por água abaixo. Aliás, essa é normalmente a origem das crises bancárias, mesmo sem ter ouro envolvido. Veremos esse ponto mais detalhadamente adiante.

Note a diferença entre o primeiro e o segundo esquemas: no primeiro, o certificado é emitido mediante o depósito imediato do ouro; já no segundo esquema, o certificado é emitido mediante uma **promessa** de depósito do ouro no futuro. Portanto, obviamente, o tomador do empréstimo precisa honrar em algum momento a sua dívida. Caso contrário, os certificados emitidos restariam sem lastro indefinidamente, e seria somente uma questão de tempo para que o sistema todo colapsasse. Foi exatamente o que ocorreu com as casas bancárias italianas: o rei Eduardo III, da Inglaterra, tomou grandes quantidades de empréstimos para financiar a Guerra dos Cem Anos contra a França, e usou o seu poder para cancelar essas dívidas, levando as casas bancárias italianas à bancarrota.

Avancemos agora para o século XXI. Imagine que você precise de um empréstimo. Pode ser porque queira comprar uma casa, um carro, ou simplesmente porque está precisando correr atrás de uma emergência. O que você faz? Se não existissem bancos, você teria que acessar amigos ou parentes dispostos a emprestar dinheiro para você.

Agora, imagine que você esteja na outra ponta, com dinheiro sobrando. Para aplicar seu dinheiro, você precisa encontrar alguém em quem você **confie**, de modo que tenha uma certa segurança de que vai ter o seu dinheiro de volta, acrescido dos juros. Aqui está novamente a palavrinha-chave, e que vai determinar todo o resto: **confiança**.

Os bancos são frequentemente demonizados pelos tomadores de empréstimos. Estes se revoltam contra as taxas de juros escorchantes e os consequentes lucros auferidos pelos bancos. No entanto, se não fossem os bancos, dependeriam de achar algum emprestador que neles confiassem para obter seus empréstimos. E aqueles que têm dinheiro sobrando para emprestar costumam ser muito covardes quando se trata de emprestar dinheiro. Fazem questão de ter algum nível de segurança de que verão a cor do seu suado dinheiro de volta.

Os bancos servem justamente para isso: intermediar emprestadores e tomadores de empréstimos, assumindo o risco de crédito desses últimos, e oferecendo segurança aos primeiros. A consequência dessa intermediação é a determinação das taxas de juros do mercado: é no sistema financeiro que oferta e demanda por dinheiro se encontram, acabando por determinar o preço do dinheiro.

Vamos agora aprofundar um pouco mais. Vejamos a **Figura 15**.

Figura 15 – Representação esquemática de um banco

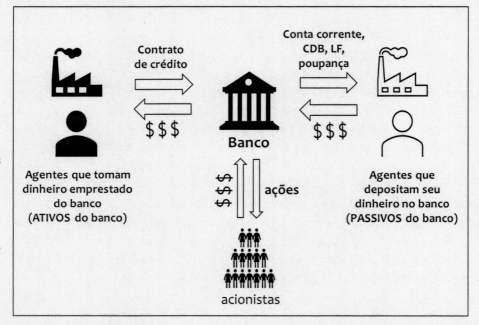

Fonte: elaboração do autor

Como dissemos anteriormente, o banco é o intermediário entre poupadores e tomadores de empréstimos. Os poupadores são chamados de **passivos** do banco, porque o banco deve para eles. Por outro lado, os que tomam dinheiro emprestado são os **ativos** do banco, pois o banco é credor dessas pessoas físicas e jurídicas que tomam dinheiro emprestado. Por fim, temos a figura dos acionistas do banco, que proveem o **capital** em busca de algum rendimento. O balanço de um banco conta com esses três elementos, conforme podemos ver na **Figura 16**.

Figura 16 – Balanço simplificado de um banco

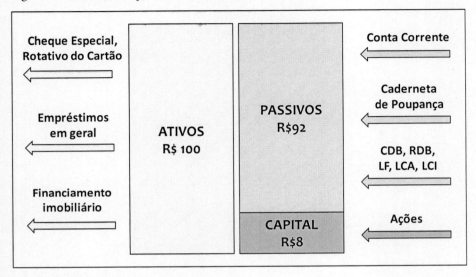

Fonte: elaboração do autor

Note como o valor dos ativos é a soma dos passivos mais o capital dos acionistas. O tamanho de um banco é geralmente dado pelo tamanho dos seus ativos, ou seja, da soma de todos os seus empréstimos mais depósitos mais aplicações no mercado. Apenas por curiosidade, na **Tabela 13** podemos ver a lista dos 10 maiores bancos brasileiros em 2021, por ordem do tamanho de seus ativos. Observe como os 5 maiores bancos brasileiros concentravam, no final de 2021, cerca de 75% de todos os ativos do sistema bancário, e os 10 maiores, 85% do total. Trata-se de uma concentração bancária bastante forte. Nos Estados Unidos, por exemplo, os 5 maiores bancos totalizam 45% dos ativos, enquanto os 10 maiores somam 56%. Alguma concentração é natural nesse setor, dado que estamos falando de confiança, e o tamanho do banco é um fator relevante para a avaliação de sua confiabilidade. No Brasil, essa concentração é mais alta porque estamos em uma economia muito mais volátil, o que torna o fator confiança ainda mais importante. Com a adoção cada vez mais intensa de tecnologia, a entrada de outros competidores torna-se mais fácil, o que pode, no futuro, diminuir a concentração bancária. No entanto, o fator confiança continuará sendo fundamental para a determinação dessa concentração.

Tabela 13 – Os maiores bancos brasileiros em 2021

	Banco	Valor dos Ativos (R$ trilhões)	% do total	% acumulado
1	Itaú	2,17	19,7%	19,7%
2	Banco do Brasil	1,93	17,6%	37,3%
3	Bradesco	1,65	15,1%	52,4%
4	Caixa	1,45	13,2%	65,7%
5	Santander	0,96	8,8%	74,4%
6	BTG Pactual	0,35	3,2%	77,6%
7	Safra	0,25	2,3%	79,9%
8	Sicredi	0,20	1,8%	81,7%
9	Sicoob	0,19	1,7%	83,4%
10	Citibank	0,13	1,2%	84,7%

Fonte: Wikipedia

Voltemos à análise do balanço de um banco. Observe lá na **Figura 16** como, de um lado, o banco recebeu R$ 100 de seus depositantes e investidores (passivos) e, do outro lado, o banco emprestou R$ 100 nas suas diversas modalidades de empréstimos (ativos). Do lado dos passivos, o banco deve, na verdade, R$ 92, pois os R$ 8 dos acionistas não são realmente devidos, no sentido de que não existe obrigatoriedade de o banco devolver esse montante. Os acionistas colocam esse dinheiro como capital de risco, naturalmente sujeito a perdas. Os restantes R$ 92, esses sim são devidos pelo banco. No caso da conta-corrente, o dinheiro deve estar disponível imediatamente. No caso dos investimentos (Caderneta de Poupança, CDBs etc.), o dinheiro deve estar disponível, com os devidos juros, no vencimento de cada um desses instrumentos.

Assim, fica claro o papel dos R$ 8 dos acionistas: absorver perdas na carteira de empréstimos do banco. Se houver uma inadimplência de até R$ 8 na carteira de empréstimos de R$ 100, são os acionistas que não verão a cor desse dinheiro. Os restantes R$ 92 serão pagos aos depositantes e investidores. Dizemos que depositantes e investidores são **seniores** em relação aos acionistas, pois recebem o dinheiro antes.

Esses R$ 8,00 não foram usados aleatoriamente. O mínimo de capital que o Banco Central exige dos bancos é de 8% do seu total de ativos. No caso, R$ 8,00 em relação a R$ 100,00. Esse é o montante de segurança determinado por uma norma internacional, chamada **Basileia III**, que entrou em vigor após a grande crise financeira de 2008. Essa norma exige não somente esse capital mínimo, como também outras medidas de prudência, sobre as quais não entraremos em detalhes aqui. No Brasil, os bancos normalmente trabalham com índices de capital superiores a esse mínimo determinado pela norma, conforme podemos observar na **Tabela 14**.

Tabela 14 – Índice de Basileia dos principais bancos brasileiros (2022)

Banco	Índice de Basileia
Itaú	13,5%
Bradesco	12,4%
Banco do Brasil	16,7%
Caixa	18,4%
Santander	13,9%

Fonte: balanços dos bancos

Claro que os acionistas não fazem isso de graça. Ao investir em ações do banco, eles esperam um determinado lucro, que remunere o seu capital em proporção a esse risco assumido. Essa remuneração é dada basicamente pelo ***spread*** entre empréstimos e passivos, ou seja, a diferença entre a taxa de juros cobrada pelos empréstimos e a taxa de juros paga aos detentores dos passivos do banco (depósitos e investimentos).

Antes de continuarmos, é bom deixar claro que o banco ganha dinheiro de outras formas, além da cobrança do *spread* bancário. Por exemplo, pela cobrança de tarifas e da prestação de serviços, como administração de fundos de investimento e corretagens na negociação de ações e venda de seguros. No entanto, todas essas fontes de receita são acessórias e não típicas da atividade bancária. Tanto é assim que você pode comprar fundos de investimento ou seguros em outros lugares que não sejam um banco. Nesse caso, o banco serve como uma espécie de supermercado, em que essas mercadorias estão na prateleira para serem vendidas. O banco utiliza-se de uma estrutura comercial já montada (agências) para vender outros produtos não bancários. O caso é diferente quando falamos de "intermediação bancária", em que o banco toma dinheiro emprestado de um lado e empresta do outro. Nenhuma outra instituição do mercado pode exercer essa função legalmente, a não ser um banco regulado pelo Banco Central. Tendo feito esse esclarecimento, vamos nos concentrar em entender como funciona o *spread* bancário.

Vejamos um exemplo numérico. Digamos que o banco pague juros, na média, de 15% ao ano para os detentores de CDBs, Caderneta de Poupança etc. Do outro lado, o banco cobra, na média, 18% ao ano de taxa de juros no Cheque Especial, empréstimos pessoais, financiamentos imobiliários etc. Temos, então, os seguintes resultados:

- Juros sobre os empréstimos: $18\% \times R\$100,00 = R\$18,00$
- Juros pagos aos ativos: $15\% \times R\$92,00 = R\$13,80$
- Lucro: $R\$18,00 - R\$13,80 = R\$4,20$

Lembre-se que os acionistas investiram R$ 8,00. Esses R$ 4,20 representam, então, 52,5% de retorno em um ano:

$$\frac{R\$4,20}{R\$8,00} = R\$52,5\%$$

Parece bastante, mas estamos assumindo que haverá zero de inadimplência na carteira de empréstimos. Vamos supor que haja uma inadimplência de, por exemplo, 5% (ou, de outra maneira, apenas R$ 95,00 dos empréstimos são devolvidos). Com essa inadimplência, ocorre um descasamento entre ativos e passivos do banco. Imaginemos que tanto empréstimos quanto investimentos tenham 1 ano de prazo. Isso significa que, ao final de 1 ano, o banco vai recolher todos os empréstimos que fez mais os juros, e pagar todos os investimentos que recebeu mais os juros. Temos, então:

- Juros sobre os empréstimos: $18\% \times R\$95,00 = R\$17,10$ (lembre-se de que somente R$ 95,00 dos empréstimos foram devolvidos)
- Total de empréstimos devolvidos ao banco: R$ 95,00 + R$ 17,10 = R$ 112,10
- Juros pagos aos ativos: $15\% \times R\$92,00 = R\$13,80$
- Total de ativos devolvidos aos investidores: R$ 92,00 + R$ 13,80 = R$ 105,80

Então, o banco recebe de volta R$ 112,10 e paga R$ 105,80. A diferença, R$ 6,30, é o dinheiro que sobrou para os acionistas. Portanto, aquele retorno proporcionado pelo *spread* não foi suficiente para compensar a inadimplência. Os acionistas investiram R$ 8,00 e vão receber de volta

R$ 6,30. A inadimplência consumiu uma parte do seu investimento, e os acionistas tiveram prejuízo! Pode acontecer, inclusive, de a inadimplência comer todo o capital dos acionistas. Nesse caso, é preciso levantar mais capital, caso contrário, o banco estará tecnicamente quebrado.

Isso nos leva à próxima discussão: como um banco pode quebrar?

Como os bancos quebram?

Se existe uma coisa certa é que, de tempos em tempos, teremos uma crise bancária. Isso acontece porque a atividade bancária reúne duas características, de certa forma, antagônicas: confiança e alavancagem. Os depositantes e investidores colocam o seu dinheiro no banco confiando em sua solidez. Solidez essa que, no final das contas, depende de duas coisas: do tamanho do seu capital e, principalmente, de sua habilidade de emprestar bem esse dinheiro. Ou seja, "solidez" talvez não seja a palavra correta para descrever um bom banco. "Solidez" transmite a ideia de algo forte, inexpugnável, como um grande cofre blindado. Um banco não é um cofre, onde você guarda o seu dinheiro. Um banco empresta o seu dinheiro a terceiros, e a saúde do banco estará diretamente ligada à saúde dessa carteira de crédito. Portanto, o que distingue um bom banco não é a sua solidez, mas o quão bem administrado é. Não existem bancos sólidos ou frágeis, mas bancos bem ou mal administrados.

Existem, basicamente, dois riscos que os bancos correm: o descasamento entre os valores dos ativos e passivos (**risco de solvência**) e o descasamento entre os prazos dos ativos e passivos (**risco de liquidez**). Para entender esses dois riscos, vamos usar o exemplo da **Figura 17**, que repete o balanço simplificado de um banco anteriormente visto na **Figura 16**, mas separa os ativos e passivos de acordo com os diversos produtos de crédito e investimentos normalmente oferecidos pelos bancos.

Na **Figura 17**, temos um banco que obtém seus recursos por depósitos em conta-corrente, caderneta de poupança, produtos diversos de investimento (como CDBs) e ações do próprio banco. O banco empresta esses recursos em produtos como cheque especial, outros empréstimos (como empréstimos pessoais e de capital de giro para empresas) e financiamentos imobiliários.

Figura 17 – Balanço simplificado de um banco

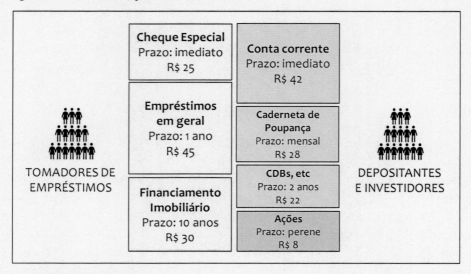

Fonte: elaboração do autor

O primeiro risco, como vimos anteriormente, é o de inadimplência. Se os tomadores de empréstimo não pagarem as suas dívidas, o banco não conseguirá honrar as dívidas que tem com seus depositantes e investidores. Esse é o que chamamos de risco de solvência.

Note um ponto importante. Imagine que os depositantes e investidores não tivessem nenhuma informação a respeito do balanço do banco. Portanto, o seu dinheiro é depositado ou investido somente com base na reputação do banco. Esse é exatamente o caso da maior parte dos depositantes e investidores. Poucos, pouquíssimos mesmo, se dedicam a analisar o balanço do banco onde vão depositar ou investir seus recursos. Trata-se de algo hermético, muito pouco acessível para grande parte da população. Todos acreditam na "solidez" do banco onde estão investindo. "Ah, banco X jamais vai quebrar." "Ah, se o banco Y quebrar, acabou o Brasil." Portanto, é como se esses bancos nem precisassem publicar o balanço.

No limite, se não tivessem informação sobre a inadimplência que determinado banco está enfrentando, os investidores e depositantes poderiam continuar com seus investimentos e depósitos eternamente, sem nunca os reclamar de volta. O banco, a rigor, não precisaria que os tomadores de empréstimos devolvessem o dinheiro. Bastaria que pagassem os juros, para que o banco tivesse dinheiro para pagar os juros aos investidores (depósitos não são nem sequer remunerados). Teríamos, então, uma espécie de pacto "ninguém solta a mão de ninguém": os investidores e depositantes não sacam o seu dinheiro, e o banco vai rolando eternamente a dívida de quem tomou dinheiro emprestado, de modo que a inadimplência nunca se materializaria.

Em grande parte do tempo, a coisa funciona mais ou menos assim mesmo. Depositantes e investidores continuam a financiar o banco, mesmo que, do outro lado, a base de ativos comece a ter problemas. Até que, em um determinado momento, os depositantes (que podem sacar seus recursos imediatamente) começam uma corrida contra o banco, sacando seus depósitos como se não houvesse amanhã. Esse "momento do pânico" é difícil de antecipar ou prever. Normalmente acontece quando começa a haver rumores de que "algo não vai bem" com determinado banco. Vivemos, em grande parte do tempo, como se o banco fosse uma realidade necessária, algo que está ali como o ar que respiramos. Quando, em determinado momento, temos receio de que algo não esteja bem, lembramos que a estrutura bancária é frágil, uma espécie de castelo de cartas, e não queremos estar lá quando tudo vier abaixo.

Não por outro motivo, um sistema bancário desenvolvido conta com uma espécie de seguro, que garante os depósitos até determinado montante. No Brasil, o Fundo Garantidor de Crédito (FGC) garante depósitos de até R$ 250 mil por CPF. Esses fundos são construídos com recursos dos próprios bancos, e têm como objetivo justamente diminuir a probabilidade de uma corrida bancária.

Um exemplo clássico de crise de solvência foi a quebra da Lehman Brothers nos EUA em 2008. O banco, assim como vários outros, estava encalacrado com títulos de dívida imobiliária, com alto grau de inadimplência. Quando ficou claro que aqueles títulos valiam pouco mais que pó, e depois de falharem tentativas no sentido de vender o banco para algum interessado, o banco pediu concordata. Não foi necessária uma corrida de saques, mas apenas o reconhecimento de que havia um enorme buraco entre ativos e passivos, impossível de consertar. As ações do banco, que praticamente viraram pó, refletiram exatamente essa realidade.

Um exemplo bem mais recente de crise de solvência foi o caso do Silicon Valley Bank (SVB), em março de 2023[7]. Tendo aplicado uma parte razoável dos recursos de seus clientes em títulos com taxas de juros prefixadas de 1%, viu sua base de ativos encolher quando a taxa de juros subiu para 5% (lembre-se de que o valor dos títulos prefixados cai quando a taxa de juros sobe). Assim, nesse caso particular, não houve propriamente um aumento da inadimplência,

---

[7] Fonte: The Demise of Silicon Valley Bank – Marc Rubinstein – Net Interest – 2023.

mas uma erosão da base de ativos do banco por causa do aumento das taxas de juros. Quando o SVB anunciou um aumento de capital para adequar o seu índice de Basileia, chamou a atenção de seus depositantes. A maldição do SVB foi ter grande parte de sua base de clientes com saldos acima do seguro coberto pelo *Federal Deposit Insurance Corporation* (FDIC), o FGC dos Estados Unidos. Com o pânico instalado e uma enxurrada de saques, o *Federal Reserve* (Banco Central dos EUA) precisou intervir.

Note que um problema de solvência, em si, pode perdurar por algum tempo sem que ocorra, necessariamente, uma corrida contra o banco. É preciso que esse problema, de alguma forma, apareça e mine a confiança dos depositantes. Quando isso acontece, entra em jogo o segundo risco, o de liquidez.

Volte para a **Figura 17** e observe o descasamento entre os prazos dos ativos e dos passivos. No exemplo, temos 42% da base de passivos em depósitos, que podem, em princípio, ser sacados imediatamente. Esse problema se agrava nos tempos atuais. Antigamente, era necessário fazer fila na agência para sacar o dinheiro, e contar com a existência de dinheiro em espécie no cofre do banco. Hoje, a transferência de recursos está a um PIX de distância, usando o celular. Portanto, o dinheiro da conta-corrente pode evaporar do dia para a noite. Foi o que aconteceu com o SVB. Por outro lado, para pagar esses saques, é preciso recuperar os ativos do outro lado. Mas como fazê-lo? O prazo não é imediato, ou seja, os devedores não são obrigados (e nem teriam condições) de devolver os empréstimos imediatamente. O banco precisaria vender esses empréstimos para outros bancos, procurando fazer caixa. Não se trata de uma operação suficientemente rápida para cobrir a fuga de depósitos, o que configura a falta de liquidez.

É possível, inclusive, que o banco quebre somente por problema de liquidez, sem ter um problema real de solvência. Foi o caso, por exemplo, do Credit Suisse, que não vinha enfrentando um problema de deterioração da qualidade de seus ativos em grau maior do que outros bancos comparáveis. O problema surgiu dos seguidos prejuízos causados em outras áreas do banco, principalmente no seu banco de investimentos. Esses seguidos prejuízos fizeram com que surgisse a necessidade de uma nova capitalização, o que, em um ambiente já ruim para a credibilidade dos bancos de maneira geral, provocou uma onda de saques de clientes não protegidos pelo seguro (assim como no caso do SVB, grande parte dos clientes do Credit Suisse tinha depósitos em valores acima do seguro). Esse problema de liquidez acabou por levar as autoridades suíças a intervirem.

Reza a lenda que o melhor negócio do mundo é um banco bem administrado, enquanto o segundo melhor negócio do mundo é um banco mal administrado. Claro que isso é uma lenda, a rentabilidade dos bancos em seu conjunto, quando se analisa seus balanços, não se destaca especialmente em relação a outros ramos de negócio, quando ajustado pelo risco de cada setor. No entanto, é preciso reconhecer que banco é um negócio diferente.

Quando uma empresa de varejo ou uma montadora de automóveis quebram, via de regra o governo não sai correndo para socorrer a empresa, a não ser que, politicamente, seja pressionado a preservar os empregos. O lugar da empresa de varejo ou da montadora que se vai é ocupado pelos seus concorrentes, e vida que segue. Os fornecedores terão perdas, os funcionários perderão seus empregos, mas é questão de tempo para que fornecedores e funcionários encontrem lugar na concorrência. E, mesmo que não encontrem, isso não coloca a economia como um todo em risco.

Banco, por outro lado, é um negócio diferente. Vejamos a **Figura 18**. Podemos observar que há uma espécie de teia ligando bancos, tomadores de empréstimos e depositantes. Um desses nós que porventura falhe pode causar um efeito dominó, em que outros pontos do sistema falham porque o nó anterior também falhou. Além disso, o sistema todo funciona na base da confiança: mesmo que não haja realmente um problema, se a desconfiança cresce, pode ocorrer uma corrida de saques que tem o potencial de desestabilizar todo o sistema.

Figura 18 – O risco sistêmico

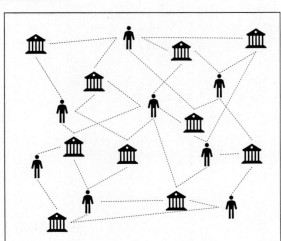

Fonte: elaboração do autor

O sistema financeiro funciona como a corrente sanguínea no corpo humano. Qualquer interrupção em uma artéria importante pode levar a consequências sistêmicas, que pode terminar na morte de toda a economia. O crédito, que é o encontro entre tomadores e doadores de dinheiro, é a base de todo o sistema econômico capitalista. E esse sistema está baseado em uma teia sensível, alavancada, que só funciona na base da confiança.

Por isso, é necessário que, quando algum ponto desse sistema se mostrar instável, a autoridade monetária do país intervenha, sob pena de retrocedermos séculos, para uma economia sem crédito. E por que precisa ser a autoridade monetária (governo) a intervir? Por que o sistema não consegue atingir estabilidade por si próprio? Simples: a emissão do dinheiro de um país é monopólio do governo. Portanto, é o governo que, em última instância, precisa garantir a confiabilidade do sistema monetário. Nenhum agente privado possui esse poder. A moeda fiduciária é baseada na confiança dos agentes no governo. E este precisa agir quando o sistema se torna instável por qualquer motivo.

Claro que sempre será motivo de debate até onde pode ir essa intervenção e quanto os acionistas e funcionários do banco (incluindo a alta gerência) estão sendo beneficiados com dinheiro dos impostos. Trata-se de uma discussão saudável, em que se busca alcançar a estabilidade do sistema sem que aqueles responsáveis pelos problemas do banco sejam, de alguma forma, recompensados. Esse é o exemplo clássico de um problema em economia que chamamos de *moral hazard*, em que os agentes econômicos tomam decisões arriscadas com base na premissa de que, no final, serão salvos de suas próprias decisões. Isso se aplica também aos depositantes e investidores, que poderiam escolher, a rigor, qualquer banco para depositar os seus recursos, uma vez que, no final, serão salvos de qualquer modo. Esse equilíbrio entre preservar o sistema e não fomentar o *moral hazard* é objeto de muitos debates e um problema em que não cabe apenas uma solução.

Mas não é só de bancos que vive o sistema financeiro. Vamos ver, a seguir, uma outra parte do mercado financeiro que não depende dos bancos: o mercado de capitais.

O mercado de capitais

Afirmamos anteriormente que, não fossem os bancos, seria muito difícil que tomadores de empréstimos e financiadores se encontrassem. Mas essa afirmação não é precisa. O sistema financeiro encontrou uma forma de juntar as duas pontas sem a necessidade de que um banco sirva como intermediário: é o chamado **mercado de capitais**. Vejamos a **Figura 19**.

Figura 19 – Banco *vs.* mercado de capitais

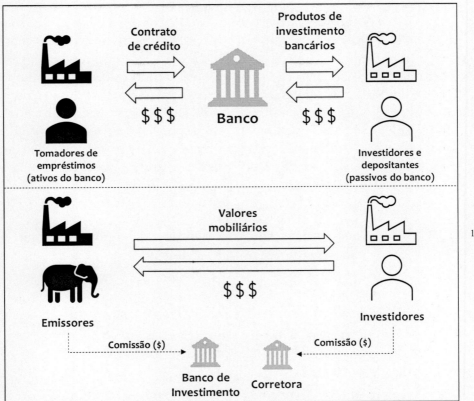

Fonte: elaboração do autor

Observe como, no mercado de capitais, não existe a intermediação dos bancos entre investidores e tomadores de empréstimos. Essa relação se dá diretamente por meio de um título que representa uma dívida, e que chamamos de **valor mobiliário**. De um lado, temos os tomadores dos empréstimos, que chamamos de **emissores** dos títulos de dívida, que podem ser empresas e o próprio governo. Note que, ao contrário do sistema bancário, em que pessoas físicas podem tomar empréstimos, no mercado de capitais pessoas físicas não podem tomar empréstimos via emissão de valores mobiliários. Trata-se de um mercado mais restrito, a que somente pessoas jurídicas e governos têm acesso para se financiar. As pessoas jurídicas contratam **bancos de investimento** para emitir os valores mobiliários, pagando uma comissão por esse serviço.

Do outro lado temos os investidores. Aqui, sim, temos tanto pessoas físicas como jurídicas, a exemplo do sistema bancário. Qualquer um pode investir o seu dinheiro na compra de valores mobiliários, por uma **corretora**. A corretora faz o papel do intermediário no mercado de capitais, mas não como um banco. O dinheiro investido não passa a fazer parte do balanço da corretora, esta se remunera somente por comissões. Nesse caso, o risco de crédito dos investidores são os próprios emissores. Quando um banco intermedia essa relação, se o tomador do empréstimo não paga a sua dívida, o problema é do banco. No mercado de capitais, se o emissor não honra a sua dívida, o problema é diretamente do investidor. Nesse caso, a relação é direta entre o investidor e o tomador de empréstimo.

Alguns exemplos de valores mobiliários:

- Títulos da dívida pública: são emitidos pelo Tesouro Nacional e podem ser negociados por meio do Tesouro Direto. São exemplos a LFT (Tesouro Selic), a NTN-B (Tesouro IPCA) e a LTN ou NTN-F (Tesouro Prefixado);
- Debêntures: títulos de dívida emitidos por empresas;
- Ações: títulos que representam a participação no capital das empresas;
- CRIs: são os Certificados de Recebíveis Imobiliários, títulos que representam a dívida de empreendimentos imobiliários.

Além desses, existe um valor mobiliário especial: a **cota de fundo de investimento**. Veja a **Figura 20**.

Figura 20 – Fundo de investimento

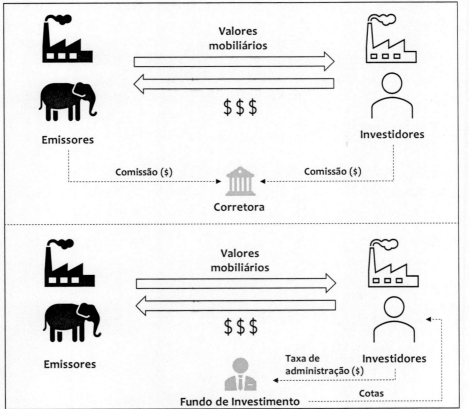

Fonte: elaboração do autor

Observe como o fundo de investimento serve como intermediário entre os investidores e os emissores. Nesse caso, o gestor do fundo é responsável por escolher os títulos (valores mobiliários) que farão parte do portfólio de investimentos. Há uma gestão profissional dos investimentos, além dos benefícios da diversificação, pois o fundo, ao reunir recursos de vários investidores, tem capacidade de diversificar melhor os investimentos quando comparado a um investidor isolado.

O mecanismo é simples: os investidores deixam o seu dinheiro com o fundo de investimento e, em troca, recebem cotas desse fundo. A remuneração do gestor se dá por meio de uma taxa de administração. Do outro lado, o gestor do fundo escolhe os valores mobiliários que comporão a carteira de investimentos, emitidos por empresas e pelo governo. Mas note que o fundo de investimento, mesmo fazendo esse papel de intermediador entre investidores e tomadores de empréstimos, não é um banco. Seu papel é mais parecido com o do corretor, que serve apenas de intermediário, ainda que tenha um papel mais ativo, de escolher os investimentos em nome do investidor. O risco de crédito dos investidores continua sendo diretamente os emissores dos títulos, não o fundo de investimento. Funciona exatamente como se os investidores tivessem comprado diretamente os títulos, ainda que com a ajuda do gestor do fundo. Vamos a um exemplo simples dessa diferença, na **Figura 21**.

Figura 21 – Banco *vs.* fundo de investimento

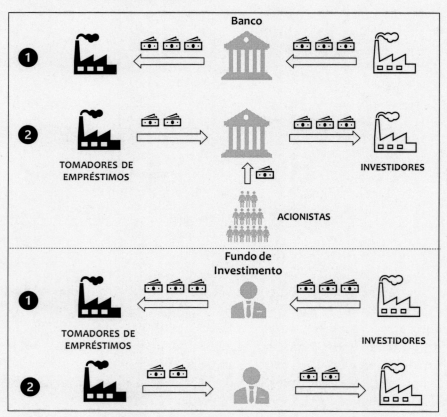

Fonte: elaboração do autor

Na primeira parte da **Figura 21**, temos um investidor colocando seu dinheiro no banco (três notinhas), e o dinheiro sendo emprestado, na outra ponta, para um tomador de empréstimo. Em um segundo momento, o devedor devolve o dinheiro, mas em menor quantidade do que emprestou (duas notinhas). Mas note que o investidor recebe as mesmas três notinhas que investiu. Por quê? Porque os acionistas do banco pagam a diferença com uma diminuição do seu lucro. Ou seja, há uma espécie de "buffer", que é o capital do banco, para cobrir uma inadimplência inesperada. Veja que aqui não estamos falando do caso extremo de quebra do banco, em que não há capital suficiente para pagar todos os credores, e somente os pequenos depositantes são cobertos com o Fundo Garantidor de Crédito. Esse esquema funciona somente em condições normais de temperatura e pressão.

Já na segunda parte da **Figura 21**, o investidor coloca seu dinheiro em um fundo de investimento, que aplica esse dinheiro na compra de valores mobiliários (empresta para pessoas jurídicas ou para o governo por meio de títulos emitidos por esses tomadores de empréstimos). Se, por algum motivo, o emissor não paga integralmente o empréstimo, o fundo de investimento repassa esse prejuízo diretamente para o investidor. Não há um "buffer" intermediário, representado pelo balanço do banco. Funciona como se o investidor tivesse comprado diretamente o título do emissor, com a diferença de que quem fez essa compra foi um gestor profissional. Há aqui apenas uma prestação de serviço, o gestor não assume o risco de crédito da outra ponta como faz o banco.

Em resumo: a diferença entre comprar produtos bancários de investimento e cotas de fundos de investimento é que, no caso do banco, o risco é o próprio banco, ao passo que, no caso do fundo, o risco são os títulos comprados pelo fundo.

O que é e para que serve o mercado financeiro

Agora que já conhecemos os principais personagens do mercado financeiro, vamos enfrentar a questão principal: afinal, o que é e para que serve o mercado financeiro?

Muitos confundem o mercado com os seus operadores. É difícil dissociar a imagem que fazemos do mercado financeiro das mesas de operação em que *traders* operam freneticamente diante de terminais com cotações piscando o dia inteiro. Afinal, são esses operadores que, em última instância, tomam as decisões de compra e venda que formam os preços dos ativos financeiros. Então, são eles os "culpados" pelas distorções, reais ou falsas, nas taxas de juros, câmbio e outros preços do mercado.

Na verdade, há duas confusões principais a respeito da natureza do mercado financeiro. A primeira refere-se ao horizonte de tempo da análise, enquanto a segunda tem relação com a própria natureza dos operadores.

Com relação ao horizonte de tempo, de fato, no curto prazo, os operadores dão as cartas. São eles que movimentam os preços durante o dia com as suas ordens de compra e venda. Mas confundir esses movimentos com a tendência geral dos preços é o mesmo que confundir a árvore com a floresta. Há muito ruído de curtíssimo prazo, há muitos *traders* que procuram lucrar com esses ruídos, mas isso não deve ser confundido com os grandes movimentos que levam os preços dos ativos a patamares condizentes com seus fundamentos.

Conta a lenda que o especulador George Soros quebrou o Banco da Inglaterra em 1992. Na verdade, Soros percebeu a inconsistência da adesão da Inglaterra ao Mecanismo Europeu de Troca de Moedas (ERM, na sigla em inglês), um sistema que fixava as taxas de câmbio entre os países do Mercado Comum Europeu, em preparação para o Euro (veremos esse caso em mais detalhes no Capítulo 5). Com uma inflação muito mais alta do que a da Alemanha, principal país e âncora do ERM, a fixação da taxa da libra esterlina em relação ao marco alemão começou a acumular distorções na economia britânica. Em determinado momento, como sempre acontece, a Inglaterra foi obrigada a abandonar o mecanismo, desvalorizando a sua moeda. Soros, que havia apostado nesse desenlace, lucrou o equivalente a 1 bilhão de libras. Não foi, portanto, George Soros quem quebrou o Banco da Inglaterra com o seu *trade*, foi o fraco fundamento da moeda britânica que obrigou o Banco Central inglês a abandonar o ERM, e Soros apenas se beneficiou de sua leitura correta dos fundamentos da moeda inglesa. Há discussões sobre se não se tratou de uma "profecia autorrealizável", com Soros e outros especuladores forçando uma situação que, de outra forma, poderia ser resolvida com o tempo. A experiência mostra, contudo, que mais tempo serve somente para o acúmulo de mais distorções, em função das limitações políticas dos países em fazer os ajustes necessários para lidar com essas distorções. Um "empurrãozinho" dos especuladores pode ser, na verdade, uma bênção, ao forçarem os países (ou as empresas) a endereçarem seus problemas mais rapidamente.

Em 2008, alguns *traders* lucraram bilhões de dólares com a quebra de uma parte do setor imobiliário norte-americano, o chamado segmento *subprime*. Nesse caso, não há dúvida de que os fundamentos (no caso, o aumento brutal da inadimplência no setor imobiliário) estavam podres, e esses *traders* apenas surfaram a onda, não sendo diretamente responsáveis pela grande crise que se seguiu. Na verdade, ao contrário das crises cambiais, a contraparte desses *traders* não foi um governo tentando defender a sua moeda, mas outros *traders* com visão oposta. Fossem os preços dos ativos guiados somente por esses operadores, sem base em fundamento algum, seria difícil justificar por que alguns ganham e outros perdem. Por trás dos grandes lucros e prejuízos dos *traders*, estão os fundamentos que justificam os grandes movimentos de preços ao longo do tempo.

Além do horizonte de tempo, há uma segunda grande confusão a respeito do mercado financeiro, que é a identificação do mercado com os seus operadores, como se estes fossem completamente autônomos para tomarem as suas decisões. Na verdade, os operadores são representantes dos investidores. Os operadores têm algum grau de autonomia, mas não toda a autonomia. Os investidores afetam a ação dos operadores de duas maneiras:

1. dando-lhes mandatos precisos sobre como fazer a gestão dos investimentos;
2. resgatando ou aplicando o seu dinheiro.

No primeiro caso, os operadores têm alguma margem de manobra, mas somente em torno daquilo que os investidores determinaram. Por exemplo, em um Fundo DI, os operadores não podem comprar qualquer ativo, precisam se restringir aos ativos determinados pelas regras desse tipo de investimento. É nesse momento que entra o segundo ponto anterior, os resgates ou aplicações.

Se um grande fluxo de recursos sai de fundos de ações e entra em fundos DI, os operadores são obrigados a vender ações e comprar títulos cuja rentabilidade esteja atrelada ao CDI, por mais que tenham opinião diversa. Se os investidores estão receosos de que a inflação vai subir e, por isso, compram títulos e fundos atrelados ao IPCA, os operadores não têm outra alternativa senão comprarem títulos atrelados ao IPCA. E assim por diante. Além disso, há uma competição entre operadores para conquistar investidores. Assim, todos estão em busca dos *trades* mais lucrativos, de modo a atrair o máximo de dinheiro dos investidores. Não cabem, portanto, outras considerações, a não ser a avaliação (que pode estar certa ou errada, saber-se-á depois) sobre o cenário econômico e, portanto, a melhor forma de lucrar com ele.

Nesse sentido, dizemos que o mercado financeiro somos todos nós, que investimos e tomamos dinheiro emprestado. Cada um de nós, ao tomar uma decisão a respeito do nosso dinheiro, está, de alguma forma, influenciando o preço dos títulos. Claro que os operadores, por tomarem decisões especificamente a respeito da compra e venda dos títulos, acabam por influenciar de maneira mais próxima os seus preços. Mas, como vimos, os operadores têm uma influência muito limitada quando se trata das grandes tendências devidas ao cenário econômico. Além disso, os operadores são como que escravos das decisões dos investidores, tendo alguma margem de manobra em relação a isso, mas não muita. Portanto, sempre que você se perguntar por que a bolsa está caindo ou os juros estão subindo, saiba que o responsável pode ser você mesmo, com as suas decisões de consumo e investimento. Os operadores do mercado apenas operam.

O mercado financeiro é, portanto, o lugar onde se encontram emprestadores (investidores) e tomadores de empréstimo. Como vimos anteriormente, pode haver um banco intermediando esse encontro, ou essa relação pode-se dar diretamente por meio do mercado de capitais. Os investidores vão exigir mais retorno quanto maior for o risco de quem está tomando o empréstimo. A **Figura 22** mostra essa relação para vários tipos de investimentos do mercado.

Figura 22 – Relação risco *vs.* retorno de diversos investimentos

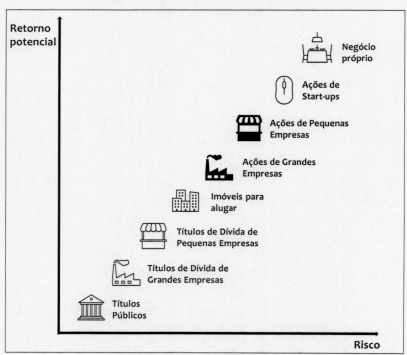

Fonte: elaboração do autor

A **Figura 22** não pretende, nem de longe, esgotar todas as possibilidades de investimentos do mercado. A ideia é somente mostrar que investidores e tomadores de empréstimos se encontram em vários níveis de risco e retorno esperado. O mercado financeiro vai ficando cada vez mais rarefeito, à medida que se sobe na escala do risco/retorno esperado. Por rarefeito, queremos dizer que o mercado fica cada vez menos organizado, mais dependente de pessoas, e não de instituições. Por exemplo, para negociar ações, temos a bolsa. Já para comprar participações em *"start-ups"*, é preciso juntar-se a um grupo de pessoas que tenha esse objetivo. Trata-se de algo muito menos organizado.

Algumas palavras sobre o "negócio próprio" que aparece em último lugar nessa escala. Alguns poderão estranhar a presença do "negócio próprio" aqui. Afinal, estamos falando de mercado financeiro, e um negócio próprio não parece fazer parte desse universo. No entanto, é muito útil raciocinar dessa forma. Quando alguém se decide a se aventurar no mundo do negócio próprio, na verdade está comprando ações de uma empresa. A sua própria empresa. Todo o investimento nessa empresa transforma-se em participação em seu capital social. Mesmo que tenha havido empréstimos bancários para se iniciar a empresa, o banco não é sócio, é credor. O dono do negócio próprio é o detentor das ações. Muitos acham o mercado acionário muito arriscado, mas não pensam o mesmo do seu próprio negócio. O fato de as ações de grandes empresas serem negociadas em bolsa e, por isso, terem o seu valor subindo e descendo todos os dias, transmite uma sensação de volatilidade que o negócio próprio não tem. Afinal, as ações do negócio próprio não são cotadas todos os dias. Então, como diz o ditado, o que os olhos não veem o coração não sente. Se o valor de nossa pequena empresa fosse determinado todos os dias em bolsa, certamente teríamos vertigem. O nosso negócio próprio é muito mais arriscado do que comprar ações de grandes empresas, mas, além de não vermos o preço das ações de nossa empresa todos os dias, temos uma sensação de que controlamos o nosso destino, que só depende de tomarmos as decisões corretas e trabalharmos. No entanto, ainda que tenhamos o leme da nossa empresa em nossas mãos, somos um barquinho no meio do oceano. E é óbvio que um barquinho balança mais do que um grande transatlântico, e tem mais chance de afundar durante uma tempestade. Por isso, é útil raciocinarmos em termos de risco/retorno dos investimentos quando avaliamos o investimento em uma empresa própria. Não para não o fazer, mas para avaliar corretamente a oportunidade.

CAPÍTULO 5

O CÂMBIO E O MERCADO GLOBAL

O câmbio entre as moedas de diferentes países talvez seja um dos capítulos mais fascinantes da economia. A moeda de um determinado país representa tudo aquilo que aquele país produz ou tem capacidade de produzir. O câmbio, portanto, é uma medida da produtividade relativa entre os países. Por isso, qualquer tentativa de manipulação da taxa de câmbio está fadada, mais cedo ou mais tarde, ao fracasso. As forças econômicas acabam empurrando a taxa cambial para o seu valor real, e atrasar esse ajuste artificialmente serve somente para tornar o ajuste mais abrupto e doloroso para a economia.

Antes de avançarmos, será útil definirmos o que **não é** o câmbio.

Uma moeda "vale mais" do que a outra?

É comum depararmos com o seguinte raciocínio: se cada dólar vale R$ 5,00, então o dólar "vale mais" do que a moeda brasileira. Trata-se de um raciocínio errado. O que temos são moedas mais aceitas no mercado global do que outras, mas isso nada tem a ver com a taxa cambial. Por exemplo, cada real pode comprar 25 ienes japoneses. Isso não significa que o real "valha mais" do que o iene. Na verdade, o iene tem uma **aceitação** muito maior do que o real no mercado global, por se tratar de uma moeda de um país muito mais estável. O seu valor relativo ao real nada diz sobre a sua força.

O valor nominal da moeda em si é algo, até certo ponto, arbitrário. Cada país divide o total de seus bens e serviços em pedacinhos chamados dólares, reais ou ienes. O valor de cada dólar, real ou iene dependerá do número de pedacinhos em que a produção foi dividida. Funciona como um bolo, em que as fatias podem ser mais grossas ou mais finas. Quanto mais finas as fatias, maior o número de fatias, e vice-versa. Mas o tamanho da fatia em si nada diz a respeito do tamanho do bolo.

Para entender esse conceito, imaginemos duas festas juninas em dois colégios diferentes, o Colégio Redondo e o Colégio Quadrado. As duas festas programam exatamente as mesmas atividades, e têm exatamente as mesmas barraquinhas de comida. Ambos os colégios têm o mesmo número de alunos, então esperam mais ou menos o mesmo número de frequentadores em suas respectivas festas. Além disso, os preços das comidas e jogos é o mesmo em ambos os colégios.

Como em qualquer festa junina, os dois colégios mantêm uma espécie de tesouraria central, onde os festeiros compram fichas que podem ser usadas em troca de comida e jogos. As taxas de conversão são as seguintes:

- Colégio Redondo: R$ 1,00 compra uma "redondinha", que é o nome que recebe a moeda oficial desse colégio;
- Colégio Quadrado: R$ 1,00 compra duas "quadradinhas", que é o nome que recebe a moeda oficial desse colégio.

Portanto, para comprar, por exemplo, um cachorro-quente no valor de R$ 8,00, o frequentador da festa junina do Colégio Redondo gastará 8 redondinhas, enquanto no Colégio Quadrado, o frequentador gastará 16 quadradinhas para comprar o mesmo cachorro-quente (lembre-se que o preço do cachorro-quente, em reais, é o mesmo em ambas as festas). Note que cada redondinha vale duas quadradinhas, mas isso não significa que a redondinha "valha mais" que a quadradinha. Ambas compram as mesmas coisas, foi só uma questão de convenção dos organizadores das festas.

Vamos a um exemplo com dados reais. Digamos que os governos de Inglaterra, Japão e Brasil estejam organizando uma grande festa junina em seus países. Os festeiros têm dólares e, para participarem da festa, precisam trocar seus dólares pelas moedas desses países. As taxas de conversão são as seguintes:

- Inglaterra: um dólar compra 0,80 libras esterlinas;
- Japão: um dólar compra 130 ienes;
- Brasil: um dólar compra 5,10 reais.

Observe esses valores. Será que as moedas da Inglaterra e do Brasil são mais "fortes" ou "valorizadas" do que a moeda do Japão? Nada disso. É só uma questão de convenção, como no caso das "redondinhas" e "quadradinhas". Uma forma de medir o tamanho da "festa junina" de cada país é por meio de seus respectivos PIBs, todos em uma única moeda. Os PIBs de 2022 da Inglaterra, Japão e Brasil foram aproximadamente os seguintes:

- Inglaterra: 3,2 trilhões de dólares;
- Japão: 4,3 trilhões de dólares;
- Brasil: 1,9 trilhões de dólares.

Note que o PIB do Japão é o maior dos três. Ou seja, o valor nominal de sua moeda não tem nada a ver com o tamanho e a força de sua economia.

O mercado cambial

O mercado cambial é o lugar onde os agentes econômicos trocam entre si moedas emitidas por diferentes governos. Quer dizer, não existe propriamente um "lugar" onde isso acontece. Trata-se apenas de uma forma de expressar o ato da troca, que é o que define qualquer mercado. Aliás, o mercado cambial não deixa de ser curioso: não trocamos mercadorias ou serviços por moedas, mas a própria moeda é a mercadoria a ser trocada. Cada país minimamente organizado conta com sua própria moeda, aquela que tem curso forçado em seu território nacional. Para consumir ou fazer negócios nesse país, é preciso deter a moeda desse país. Daí nascem as necessidades de troca de moedas, o que dá origem ao mercado cambial. Isso acontece basicamente em seis situações:

1. Exportadores que recebem moedas estrangeiras por suas mercadorias e precisam trocar essas moedas estrangeiras pela moeda nacional;
2. Importadores que precisam trocar a moeda nacional por moedas estrangeiras, de modo a poderem comprar mercadorias no exterior;
3. Investidores nacionais que querem investir no exterior e, para tanto, precisam comprar moedas estrangeiras;
4. Investidores estrangeiros que querem investir no país e, para tanto, precisam comprar a moeda nacional;
5. Turistas nacionais que precisam da moeda estrangeira para visitar e gastar em outros países;
6. Turistas estrangeiros que precisam da moeda nacional para visitar e gastar no país.

No Brasil, as operações de câmbio são monopólio do Banco Central e de instituições autorizadas pelo Banco Central a realizarem essas operações (bancos e corretoras). Não se trata de uma necessidade em sentido estrito.

Em princípio, qualquer um que detivesse moedas nacionais ou estrangeiras poderia fazer essas trocas. Digamos que você tivesse dólares que sobraram de sua última viagem, e um parente que vai viajar para os Estados Unidos precisasse comprar dólares. Você poderia vender os seus dólares para o seu parente a uma determinada taxa de câmbio combinada entre os dois. Essa simples operação cambial, pasme, era proibida até a edição da lei 14.286, de 29/12/2021, que estabeleceu novos parâmetros para o mercado cambial brasileiro. Segundo essa lei, transações no valor de até 500 dólares não necessitam ser feitas por instituições autorizadas pelo Banco Central. Antes, a compra e venda de moedas estrangeiras, em qualquer volume, precisava ser feita pelos canais oficiais. Entre pessoas jurídicas, essa obrigação continua existindo para qualquer montante, assim como para pessoas físicas em valores superiores a 500 dólares.

O mercado paralelo de câmbio

Países com câmbio livre têm apenas uma taxa de câmbio, aquela determinada pelo mercado. Por outro lado, países com câmbio administrado podem ter uma ou mais taxas de câmbio, determinadas pelo governo, de acordo com seus próprios critérios. E, nesses países, sempre há o chamado "mercado negro ou paralelo" de câmbio, em que as cotações são determinadas pelo mercado e as operações são realizadas fora do sistema oficial de câmbio.

Para entender por que surge o mercado paralelo de câmbio, é preciso entender, afinal, por que os governos insistem em manter uma taxa de câmbio artificial. Existe a crença de que deixar o câmbio flutuar e atingir o seu valor de mercado causará inflação e será prejudicial ao crescimento econômico. Além disso, e talvez principalmente, uma taxa de câmbio depreciada causa uma sensação de pobreza na população, principalmente na classe média, para quem viagens e compras no exterior tornam-se proibitivas.

O problema de manter a taxa de câmbio artificialmente apreciada ("dólar barato") é que, como não há alinhamento com os fundamentos da economia, logo o estoque de dólares no Banco Central termina e, na prática, aquela taxa de câmbio artificial passa a ser uma ficção: existe apenas para registro, mas não para compra de fato. O único dólar que existe está no mercado paralelo, a um preço mais próximo da verdadeira realidade econômica do país.

A dinâmica é a mesma da do congelamento de preços: a taxa de câmbio nada mais é do que o preço da moeda estrangeira. A sua administração é o equivalente a congelar o seu preço. O resultado, como sabemos, é o surgimento de um mercado negro. Mas a coisa é ainda pior.

O mercado paralelo de divisas é usado não somente para transações legais, mas também para transações à margem da lei. Assim, o seu preço costuma ser ainda mais caro do que se tivéssemos um mercado somente para transações legais. O problema é que essas transações legais pagarão mais caro pelo dólar somente pelo fato de que não existe um mercado livre para transações legais.

Listamos a seguir alguns problemas causados por uma taxa de câmbio fixada em termos irreais[8]:

- as empresas podem evitar fazer investimentos em novos negócios que demandem insumos importados, uma vez que a obtenção de dólares é incerta;
- da mesma forma, investimentos estrangeiros diretos em empresas no país são desencorajados pela incerteza sobre o envio de dividendos para o país de origem;
- estatísticas e balanços das empresas ficam distorcidos quando usam a cotação oficial do dólar;
- empresas e indivíduos são estimulados a manterem recursos em contas fora do país;
- alguns agentes econômicos podem se aproveitar de seu acesso aos escassos dólares no mercado oficial para lucrar com a diferença de cotação para o mercado paralelo.

Assim, em geral, a inacessibilidade do dólar no mercado oficial de câmbio tende a ser impeditivo maior aos negócios e ao crescimento saudável da economia do que o nível da taxa de câmbio em si.

No Brasil, a cotação do câmbio nesse mercado era chamada de "dólar black". Esse era um mercado gigantesco no país antes do Plano Real, em virtude das muitas distorções da economia brasileira. Mesmo até o início dos anos 2000, ainda era possível encontrar nas páginas dos principais jornais do país a cotação do chamado "dólar paralelo". Sim, é de causar espanto que um mercado ilegal tivesse suas cotações publicadas normalmente em jornais. Seria como ter a publicação da cotação da cocaína diariamente. Mas essa era a realidade brasileira, uma espécie de pacto do silêncio em torno de uma realidade que todos sabiam existir, da qual todos se beneficiavam e para

---

[8] Fonte: Official and Parallel Exchange Rates – Recognizing Reality – FMI – 23/9/2020.

a qual o governo fazia vista grossa. A seguir, na **Figura 23**, uma pequena nota publicada em um jornal de 1990, que descreve o mercado paralelo de dólar no Brasil. Os "cambistas" citados eram os profissionais que, por fora do sistema autorizado pelo Banco Central, negociavam dólares.

Figura 23 – Quando o mercado paralelo de dólar frequentava os jornais brasileiros

■ *Black*

O dólar negociado no mercado paralelo também voltou a subir ontem, depois de ter estacionado na quinta-feira, puxado pelas ordens de compra no mercado de ouro. No fechamento das operações, o dólar paralelo foi cotado pelos cambistas a NCz$ 48,00 para compra e NCz$ 49,00 para venda. O ágio (diferença entre o câmbio oficial e o paralelo) voltou a subir e fechou a semana em 128,26%.

Fonte: jornal de 1990

O mercado paralelo no Brasil foi, aos poucos, diminuindo de tamanho, à medida que o país foi acumulando reservas internacionais, e as crises cambiais (falta de dólares) passaram a ser coisa do passado. Hoje, o mercado paralelo no Brasil, operado pelos chamados "doleiros", serve apenas para lavagem de dinheiro de atividades ilegais.

Moedas conversíveis e não conversíveis: a dominância do dólar[9]

O fato de não termos mais um mercado de câmbio paralelo não faz do real uma moeda de primeira grandeza. Na verdade, ainda estamos longe disso. O real é considerado uma moeda **não conversível**. Mas o que viria a ser uma moeda conversível?

---

[9] Vários dados desta seção foram retirados de: US dollar funding: an international perspective – Working Group chaired by Sally Davies (Board of Governors of the Federal Reserve System) and Christopher Kent (Reserve Bank of Australia) – Bank of International Settlements – June 2020.

Entendemos por **moeda conversível** aquela que é facilmente trocada em qualquer lugar do mundo a qualquer momento. Normalmente são patrocinadas por governos politicamente estáveis e economias com crescimento econômico estável e baixa inflação ao longo do tempo. Hoje, são consideradas moedas conversíveis o dólar e o euro, e, em menor escala, o iene, a libra esterlina e o franco suíço. O dólar canadense, o dólar australiano, o dólar neozelandês, a coroa norueguesa e a coroa sueca também são consideradas conversíveis, mas em uma escala ainda menor, completando o grupo de moedas chamado de G10. Esse grupo representa as moedas mais conversíveis do mundo, significando que você pode chegar em qualquer país do mundo com essas moedas e trocá-las pela moeda local. Isso é mais verdade para o dólar e o euro, e menos verdade para as outras moedas listadas. Mas, certamente, não é verdade para qualquer outra moeda não listada.

Certa vez, no início dos anos 2010, em uma viagem para a Argentina, tentei trocar alguns pesos argentinos por dólares ou reais no Banco de La Nación. Obviamente, não consegui. Os pesos argentinos não eram aceitos nem pelo Banco Central da Argentina, quanto mais por qualquer outro Banco Central de outro país. Essa é a triste realidade de moedas não conversíveis. O caso do peso argentino é um extremo. Aqui no Brasil é possível vender reais para o Banco Central em troca de dólares sem grandes problemas. Mas não é possível vender reais em qualquer outro país. Na Argentina, é até possível trocar reais por pesos, mas é um dos poucos países do mundo onde isso é possível. O real é não conversível e, portanto, não é aceito em lugar algum do mundo a não ser no próprio Brasil.

Lembre-se, estamos falando de moedas fiduciárias. Ou seja, a confiança no emissor da moeda é o seu lastro. Mas não só. É preciso que a economia seja estável, para que a moeda também o seja. Confiabilidade e estabilidade são as características dos países que contam com o privilégio de terem moedas conversíveis. Mas é um terceiro fator que torna uma moeda dominante: o tamanho da sua economia. E, nesse quesito, Estados Unidos e Zona do Euro são imbatíveis, o que, aliado aos fatores anteriores, torna as suas moedas dominantes no comércio e nas finanças globais.

Mas, entre as duas, o dólar domina. Isso acontece porque os Estados Unidos são realmente um país, unido politicamente. A Zona do Euro é um experimento ainda muito novo (teve início apenas em 1999), e é uma moeda que atende a um conjunto heterogêneo de países, muito longe de se tornarem unidos politicamente. Na verdade, o lastro do Euro é a confiabilidade na estabilidade da Alemanha, o principal país da Zona do Euro.

Mas a dominância do dólar parece ser desproporcional à importância dos Estados Unidos no contexto global. No **Gráfico 30**, podemos observar que o país representa 25% do PIB global e 12% do comércio global. No entanto, 50% dos empréstimos entre países, 49% dos títulos de dívida emitidos fora dos países do emissor, 88% do volume de transações cambiais, 60% das reservas internacionais, 50% das mercadorias e serviços vendidos pelos países e 42% dos pagamentos via SWIFT eram denominados em dólar em 2019. Por que essa discrepância?

Gráfico 30 – Participação do dólar em vários aspectos das transações internacionais

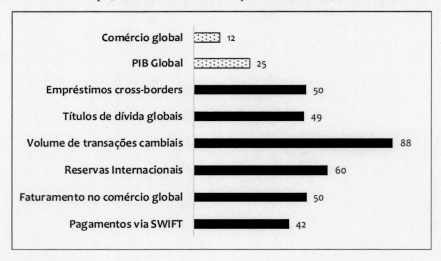

Fonte: BIS

Essa dominância do dólar desproporcional ao tamanho da economia norte-americana pode ser explicada por um fenômeno bem conhecido nos mercados, que chamamos de *"the winner takes all"* (o vencedor leva tudo). Nos mercados financeiros, liquidez é essencial. O dólar, pela relevância dos Estados Unidos, tornou-se a moeda mais usada em transações internacionais e, portanto, a mais fácil de transacionar. Trata-se da escolha natural, principalmente entre aqueles países que emitem moedas não conversíveis.

Vejamos um exemplo: em 2022, o Brasil importou o equivalente a US$ 60 bilhões da China e exportou cerca de US$ 90 bilhões para o gigante asiático. Grande parte desse comércio se deu utilizando o dólar como moeda de troca. Por quê? Afinal, Brasil e China poderiam transacionar em uma de suas moedas pelo menos US$ 60 bilhões desse comércio: a China compraria US$ 60 bilhões em mercadorias do Brasil utilizando renminbis (equivalente a 400 bilhões de renminbis ao câmbio do final de 2022), e o Brasil guardaria esses renminbis para pagar pelas exportações chinesas. Ilustramos essa transação nas **Figuras 24 e 25**. Por que não o fazem?

Figura 24 – Como é hoje o comércio entre Brasil e China

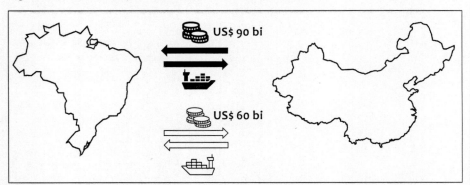

Fonte: elaboração do autor
Imagens dos países: Captainvector/123rf e WorldAtlas

Figura 25 – Como poderia ser o comércio entre Brasil e China

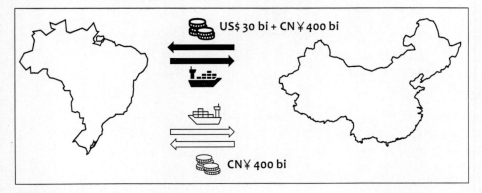

Fonte: elaboração do autor
Imagens dos países: Captainvector/123rf e WorldAtlas

Existe um detalhe nessa transação: importadores e exportadores não são a mesma empresa. Para transacionar em renminbis, seria necessário que o Banco Central do Brasil comprasse os renminbis dos exportadores e depois vendesse esses mesmos renminbis para os importadores, como podemos ver na **Figura 26**.

Figura 26 – Detalhe das operações de importação e exportação

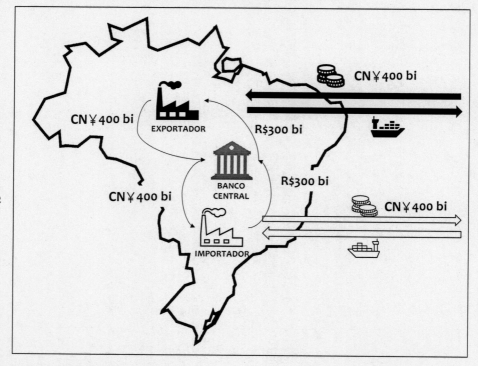

Fonte: elaboração do autor
Imagem do país: Captainvector/123rf

Em princípio seria possível, mas essa operação envolve risco para o BC. Lembre-se, o renminbi é uma moeda não conversível, o que significa que ela é aceita somente na China. Portanto, essa montanha de dinheiro (US$ 60 bilhões, ou o equivalente a 20% de todas as reservas internacionais do Brasil) somente serviria para comprar produtos da China. Funciona como comprar fichas de uma determinada festa junina: somente é possível gastar esse dinheiro naquela festa junina e mais em nenhum outro lugar. Por isso, o BC brasileiro, por uma questão de prudência, é muito comedido quando se trata de adquirir divisas não conversíveis. No final de 2022, apenas 5% das reservas internacionais do Brasil estavam em renminbis.

Muitos afirmam que, com o crescimento da importância da China no cenário global, é somente uma questão de tempo para que o renminbi seja adotado em larga escala. Afinal, trata-se da segunda maior economia do planeta, à frente, inclusive, da Zona do Euro. A importância da sua moeda nas transações globais parece desproporcional à sua representatividade econômica. Na **Tabela 15**, temos uma comparação entre EUA, Zona do Euro e China, em relação ao PIB e à corrente de comércio (soma das exportações e importações). Coloco também Japão, Reino Unido e Brasil como referência.

Tabela 15 – PIB e corrente de comércio de alguns países selecionados

País/Região	PIB (US$ trilhões) em 2022	Corrente de comércio (US$ trilhões) em 2021
Estados Unidos	25,0	6,5
Zona do Euro	14,0	14,1
China	18,3	6,5
Japão	4,3	2,0
Reino Unido	3,2	1,8
Brasil	1,9	0,6

Fonte: FMI/Banco Mundial

Podemos observar que os números da China são respeitáveis. E, mesmo assim, o renminbi é apenas uma sombra do que representam o dólar e o euro, e mesmo moedas como a libra esterlina e o iene, como podemos observar no **Gráfico 31**.

Gráfico 31 – Participação das moedas no mercado global de divisas

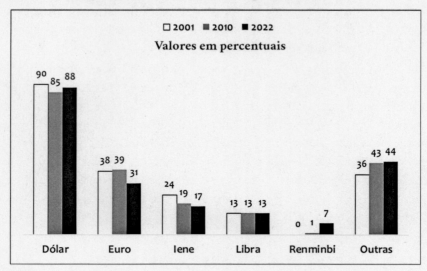

Fonte: BIS

As participações somam 200% em cada ano porque cada transação envolve duas moedas de cada vez.

Nesse gráfico, mostramos o giro de cada moeda no mercado global de divisas, tanto em operações envolvendo pagamentos em dinheiro como em operações envolvendo contratos derivativos. Note que o renminbi vem ganhando importância, mas, ainda assim, apareceu em apenas 7% das transações com moedas em 2022, contra nada menos que 88% do dólar, ou mesmo 13% da libra esterlina, moeda de um país muito menor.

Isso acontece basicamente por dois motivos: em primeiro lugar, o renminbi tem o seu valor controlado pelo governo chinês. Isso significa que a moeda chinesa é mais um instrumento do governo chinês para o controle da economia do país. Podemos observar esse aspecto no **Gráfico 32**, em que mostramos as variações máximas e mínimas do renminbi e de outras moedas mais utilizadas no mercado global de divisas, sempre contra o dólar.

Gráfico 32 – Variações mensais máximas e mínimas em relação ao dólar (jan/2011 a dez/2022)

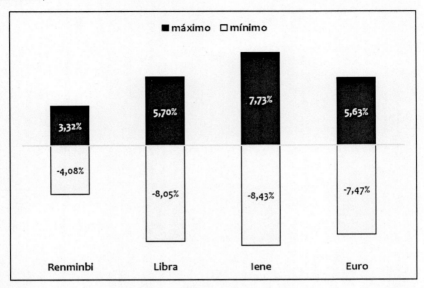

Fonte: elaboração do autor com dados da Economática

Note como o renminbi apresenta variação bem menor do que as outras moedas, em uma demonstração de que o governo chinês procura, de alguma maneira, suavizar o seu comportamento ao longo do tempo.

E essas variações da moeda chinesa somente começaram a ocorrer de 2014 para cá. No **Gráfico 33**, podemos observar que, até 2013, as variações eram mínimas, sendo praticamente nulas até 2005. Ou seja, o governo chinês vem permitindo alguma volatilidade em sua moeda se comparado ao passado, mas de maneira ainda bastante controlada.

Gráfico 33 – Câmbio renminbi *vs.* dólar

Fonte: Macrotrends

Essa certa "previsibilidade" do comportamento do renminbi poderia ser um aspecto positivo da moeda para o seu uso no comércio internacional. No entanto, moedas que não têm o seu comportamento determinado diretamente pelas forças do mercado podem, ao longo do tempo, acumular distorções que tornam arriscado o seu uso.

O segundo aspecto a ser considerado é a própria governança da moeda chinesa. As moedas conversíveis têm como característica importante o fato de que existe um Banco Central independente, que é responsável pela estabilidade da moeda. Essa independência em relação ao governo é condição necessária para blindar a moeda de ações do governo que possam minar a sua credibilidade em função de necessidades políticas. No caso da China, a ausência de um Banco Central independente é intrínseca à própria natureza do governo, que pretende manter sob controle todos os aspectos da economia do país, e com a moeda não poderia ser diferente.

Portanto, considerando o regime controlado de câmbio e a ausência de um Banco Central independente, será difícil que o renminbi atinja o status de moeda de referência global, mesmo com o tamanho e a importância da economia chinesa.

O Balanço de Pagamentos e as Reservas Internacionais[10]

Para entender o que vai a seguir neste capítulo, vamos abordar alguns conceitos importantes. Nesta seção, vamos entender o que é o Balanço de Pagamentos. Na próxima, o que influencia a taxa de câmbio.

O Balanço de Pagamentos é o conjunto de todos os fluxos financeiros que entram e saem do país. Engloba as três seguintes contas:

- **Conta Financeira**: é o conjunto de todos os fluxos que podem ser exigidos de volta no futuro, ou seja, envolvem algum tipo de dívida ou investimento. Isso engloba:
  - **Investimentos Diretos**: são fluxos que vêm para o país para serem investidos em negócios diretamente.
  - **Investimentos em Carteira**: são fluxos destinados à compra de títulos mobiliários no mercado financeiro, como ações e dívida pública.
  - **Outros investimentos**: são fluxos que não se enquadram em nenhuma das classificações anteriores. Por exemplo, empréstimos entre a matriz lá fora e sua subsidiária em território nacional.
- **Conta-Corrente**: é o conjunto de todos os fluxos gerados por alguma transação concreta de compra ou venda, ou pela remuneração do capital aqui investido. O dinheiro que entra ou sai do país nessa categoria de fluxo tem caráter definitivo, ou seja, não são passíveis de serem "reclamados" ou "devolvidos" no futuro. A Conta-Corrente engloba:
  - **Balança Comercial**: é o conjunto das exportações e importações do país.
  - **Serviços**: são os gastos com viagens de turistas brasileiros lá fora e turistas estrangeiros aqui dentro, além do pagamento de fretes e outros serviços.
  - **Rendas**: é o pagamento de dividendos sobre as ações compradas aqui dentro por estrangeiros ou por investidores brasileiros lá fora, e juros pagos a estrangeiros por empréstimos feitos a empresas locais, ou os juros pagos a brasileiros por empréstimos feitos a empresas no exterior. Note que os fluxos de entrada da

---

[10] Algumas informações desta seção foram retiradas de: Relatório de Gestão das Reservas Internacionais – Volume 15 – Março de 2023 – Banco Central do Brasil.

Conta Financeira vista anteriormente acabam gerando, mais cedo ou mais tarde, fluxos de saída de renda, seja via dividendos, seja via juros.

- **Conta de Capital**: trata-se de fluxo que representa a transferência de ativos reais ou financeiros, mas, ao contrário da Conta Financeira, não poderá ser exigida de volta no futuro. Essa é uma conta normalmente com saldo muito pequeno em relação às outras duas, razão pela qual não vamos considerá-la daqui em diante para os nossos exercícios.

A equação básica do Balanço de Pagamentos é a seguinte:

Conta Financeira + Conta Corrente + Conta de Capital = Reservas Internacionais

Portanto, as reservas internacionais nada mais são do que o resultado da soma do saldo dessas três contas. Vejamos quatro casos para ilustrar, na **Figura 27**.

Figura 27 – Exemplos da dinâmica do Balanço de Pagamentos

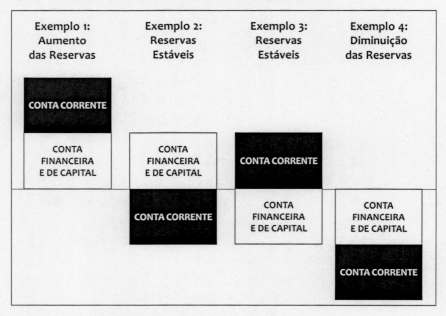

Fonte: elaboração do autor

No primeiro caso, tanto a Conta-Corrente quanto a Financeira estão positivas. Pode ter havido um saldo positivo da balança comercial acompanhado de um fluxo positivo de investimentos em bolsa no país, por exemplo. Nesse caso, há um saldo positivo, que resulta no acúmulo de reservas internacionais.

No segundo caso, a Conta Financeira continua positiva, mas a Conta-Corrente passou a ser negativa. Pode ter ocorrido um fluxo grande de pagamento de juros ou dividendos, mas que foi compensado pela entrada de investimentos. Nesse caso, não há acúmulo de reservas internacionais. Veremos, mais à frente, que esse é o caso do Brasil hoje.

No terceiro caso, temos o inverso do exemplo anterior: a Conta Financeira ficou negativa, talvez por falta de confiança dos investidores no Brasil, que sacaram seus investimentos daqui, mas o saldo positivo da balança comercial compensou essa saída de recursos, o que resultou em estabilidade das reservas internacionais.

Por fim, no quarto caso, temos a tempestade perfeita: tanto a Conta Financeira quanto a Conta-Corrente estão negativas. É a falta de confiança dos investidores combinada com a incapacidade de gerar saldos positivos na balança comercial, provavelmente porque a taxa de câmbio está distorcida e/ou o país encontra-se pouco competitivo em relação ao mercado global. Aqui, as reservas internacionais sangram, e a saída, normalmente, é o FMI.

Agora que vimos exemplos teóricos, vamos ao exemplo prático brasileiro. Comecemos pela evolução das reservas internacionais do Brasil, **Gráfico 34**.

Gráfico 34 – Evolução das reservas internacionais brasileiras

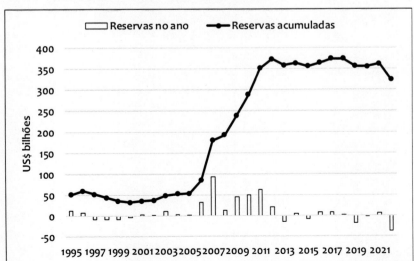

Fonte: Banco Central

Note como, até 2005, as reservas brasileiras oscilavam em torno de US$ 50 bilhões. A partir de 2006 e, principalmente, 2007, temos uma elevação considerável das reservas, tendência que irá continuar até o ano de 2011, alcançando o patamar de mais de US$ 350 bilhões. A partir de então, as reservas permanecem nesse patamar. O que aconteceu? Para entender, acompanhe o **Gráfico 35**.

Gráfico 35 – A construção das reservas internacionais brasileiras

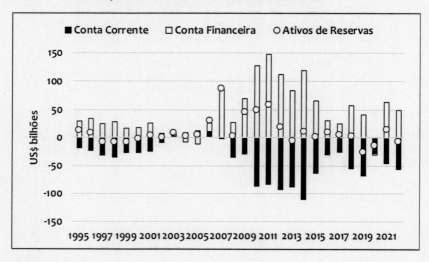

Fonte: Banco Central

Note que o grande "culpado" pelo aumento das reservas internacionais a partir de 2007 foi a Conta Financeira. O seu saldo positivo foi tão elevado que compensou a Conta-Corrente negativa até o ano de 2011. A partir de então, a Conta Financeira tem sido suficiente somente para compensar o rombo da Conta-Corrente, mantendo as reservas internacionais mais ou menos constantes. Vamos entrar nos detalhes da Conta Financeira e da Conta-Corrente para entender o que aconteceu. Primeiro, a Conta Financeira, no **Gráfico 36**.

Gráfico 36 – Conta Financeira do Balanço de Pagamentos

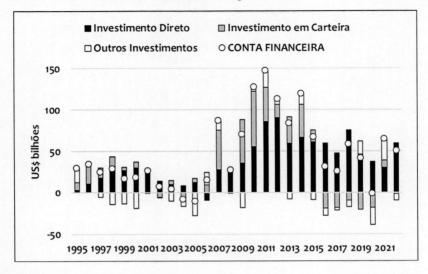

Fonte: Banco Central

Observe como, a partir de 2007, o investimento em carteira (ações e renda fixa) cresce de maneira impressionante e, a partir de 2010, ocorre também o crescimento do investimento direto (investimento em negócios). Desde então, somente em 2020 tivemos fluxo zero na Conta Financeira. Agora vamos ver o que aconteceu com a Conta-Corrente, no **Gráfico 37**.

Gráfico 37 – Conta Corrente do Balanço de Pagamentos

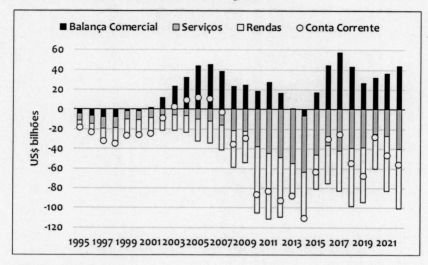

Fonte: Banco Central

Observe como temos dois "vilões" que causam o saldo negativo na Conta-Corrente a partir de 2008: os Serviços (principalmente viagens internacionais) e as Rendas, que são o pagamento de juros e dividendos. Aquela montanha de investimentos na Conta Financeira, tanto em Carteira quanto em Investimento Direto, gerou, pouco tempo depois, o pagamento de dividendos e juros para os investidores estrangeiros. É muito legal receber investimentos estrangeiros, mas o capital quer ser remunerado, e essa remuneração significa saída de recursos em algum momento. É basicamente isso que torna o nosso saldo em Conta-Corrente negativo até hoje. Mas, como em uma bicicleta, esses pagamentos de dividendos e juros estão sendo financiados por novos investimentos.

A salvação é a Balança Comercial. Observe, ainda no **Gráfico 37**, como a Balança Comercial tem apresentado um fluxo positivo de recursos ao longo do tempo, com exceção dos anos de 2013 e 2014, mas está longe de compensar o fluxo negativo devido aos Serviços e ao pagamento de Rendas. No **Gráfico 38**, podemos observar os componentes da Balança Comercial ao longo do tempo.

Uma Conta-Corrente negativa significa que a poupança nacional não é suficiente para financiar o nosso consumo. Precisamos, então, de poupança externa, que vem na forma de déficits em Conta-Corrente. Assim, uma atividade econômica muito aquecida, sem a contrapartida de uma poupança doméstica que a financie, provoca déficits em Conta-Corrente, que precisa de fluxos externos para financiá-la. Uma forma de equacionar esse desbalanceamento, se houver dificuldades para atrair fluxos externos, é aumentar a taxa de juros. Taxas de juros mais altas atuarão em duas frentes: diminuirão o ritmo de crescimento da economia e servirão para atrair fluxos externos de investimento no país.

Gráfico 38 – Balança Comercial brasileira

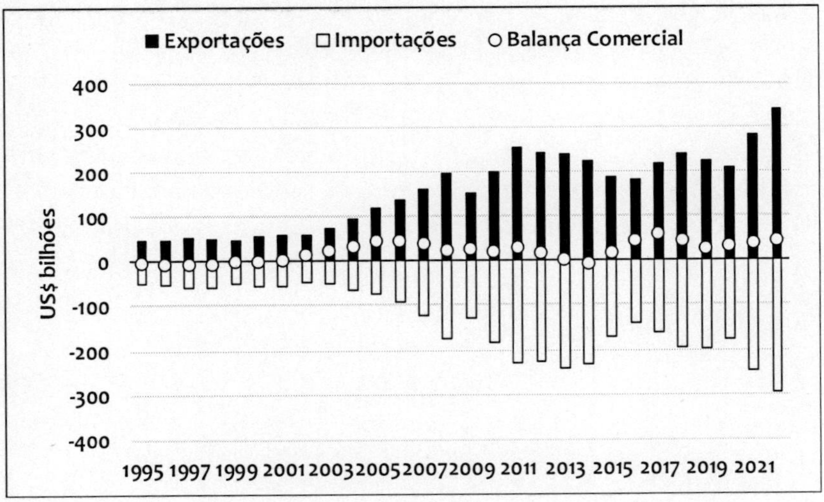

Fonte: Banco Central

Resumindo, a construção de nossas reservas internacionais se deu basicamente pela entrada de investimentos no país, tanto diretos quanto em carteira (renda fixa e ações). Por isso, é imprescindível que o país mantenha suas reservas internacionais, pois qualquer mudança nos ventos poderá causar a saída dos investimentos que entraram, e precisaremos das reservas para "devolver" o dinheiro. Ou seja, as reservas não são realmente nossas, são dos investidores que aqui aportaram. O Banco Central as guarda para quando, e se, os investidores quiserem sair. Claro, há "timings" diferentes: é muito mais fácil se desfazer de ações na bolsa do que de fábricas compradas com recursos do investimento direto. Mas, no final, é só uma questão de tempo para que o dinheiro saia, se há perda de confiança. Seria diferente se as reservas tivessem sido construídas com saldos positivos da Conta-Corrente. Nesse caso, não haveria dinheiro a devolver, as reservas seriam verdadeiramente nossas.

Os fatores que influenciam a taxa de câmbio

Consta que foi o economista Edmar Bacha que cunhou uma expressão antológica para definir a taxa de câmbio: *"o câmbio foi inventado por Deus para humilhar os economistas"*. Sim, não há variável financeira mais difícil de entender e projetar, dado que representa a competitividade relativa de toda uma economia em relação a outras. Nesta seção, longe de querer dar a fórmula mágica para projetar a taxa de câmbio, vamos apenas entender quais os fatores que a influenciam.

Como regra geral, a moeda tem o seu preço relativo a outras definido por oferta e demanda, como qualquer outra mercadoria. Mesmo fundamentos macroeconômicos mais estruturais levam, no fim da linha, a fluxos de recursos entrando ou saindo do país, que definem se a moeda vai se valorizar ou desvalorizar. Para entender esses fluxos, ser-nos-á útil separar os fatores em duas partes, seguindo a estrutura do Balanço de Pagamentos visto anteriormente: fatores ligados à Conta Financeira (diferencial de taxa de juros e risco-país) e fatores ligados à Conta-Corrente (saldo em Conta-Corrente e termos de troca).

1. Diferencial de taxa de juros

Dentre os fatores financeiros, a **taxa de juros** é, de longe, o mais importante. Quanto maior a taxa de juros de um país em relação a outro, mais atrativos serão os seus investimentos, mais recursos serão atraídos e, portanto, mais a sua moeda tende a se valorizar em relação à outra. Claro que essa taxa de juros deve compensar a diferença de inflação esperada entre os dois países. Ou melhor, a diferença de risco inflacionário entre os dois países. Quanto maior for esse risco inflacionário, menos recursos serão atraídos. Como vimos no Capítulo 3, à resultante dessas duas forças damos o nome de **taxa de juros real esperada** (ou ***ex-ante***), a taxa de juros que sobra depois da expectativa de inflação. Note que o que vale não é a inflação em si, mas o risco de inflação. A taxa de juros de um país pode até ser mais alta do que a de outro, mas se não for suficientemente alta para compensar o risco inflacionário maior, não será suficiente para atrair recursos. Quanto maior a taxa de juros real *ex-ante* de um país em relação a outro, maior tende ser o fluxo de recursos para o país com maior taxa de juros, e mais valorizada tende a ser a sua moeda.

Para entender melhor esse processo, vamos considerar dois países fictícios, a Inflaciolândia e a Austerolândia. Na Inflaciolândia, a taxa de juros é de 7% ao ano, enquanto a inflação esperada é de 10% ao ano. Portanto, a taxa de juros real esperada é de -3% ao ano. Já na Austerolândia, a taxa de juros é de 5% ao ano, enquanto a inflação esperada é de 3% ao ano. Portanto, a taxa de juros real esperada é de +2% ao ano.

A moeda da Inflaciolândia é o "inflácio", enquanto a moeda da Austerolândia é o "austero". Para o nosso exercício, vamos considerar que, inicialmente, 1 inflácio vale 1 austero. Vamos assumir que o valor de ambas as moedas varia com a inflação de cada país. Na próxima seção, veremos que, se isso não acontecer, ocorre um desequilíbrio que pode levar a uma crise cambial.

Vamos ver como um cidadão da Inflaciolândia (que vamos chamar de "inflacionês") pode ganhar dinheiro com essa diferença de taxa de juros real entre os países.

1. O inflacionês toma emprestados 100 inflácios em um banco de seu país, pagando uma taxa de juros de 7% ao ano.
2. Com esses 100 inflácios, o inflacionês faz o câmbio no seu Banco Central e compra 100 austeros.
3. O inflacionês usa os 100 austeros para investir a 5% ao ano na Austerolândia.
4. Dali a um ano, 1,10 inflácios valem 1,03 austeros (ambas as moedas se desvalorizaram de acordo com as suas taxas de inflação, 10% na Inflaciolândia e 3% na Austerolândia).
5. O inflacionês pega os 105 austeros resultantes de seu investimento (100 austeros investidos mais 5% de juros) e faz o câmbio no seu Banco Central à taxa de 1,03 austeros para cada 1,10 inflácios. Temos então:

$$105\,austeros \times \frac{1,10\,inflácios}{1,03\,austeros} = 112,15\,inflácios$$

6. Com 112,15 inflácios na mão, o inflacionês paga a dívida de 107 inflácios no banco (100 inflácios + a taxa de juros de 7% ao ano). Sobram, então, 5,15 inflácios, que é o lucro dessa operação. Note que esse lucro (5,15% sobre os 100 inflácios iniciais) é exatamente a diferença entre as taxas de juros reais dos países:

$$\frac{1+0,03}{1+(-0,02)}-1 \cong 0,0515 \cong 5,15\%$$

Portanto, o inflacionês tem todo o incentivo de fazer o câmbio (vender o inflácio e comprar o austero) e remeter o dinheiro para a Austerolândia. Esse fluxo tende a fazer com que o inflácio se desvalorize ainda mais em relação ao austero, mais do que simplesmente a diferença de inflação entre os dois países no período, aumentando ainda mais o lucro da operação. A única forma de estancar a sangria é o governo da Inflaciolândia aumentar a sua própria taxa de juros, de modo a tornar a sua moeda mais atraente. Caso não o faça, é questão de tempo para que a fuga de capitais provoque uma desvalorização da moeda muito acima do que os fundamentos macroeconômicos (diferencial de inflação) explicariam.

Um exemplo real foi o processo que ocorreu na Turquia em 2019. Em 6 de julho daquele ano, o presidente Recep Erdogan demitiu o presidente do Banco Central turco. Segundo Erdogan, as altas taxas de juros praticadas pelo seu banqueiro central eram a verdadeira causa da inflação. Em suas palavras: *"Nós dissemos a ele várias vezes para cortar as taxas de juros em reuniões sobre a economia. Dissemos que, se as taxas de juros caíssem, a inflação cairia. Ele não fez o que seria necessário"*. O novo BC segue as ordens do presidente, e corta as taxas de juros, que estavam em 25%, para 8% no início de 2020, conforme podemos observar no **Gráfico 39**.

Gráfico 39 – Taxa básica de juros da Turquia

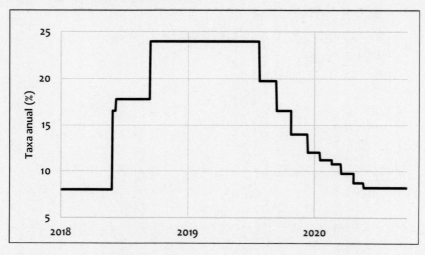

Fonte: Banco Central da Turquia

Com os juros muito mais baixos do que o necessário para conter a inflação, começam as pressões para a desvalorização da moeda. Com o objetivo de conter essas pressões, o BC turco começa a vender reservas, que caem praticamente pela metade (de US$ 80 bi para US$ 40 bi). Seria o equivalente a queimarmos algo como US$ 160 bilhões de nossas reservas para defender o real (**Gráfico 40**).

Gráfico 40 – Reservas internacionais da Turquia

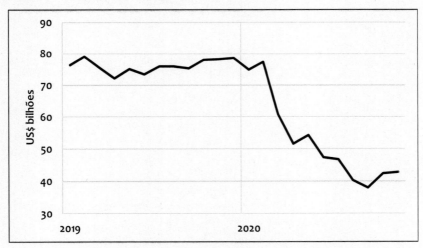

Fonte: Banco Central da Turquia

Como esse tipo de política tem um limite, o limite chegou. No final de 2021, a lira turca se desvalorizou de maneira dramática, saindo de 8 para 16 liras por dólar (**Gráfico 41**). É assim que as crises financeiras acontecem: primeiro, lentamente; depois, de repente. Em determinado momento, imprevisível, todo mundo quer sair ao mesmo tempo, e a porta é sempre estreita.

Gráfico 41 – Lira Turca *vs.* Dólar

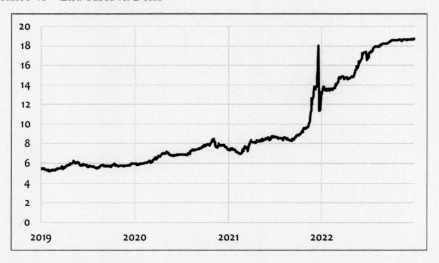

Fonte: Banco Central da Turquia

2. Risco-país

Anteriormente, demonstramos como o diferencial de taxa de juros entre dois países influencia a taxa de câmbio entre suas moedas. No entanto, trata-se de uma análise incompleta. Todo investimento, ao ser analisado, precisa incluir o risco. É nesse ponto que entra o conceito de risco-país.

Risco-país é um termo genérico que denomina tudo o que, de alguma forma, modifica a taxa de retorno exigida pelos investidores ao investir em um determinado país. Instabilidade política, instabilidade econômica e insegurança jurídica são, em geral, os fatores que aumentam o risco-país. Um risco-país mais alto exigirá taxas de juros consistentemente mais altas, razão pela qual, se um aumento da instabilidade política ou econômica não levar a um aumento das taxas de juros, a moeda tende a se desvalorizar. Isso acontece porque o investidor considera o risco relativo entre os países ao analisar o diferencial de taxa de juros.

No exemplo anterior, consideramos como informação certa a inflação projetada para cada país. No entanto, a inflação projetada, obviamente, não é uma informação certa. Existe uma incerteza em torno dessa estimativa. Quanto mais arriscado for um país, mais incerta é essa projeção. Assim, com o aumento do risco-país, essa inflação projetada fica ainda mais incerta e, portanto, maior será a taxa de juros exigida pelo investidor. Se não houver um aumento da taxa de juros proporcional ao aumento do risco-país, o investidor terá a percepção de uma taxa de juros menor, ou insuficiente para o risco do investimento. Essa percepção fará com que também o diferencial esperado de taxa de juros em relação a outros países diminua, mesmo que a taxa de juros nominal do país não tenha sido reduzida. Isso faz com que a moeda desse país se desvalorize. É por esse motivo que um aumento do risco-país normalmente leva a uma desvalorização da moeda.

3. Saldo em Conta Corrente

Como vimos anteriormente, uma Conta-Corrente negativa significa que precisamos de fluxos externos de investimentos para financiar os nossos gastos no exterior. A Conta-Corrente negativa tende a desvalorizar a moeda do país. Isso acontece porque é pela desvalorização que as viagens ao exterior e os artigos importados ficam mais caros, inibindo as viagens e as importações, e fazendo, portanto, com que as contas de Serviços e a Balança Comercial tornem-se menos negativas. A desvalorização da moeda, nesse caso, é uma espécie de autodefesa do organismo econômico, que ataca uma infecção (a Conta-Corrente negativa) com os anticorpos da desvalorização da moeda.

Claro que, se o governo atacar o problema com o aumento das taxas de juros, os fluxos externos atraídos podem prevenir essa desvalorização. Mas note que, tudo o mais constante, a Conta-Corrente negativa tende a levar à desvalorização da moeda.

4. Termos de troca

Termos de troca é a razão entre os preços das mercadorias da pauta de exportações de um país em relação aos preços das mercadorias da pauta de importações desse mesmo país. Aqui tanto faz a quantidade do que se exporta ou importa, o relevante são os preços das exportações e importações. Vamos a um exemplo teórico: digamos que um determinado país exporte bananas e importe carros. As bananas são exportadas por US$ 200 a tonelada, enquanto os carros são importados por US$ 20.000 a tonelada. A razão entre esses dois preços, nesse primeiro momento, é de:

$$\frac{200}{20.000} = 0,01$$

Para facilitar os cálculos, vamos multiplicar esse primeiro resultado por 10.000, para obtermos um número mais fácil de trabalhar: $0,01 \times 10.000 = 100$. Digamos agora que, no mês seguinte, a mesma tonelada de bananas esteja sendo exportada por US\$ 220, enquanto os carros continuam sendo importados por US\$ 20.000. Temos, então, uma nova razão:

$$\frac{220}{20.000} \times 10.000 = 110$$

Portanto, a razão entre os preços de exportação e importação variou de 100 para 110, um aumento de 10%. Dizemos, então, que os termos de troca melhoraram em 10%, ou seja, para as mesmas quantidades exportadas e importadas, o país exportador conseguiu uma renda 10% maior. Seguindo com nosso exemplo, digamos que, no mês seguinte, os preços dos carros tenham aumentado para US\$ 27.500 a tonelada. O novo índice seria o seguinte:

$$\frac{220}{27.500} \times 10.000 = 75$$

Por conta do aumento do preço dos carros em 37,5%, o índice dos termos de troca caiu para 75, ou seja, 25% abaixo do número inicial. Note que, mesmo que ocorra uma diminuição do número de carros importados (o que é esperado), os termos de troca permanecem os mesmos, dado que o que importa para o seu cálculo são apenas os preços.

Os termos de troca influenciam o câmbio de maneira positiva: quanto maior, mais valorizada tende a ser moeda. Isso ocorre porque, se a mesma quantidade de exportação gera mais receita, temos uma entrada maior de moeda estrangeira no país somente pelo efeito do preço das exportações, o que tende a valorizar a moeda. O inverso também é verdadeiro: se as importações ficam mais caras (termos de troca menos favoráveis), é preciso que mais moeda estrangeira saia do país para pagar por essas importações, o que tende a desvalorizar a moeda local (os importadores precisam vender mais moeda local para comprar moeda estrangeira para pagar pelas importações).

No **Gráfico 42**, podemos observar a evolução dos termos de troca do Brasil neste século. Observe como, entre 2005 e 2011, tivemos um aumento expressivo dos termos de troca no Brasil. Isso aconteceu graças ao que chamamos de "superciclo das commodities", ou seja, o aumento brutal dos preços das commodities no mercado internacional, causado pelo grande aumento da demanda por parte da China.

Gráfico 42 – Termos de troca (Brasil)

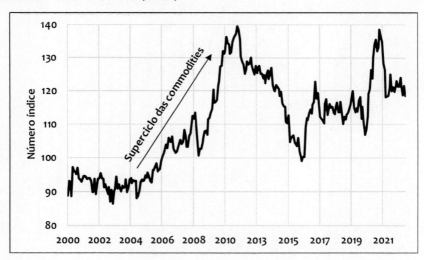

Fonte: Comex Stat

Nesse mesmo período, tivemos uma valorização bastante expressiva do real e de outras moedas de países exportadores de commodities, conforme podemos ver no **Gráfico 43**. Observe como a moeda brasileira se valoriza de maneira relevante justamente no período em que os termos de troca são favoráveis, e se desvaloriza no período em que os termos de troca se tornam menos favoráveis, demonstrando como esse fator é importante para a determinação do nível do câmbio em prazos mais longos.

Gráfico 43 – Real *vs.* Dólar (ajustado pelo diferencial de inflação entre Brasil e EUA)

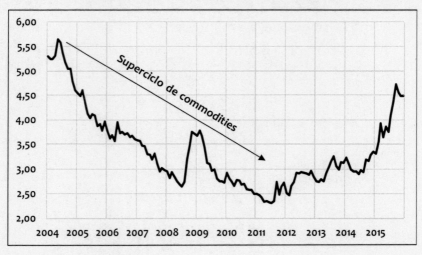

Fonte: Banco Central/BLS

Crises cambiais

Antes de enfrentar o tema das crises cambiais, precisamos definir o conceito de **política cambial**. Entendemos por política cambial a forma como o governo administra a taxa de câmbio do país. Há basicamente dois regimes de câmbio: o livre e o administrado.

No regime de câmbio livre, ou flutuante, como o próprio nome diz, o câmbio é livre para flutuar ao sabor das forças do mercado. Já no regime de câmbio administrado, o governo administra de alguma maneira o nível do câmbio em um determinado patamar, por meio de intervenções diretas no mercado cambial.

Pode haver nuances entre esses dois extremos. O câmbio pode ser flutuante, mas com algumas intervenções pontuais do Banco Central para evitar oscilações muito fortes da taxa de câmbio. Isso é especialmente esperado quando se trata de economias menores, com moedas pouco representativas no mercado cambial global. Ou o câmbio pode ser administrado, mas o seu valor flutuar de acordo com certos parâmetros.

O regime de câmbio flutuante não tem muito segredo. Vimos na seção anterior quais os fatores que determinam o valor do câmbio nesse regime. Já o regime de câmbio administrado é o que reserva as maiores emoções.

Poderia parecer o inverso: afinal, quando o câmbio é flutuante, a taxa de câmbio apresenta maiores variações ao longo do tempo em relação ao câmbio fixo ou administrado. No entanto, o regime de câmbio administrado sempre acumula distorções ao longo do tempo, levando, mais cedo ou mais tarde, a uma ruptura. Esta é que é a emoção.

Existe um ditado que diz que existem dois tipos de motoqueiro: aquele que caiu e aquele que vai cair. Sim, os motoqueiros não gostam muito desse ditado, o que não o torna menos verdadeiro. A lei da gravidade é implacável. Da mesma forma, poderíamos dizer que há dois tipos de regimes cambiais: os flutuantes e os que serão flutuantes. A lei de mercado é implacável.

A taxa de câmbio é uma espécie de resumo da realidade de um país em relação a todos os outros. São muitas as variáveis econômicas que influenciam a taxa de câmbio, e é simplesmente impossível que o governo de um país consiga, por tempo indefinido, controlá-la em um patamar condizente com essa realidade.

Um exemplo esquemático de um desequilíbrio causado por taxas fixas de câmbio

Voltemos aos nossos dois países fictícios, a Inflaciolândia e a Austerolândia. A Inflaciolândia é conhecida mundialmente pelos finos sapatos que fabrica, enquanto a Austerolândia é a maior produtora de calças do mundo. Assim, a Inflaciolândia importa as calças da Austerolândia e, vice-versa, a Austerolândia importa os sapatos da Inflaciolândia.

A moeda da Inflaciolândia é o **inflácio** (símbolo: In$), enquanto a moeda da Austerolândia é o **austero** (símbolo: Au$). O câmbio é fixo em relação a uma terceira moeda, que vamos chamar de **referência** (símbolo: Re$). No início, cada inflácio vale uma referência, assim como cada austero também vale uma referência. Desse modo, temos: In$ 1 = Au$ 1 = Re$ 1. (O perspicaz leitor já percebeu que a referência faz o papel do dólar.) Agora, vamos ver como funcionam as operações de importação e exportação entre esses dois países. Para simplificar o exemplo, vamos assumir que não há margens de lucro nas operações. Acompanhe na **Figura 28**.

Figura 28 – Comércio Exterior e Reservas Internacionais com câmbio fixo e sem inflação

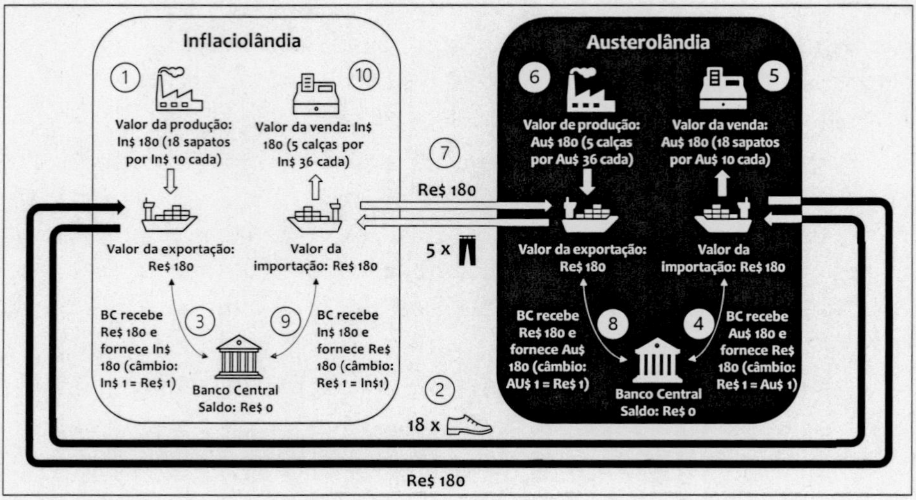

Fonte: elaboração do autor

1. A Inflaciolândia produz 18 sapatos, que vai exportar a In$ 10 cada, em um total de In$ 180.

2. Ao fazer a exportação desses sapatos, o produtor da Inflaciolândia recebe Re$ 180 do importador da Austerolândia (lembre-se que cada In$ 1 vale Re$ 1).

3. O exportador da Inflaciolândia troca esses Re$ 180 por In$ 180 no Banco Central do seu país.

4. Por sua vez, o importador da Austerolândia obtém os Re$ 180 trocando Au$ 180 no Banco Central do seu país, que, então, fornece os Re$ 180 para o importador.

5. Uma vez feita a importação dos sapatos, o importador da Austerolândia vende o produto localmente por Au$ 180 (18 sapatos a Au$ 10 cada).

6. O mesmo ocorre no sentido inverso.

7. A Austerolândia produz 5 calças, que vai exportar a Au$ 36 cada, em um total de Au$ 180.

8. Ao fazer a exportação dessas calças, o produtor da Austerolândia recebe Re$ 180 do importador da Inflaciolândia (lembre-se que cada Au$ 1 vale Re$ 1).

9. O exportador da Austerolândia troca esses Re$ 180 por Au$ 180 no Banco Central do seu país.
10. Por sua vez, o importador da Inflaciolândia obtém os Re$ 180 trocando In$ 180 no Banco Central do seu país, que, então, fornece os Re$ 180 para o importador.
11. Uma vez feita a importação das calças, o importador da Inflaciolândia vende o produto localmente por In$ 180 (5 calças a In$ 36 cada).

Note que os dois bancos centrais começam e terminam com estoque zero de "referências", a moeda do comércio exterior. Tanto um quanto o outro fornecem e recebem o mesmo número de "referências" nas operações de importação e exportação em seus respectivos países.

Agora que já descrevemos, em termos simples, o comércio exterior desses dois países, vamos simular **um choque inflacionário de 20%** na Inflaciolândia, mantendo a paridade fixa entre as moedas. Vamos ver o que acontece, na **Figura 29**.

Figura 29 – Comércio Exterior e Reservas Internacionais com câmbio fixo e com inflação de 20%

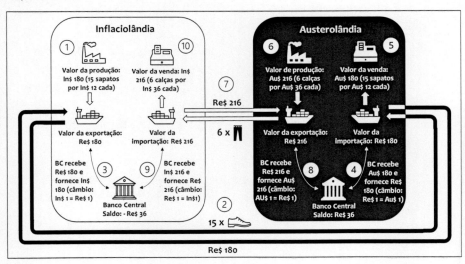

Fonte: elaboração do autor

1. Com a inflação de 20%, o preço unitário de produção do sapato passou de In$ 10 para In$ 12. No entanto, o freguês da indústria

de sapatos é a Austerolândia, que não teve inflação. Assim, a Austerolândia continua só conseguindo comprar Au$ 180 em sapatos. Como o câmbio é fixo, isso corresponde a In$ 180. Esse é o valor que a Inflaciolândia vai conseguir exportar. A um preço unitário de In$ 12, isso corresponde à produção de 15 sapatos, e não mais 18. Temos, então, a redução da atividade econômica na Inflaciolândia.

2. Ao fazer a exportação desses sapatos, o produtor da Inflaciolândia recebe Re$ 180 do importador da Austerolândia (lembre-se que cada In$ 1 continua valendo Re$ 1).

3. O exportador da Inflaciolândia troca esses Re$ 180 por In$ 180 no Banco Central do seu país (aqui continua a mesma coisa).

4. Por sua vez, o importador da Austerolândia obtém os Re$ 180 trocando Au$ 180 no Banco Central do seu país, que, então, fornece os Re$ 180 para o importador (também aqui continua a mesma coisa).

5. Uma vez feita a importação dos sapatos, o importador da Austerolândia vende o produto localmente por Au$ 180 (15 sapatos a Au$ 12 cada). Note que os sapatos ficaram mais caros na Austerolândia. Como não houve inflação generalizada na Austerolândia, a população não consegue mais comprar os 18 sapatos anteriores, mas somente 15 agora.

6. Agora, no sentido inverso:

7. A Austerolândia produz 6 calças, que vai exportar a Au$ 36 cada, em um total de Au$ 216. Por que 6 calças e não mais 5, como no exemplo anterior? Porque, com a inflação de 20% e o câmbio fixo, o poder de compra dos habitantes da Inflaciolândia ficou maior do que o da Austerolândia. A renda subiu nominalmente 20% na Inflaciolândia, o que corresponde a 20% a mais em "austeros" e em "referências", as duas moedas que não sofreram inflação. Assim, se antes os inflacioneses conseguiam comprar In$ 180 em mercadorias, agora conseguem comprar In$ 216 (20% a mais), o que, com o câmbio fixo, corresponde a Au$ 216. Então, a Austerolândia pode fabricar 6 calças ao preço unitário de Au$ 36.

8. Ao fazer a exportação dessas calças, o produtor da Austerolândia recebe Re$ 216 do importador da Inflaciolândia (lembre-se que cada Au$ 1 continua valendo Re$ 1).

9. O exportador da Austerolândia troca esses Re$ 216 por Au$ 216 no Banco Central do seu país.

10. Por sua vez, o importador da Inflaciolândia obtém os Re$ 216 trocando In$ 216 no Banco Central do seu país, que, então, fornece os Re$ 216 para o importador.

11. Uma vez feita a importação das calças, o importador da Inflaciolândia vende o produto localmente por In$ 216 (6 calças a In$ 36 cada). Note que o exportador na Austerolândia poderia simplesmente ter aumentado o preço de cada calça para Au$ 43,20 (20% de aumento) e continuado a fornecer 5 calças. O resultado, para fins desse exercício, seria o mesmo.

Agora, o momento mais importante desse exercício, preste atenção: nesse segundo exemplo, o Banco Central da Austerolândia termina com um **saldo positivo de Re$ 36**, ao passo que o Banco Central da Inflaciolândia termina com um **saldo negativo de -Re$ 36**. Isso aconteceu porque o BC da Austerolândia vendeu Re$ 180 no passo 4 e comprou Re$ 216 no passo 8. O BC da Inflaciolândia, por sua vez, comprou Re$ 180 no passo 3 e vendeu Re$ 216 no passo 9. Ou seja, na presença de inflação, o câmbio fixo provocou um desequilíbrio nas reservas internacionais dos dois bancos centrais: no país em que houve inflação, houve consumo de reservas, ao passo que no país onde não houve inflação, houve acúmulo de reservas. Esse é o núcleo do problema do câmbio fixo: sempre que há diferenças nas dinâmicas inflacionárias entre os países que compartilham de um mesmo câmbio, mais cedo ou mais tarde o sistema de câmbio fixo desmorona, pois um país tem reservas limitadas para mantê-lo.

Os tais "ataques especulativos" contra moedas nada mais são do que os agentes econômicos percebendo que há uma incompatibilidade estrutural entre o câmbio e a dinâmica das economias, o que os faz procurar proteger as suas próprias reservas ou especular com vistas a lucrar com essas distorções. Essa é, em resumo, a história de todas as crises cambiais.

O que aconteceria, em nosso exemplo, se o câmbio do inflácio fosse ajustado em 20%, alinhado à inflação? Nesse caso, cada Au$ 1 equivaleria a In$ 1,20. A dinâmica do comércio exterior ficaria, então, conforme a **Figura 30**.

Figura 30 – Comércio Exterior e Reservas Internacionais com câmbio flutuante e inflação de 20%

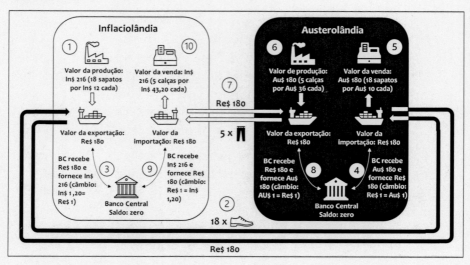

Fonte: elaboração do autor

1. A Inflaciolândia volta a produzir 18 sapatos. Como cada um custa In$ 12, a soma totaliza In$ 216. Veremos que a Austerolândia poderá, agora, comprar esses 18 sapatos, pois o novo câmbio permitirá gastar somente os Au$ 180 que vinha gastando até então.
2. Ao fazer a exportação desses sapatos, agora o produtor da Inflaciolândia recebe Re$ 180 do importador da Austerolândia. Lembre-se que cada Re$ 1 vale In$ 1,20. Portanto, In$ 216 equivale a Re$ 180.
3. O exportador da Inflaciolândia troca esses Re$ 180 por In$ 216 no Banco Central do seu país.
4. O importador da Austerolândia, por sua vez, obtém os Re$ 180 trocando Au$ 180 no Banco Central do seu país, que, então, fornece os Re$ 180 para o importador (aqui continua a mesma coisa, pois o câmbio do Au$ para o Re$ continua em 1 para 1).
5. Uma vez feita a importação dos sapatos, o importador da Austerolândia vende o produto localmente por Au$ 180 (18 sapatos a Au$ 10 cada).

Agora, no outro sentido:

6. A Austerolândia volta a produzir somente 5 calças, a Au$ 36 cada, totalizando Au$ 180.

7. Ao fazer a exportação dessas calças, o produtor da Austerolândia recebe Re$ 180 do importador da Inflaciolândia (lembre-se que cada Au$ 1 continua valendo Re$ 1).

8. O exportador da Austerolândia troca esses Re$ 180 por Au$ 180 no Banco Central do seu país.

9. O importador da Inflaciolândia, por sua vez, obtém os Re$ 180 trocando In$ 216 no Banco Central do seu país, que, então, fornece os Re$ 180 para o importador.

10. Uma vez feita a importação das calças, o importador da Inflaciolândia vende o produto localmente por In$ 216 (5 calças a In$ 43,20 cada — 20% acima dos In$ 36 anteriores). É nesse ponto que há uma resistência, por parte dos governos, de permitirem uma desvalorização de suas moedas. Com a moeda sobrevalorizada, ao menos os artigos importados não sobem de preço, ajudando no combate à inflação. Ao desvalorizar a moeda, os preços dos produtos importados sobem, alimentando ainda mais a inflação.

Note como, com a desvalorização do "inflácio" em 20%, os dois bancos centrais voltaram a ter saldo zero em "referências", pois cada um deles comprou e vendeu Re$ 180. O câmbio flutuante tem esse dom, de corrigir as distorções relativas entre as diversas economias.

Chamei de "Austerolândia" o país sem inflação porque, em geral, a inflação é provocada por excesso de gastos do governo. O "remédio" para problemas de balanço de pagamentos passa invariavelmente por colocar a casa em ordem, ou seja, fazer ajuste fiscal e/ou outros ajustes que tenham como objetivo aumentar a produtividade da economia e, dessa forma, compensar o aumento dos preços domésticos. Ou deixar o câmbio flutuar, que normalmente é a medida adotada, pois ajustes são, via de regra, politicamente muito difíceis de implementar.

Além do aumento da inflação na Inflaciolândia, outro choque possível é o aumento das taxas de juros na Austerolândia, o que torna o "austero" mais atrativo, valorizando-o em relação ao "inflácio". Nesse caso, ou a Inflaciolândia também eleva as taxas de juros (o que pode ser impopular), ou enfrentará os mesmos problemas vistos anteriormente.

Veremos, a seguir, cinco casos de crises cambiais. Em quatro deles, o câmbio flutuou. No quinto, optou-se pelo ajuste, pois a flutuação implicava custos políticos ainda mais dolorosos.

O padrão-ouro e o fim do acordo de Bretton Woods[11]

Como vimos logo no Capítulo 1, no início era o padrão-ouro. A quantidade de ouro detida pelos governos era a garantia do valor de suas moedas. Como era de se esperar, esse tipo de arranjo acumulava distorções ao longo do tempo, pois a moeda de um país tem o seu valor lastreado na eficiência da produção desse país, o que guarda pouca relação com o ouro nos cofres do governo. Por isso, ao longo da história, esse esquema cambial foi abandonado e retomado várias vezes pelos diversos países.

O padrão-ouro foi reafirmado pela última vez após a 2ª Guerra Mundial, em conjunto com uma série de reformas do sistema financeiro global, estabelecidas pelos países aliados, os chamados **acordos de Bretton Woods** (uma cidadezinha no estado de New Hampshire, nos Estados Unidos). Esses acordos determinavam, entre outras coisas, que todos os países signatários precisavam manter paridade fixa de suas moedas em relação ao ouro ou ao dólar, e este teria um preço fixo de US$ 35,00 por onça de ouro. As instituições criadas em Bretton Woods, principalmente o Fundo Monetário Internacional, visavam principalmente construir as condições para manter essa paridade, pois havia um consenso de que a incapacidade de coordenar as taxas de câmbio havia exacerbado os problemas econômicos entreguerras, sendo uma das causas para a eclosão da 2ª Guerra Mundial. No **Gráfico 44**, podemos observar o comportamento do preço do ouro em dólares desde 1915, quando a paridade era de 20 dólares para cada onça de ouro.

---

[11] Várias informações desta seção foram retiradas do jornal O Estado de São Paulo, edições de 19/11/1967, 15/3/1968, 10/5/1969, 9/8/1969, 6/5/1971 e 17/8/1971.

Gráfico 44 – Preço do ouro em dólares

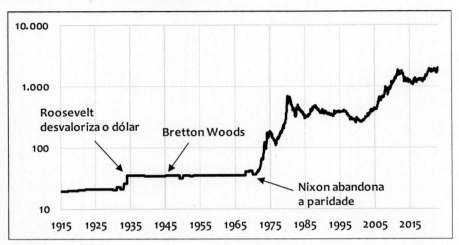

Fonte: Macrotrends

Em 1933, o então presidente dos EUA, Franklin Roosevelt, decidiu desvalorizar o dólar para o nível de 35 dólares por onça de ouro, o mesmo valor reafirmado em Bretton Woods. Essa decisão de Roosevelt veio em conjunto com outras medidas de estímulo à economia americana, chamado de New Deal. A desvalorização do câmbio é sempre uma das medidas para o estímulo da economia. Em nosso exemplo na seção anterior, observe como, após a desvalorização do "inflácio", o país voltou a produzir 18 sapatos ao invés de 15.

O arranjo de Bretton Woods durou 27 anos, até que, em 1971, o então presidente dos Estados Unidos, Richard Nixon, determinou o abandono "temporário" (que dura até hoje) do padrão-ouro, no que foi seguido, por falta de opção, por todos os outros países. É interessante observar o trecho do discurso de Nixon no dia 15/8/1971, um domingo, em que anunciou o fim do padrão-ouro nos Estados Unidos, entre outras medidas, incluindo o congelamento de preços (!):

"Em semanas recentes, os especuladores vêm lutando uma guerra sem quartel contra o dólar. A força de uma moeda se baseia na força da economia do país, e a economia dos Estados Unidos é, de longe, a mais forte do mundo. Por isso, instruí o secretário do Tesouro a tomar as ações necessárias para defender o dólar contra os especuladores. Instruí-lhe que suspenda temporariamente a convertibilidade do dólar contra o ouro e outros ativos de reserva, com exceção de montantes e condições

que nos deem estabilidade monetária e no melhor interesse dos Estados Unidos. O efeito desse ato será estabilizar o dólar. Essa ação nos trará inimigos entre os operadores do mercado financeiro, porém nossa preocupação principal é com os trabalhadores americanos e uma competição mais justa ao redor do mundo. Aos nossos amigos no exterior, incluindo os muitos membros responsáveis da comunidade bancária, que se dedicam à estabilidade e ao fluxo de comércio, lhes dou essa garantia: os Estados Unidos sempre foram e continuarão sendo um parceiro comercial confiável".

Se não soubéssemos que se trata de um discurso do presidente dos Estados Unidos, poderíamos pensar que estamos diante dos impropérios do mandatário de qualquer república de bananas contra os "especuladores internacionais". A história real é bem outra: com o excesso de gastos causado pela guerra no Vietnã, a inflação americana encontrava-se em níveis acima do que a paridade com o ouro poderia suportar. Isso fazia com que as exportações americanas perdessem competitividade no mercado internacional, abrindo um rombo no seu balanço de pagamentos e provocando o sangramento de suas reservas de ouro. A solução foi abandonar o padrão--ouro e deixar o dólar se desvalorizar.

Os Estados Unidos haviam deparado com o problema que todo país, mais cedo ou mais tarde, enfrenta quando fixa uma taxa de câmbio para a sua moeda: as distorções causadas por uma taxa de câmbio fora do lugar haviam se acumulado de tal forma que já não era possível manter a paridade prometida. E isso vale, inclusive, para o país que detém a moeda de referência no mercado cambial global.

O abandono do padrão-ouro pelos Estados Unidos foi apenas o ato final de um longo processo. Em novembro de 1967, o Reino Unido havia feito um movimento semelhante, desvalorizando a libra esterlina de 2,80 para 2,40 dólares (quase 15%). Não se tratava, ainda, do abandono do sistema de câmbio fixo, uma vez que houve a fixação de um novo nível. Mas era o início do processo que levaria ao abandono.

Em agosto de 1969, foi a vez da França desvalorizar o franco, de 5,00 para 5,62 francos por dólar (12,5% de desvalorização). A escolha desses novos níveis para as moedas era arbitrária. Por que não uma desvalorização de 10% ou de 20%? O que levava os governos à escolha de um determinado nível e não de outro? Essa arbitrariedade para o nível das taxas de câmbio era a receita para a continuidade das distorções ao longo do tempo.

A discussão em relação ao marco alemão era a inversa. A economia da Alemanha Ocidental era uma das mais eficientes do mundo na década de 1960, e a taxa fixa de câmbio favorecia o seu balanço de pagamentos, gerando excedentes em dólares. Discutia-se, então, se a Alemanha Ocidental deveria **valorizar** a sua moeda, para ajustar-se ao restante dos países com quem mantinha o câmbio fixo.

A saída dos Estados Unidos do acordo de Bretton Woods e o fim da paridade dólar-ouro foi, provavelmente, o mais espetacular caso de crise cambial da história, que terminou em flutuação da moeda. Mas longe de ter sido o único. A sua lição não foi aprendida, como veremos a seguir.

O dia em que George Soros quebrou o Banco da Inglaterra[12]

Vimos esse caso rapidamente no Capítulo 4. Vamos detalhá-lo aqui, com enfoque no problema cambial do Reino Unido. Para tanto, precisamos voltar ao ano de 1979, quando o *European Exchange Rate Mechanism* (ERM) foi criado, na esteira do fim do padrão-ouro.

O ERM era um mecanismo que buscava estabilizar as taxas de câmbio dos membros da Comunidade Europeia, com vistas a uma futura união monetária. Em princípio, as moedas dos países que faziam parte do mecanismo podiam oscilar em uma faixa de 2,25% para cima ou para baixo umas em relação às outras. Foi a semente que deu origem, 20 anos depois, ao euro. Mas, como ocorre com toda fixação de taxas de câmbio, o arranjo do ERM mostrou-se instável, diante dos diferentes estágios de estabilidade fiscal e monetária dos países que faziam parte do mecanismo. No **Gráfico 45**, podemos observar o valor do franco francês e da lira italiana em relação ao marco alemão, desde o estabelecimento do ERM até a véspera da adoção do euro.

Observe como, tão cedo quanto 1983, apenas quatro anos depois da adoção do ERM, tanto o franco quanto a lira já valiam 20% menos do que o marco. Às vésperas da adoção do euro, o franco e a lira valiam cerca de 25% e 55% menos que o marco, respectivamente, em relação ao nível de 1979. Isso significa que um turista alemão na França, que gastava 100 marcos para visitar o Louvre em 1979, precisava somente de 75 marcos para fazer a mesma visita em 1998. O mesmo turista, que

---

[12] Fonte: Who Broke The Bank of England – Niall Ferguson, Jonathan Schlefer – Harvard Business School – 2017 (9-709-026).

gastava 100 marcos para visitar o Coliseu de Roma em 1979, precisava gastar somente 45 marcos em 1998 para fazer o mesmo passeio. Já os turistas franceses e italianos na Alemanha sentiam o inverso: tudo ficou mais caro nesse período.

Gráfico 45 – Performance relativa das principais moedas europeias contra o marco alemão durante a vigência do ERM

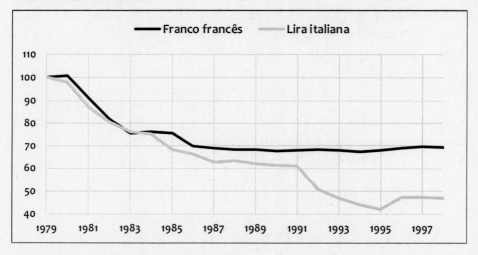

Fonte: FMI (começando em 100 em 1979)

Na prática, o bumbo do ERM era tocado pela Alemanha Ocidental, que apresentava uma combinação irresistível de maior economia do continente com um governo austero e um Banco Central independente, pouco sujeito a pressões políticas. Era, portanto, o país mais produtivo economicamente, com uma inflação controlada e contas públicas em ordem. O problema estava em garantir que os outros países da Comunidade conseguissem acompanhar o ritmo da Alemanha Ocidental. Baixar a taxa de juros ou gastar mais para impulsionar o crescimento econômico, por exemplo, significava potencialmente enfraquecer a moeda, como vimos anteriormente, na seção sobre os fatores que influenciam a taxa de câmbio. Mas isso, em tese, não era possível dentro do ERM, que previa taxas fixas de câmbio. Portanto, a única saída para os outros países era ganhar produtividade para crescer, uma missão sempre difícil. Por isso, o ERM previa alguma flexibilidade adicional, caso fosse necessário desvalorizar a moeda de algum de seus participantes.

Inicialmente, o ERM era formado por Alemanha, França, Itália, Holanda, Bélgica e Luxemburgo. Foi somente 11 anos depois de estabelecido, em 1990, que Dinamarca, Irlanda e Reino Unido aderiram ao mecanismo. A adesão do Reino Unido ocorreu no fim do governo de Margareth Thatcher, que sempre foi refratária a qualquer mecanismo de administração de moedas, pois isso representaria um artificialismo contra as forças do mercado. Além disso, a então primeira-ministra traduzia o sentimento generalizado de aversão, no país, a uma eventual subordinação da política monetária ao Banco Central alemão. No entanto, em um momento em que se encontrava pressionada no comando do Partido Conservador, Thatcher decidiu fazer uma concessão à ala pró-Europa de seu partido, e aceitou a adesão do Reino Unido ao ERM. Além disso, o Banco da Inglaterra, que vinha enfrentando dificuldades cada vez maiores para controlar a inflação, via no ERM uma forma de disciplinar o restante do governo e facilitar a sua missão, o que também foi um fator importante para a decisão.

O caldo começou a entornar quando os efeitos econômicos da unificação alemã começaram a se fazer sentir. Como sabemos, o muro de Berlim caiu em novembro de 1989 e, a partir de então, a Alemanha Ocidental passou a se dedicar a integrar a antiga Alemanha Oriental à sua economia. Para isso, incorreu em uma avalanche de gastos públicos, de modo a nivelar os dois lados. O governo alemão, que vinha rodando com um superávit em suas contas, passou a gerar déficits a partir de 1990. O resultado disso foi o aumento das pressões inflacionárias. O Banco Central alemão, em linha com sua missão, não hesitou em aumentar as taxas de juros, que saíram de um patamar de 2,5% ao ano logo antes da unificação para 8,75% em agosto de 1992.

Esse brutal aumento das taxas de juros começou a provocar um fluxo de capitais das outras economias da região para a Alemanha. O fenômeno é simples de entender: se você pode converter livremente suas libras, francos ou liras em marcos alemães a uma taxa fixa de câmbio, por que manteria seu dinheiro nessas moedas recebendo taxas de juros mais baixas, quando pode simplesmente comprar marcos e aplicar seu dinheiro a quase 9% ao ano em um país conhecido pela sua estabilidade?

Uma solução seria os bancos centrais da França, Itália e Reino Unido também subirem suas taxas de juros, de modo a compensar essa diferença. No entanto, os bancos centrais desses países não estavam em condições de subirem suas taxas de juros. No caso específico do Reino Unido, a economia havia crescido apenas 0,8% em 1990 e encolheu 1,4% em 1991, ao passo que a Alemanha cresceu 6% e 4,8% nesses dois anos. A fuga de capitais para a Alemanha permaneceria se dependesse do Banco Central inglês.

O que aconteceria se não fosse o ERM? As moedas de França, Itália e Reino Unido se depreciariam em relação ao marco alemão, tornando seus produtos e serviços mais baratos para os alemães, que passariam a comprar mais daqueles países, o que resultaria em fluxo de capitais na direção inversa. Mas isso não era possível dentro do compromisso do ERM. Uma outra solução respeitando o ERM seria esses países adotarem medidas drásticas para baixar a inflação, de modo que seus produtos ficassem mais baratos e, assim, tornassem-se mais atraentes para os compradores alemães. Contudo, além de ser uma medida politicamente intragável, exigia tempo, o que esses países não tinham, dada a velocidade dos fluxos de capitais financeiros.

Dadas essas condições macroeconômicas, foi somente uma questão de tempo para que os especuladores começassem a apostar contra as três moedas. Para tanto, vendiam francos, libras e liras para comprar marcos, da mesma forma que um turista desses três países o faria se fosse visitar a Alemanha. Só que o tamanho dessas transações montava a vários bilhões de dólares. George Soros ficou famoso por ser o maior desses especuladores, juntando nada menos do que o equivalente a 10 bilhões de dólares em apostas contra a libra esterlina. Finalmente, no dia 16/9/1992, após várias tentativas dos bancos centrais do Reino Unido e da Itália de defenderem suas moedas por meio da venda de reservas e aumento das taxas de juros, ambos os países decidiram abandonar o ERM, no que ficou conhecido como a "quarta-feira negra". O resultado foi a brutal desvalorização de ambas as moedas em relação ao marco, como podemos ver no **Gráfico 46**.

Gráfico 46 – Performance relativa das principais moedas europeias contra o marco alemão desde o ingresso do Reino Unido no ERM

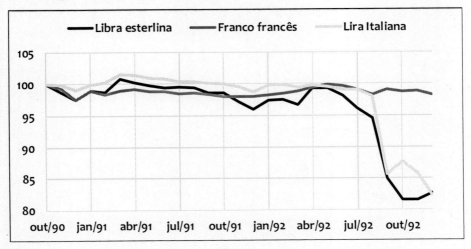

Fonte: FMI (começando em 100 em out/1990)

Por que o franco francês não seguiu o mesmo destino das outras duas moedas? Em primeiro lugar, sua situação econômica não era tão desequilibrada como a do Reino Unido e da Itália. Depois, houve uma decisão política forte da própria Alemanha, que decidiu defender o franco, pois os alemães sabiam que não existiria união monetária sem a presença da França.

A Itália voltou ao ERM em 1998, fazendo parte da união monetária que se iniciaria em 1999 com a adoção do euro. O Reino Unido ficou fora, e permanece fora até hoje. Com isso, preservou sua capacidade de fazer uma política monetária independente e não subordinada ao Banco Central Europeu (leia-se Alemanha), coisa que os outros países da chamada Zona do Euro não têm. Essa independência provê maior flexibilidade em crises, permitindo reduzir as taxas de juros e depreciar a própria moeda para manter a atividade econômica. Claro que essa liberdade deve ser acompanhada de responsabilidade. Se esta é escassa, vincular-se ao destino econômico da Alemanha pode ser mais vantajoso no longo prazo. Mas as dores do ajuste de curto prazo podem ser lancinantes. É o que veremos, a seguir, no caso da Grécia.

A Grécia e o euro[13]

O euro nasceu na cidade holandesa de Maastricht. Nesse local, em fevereiro de 1992, foi assinado o acordo que determinava as condições mínimas[14] para que um país fizesse parte do acordo monetário:

- Inflação não maior do que 1,5 ponto percentual acima da média dos três países da União Europeia com as menores taxas de inflação.
- Taxas de juros de longo prazo não maiores do que 2 pontos percentuais acima da média dos três países da União Europeia com as menores taxas de juros.
- Déficit das contas públicas menor do que 3% do PIB.
- Dívida pública menor do que 60% do PIB.
- Manutenção da taxa cambial fixa dentro do mecanismo de ERM visto na seção anterior.

Todas essas exigências tinham como objetivo fazer com que os países da futura Zona do Euro tivessem condições macroeconômicas mais ou menos homogêneas, de modo a não causar distorções que pudessem colocar em risco a existência da própria moeda. Como vimos nas duas seções anteriores, manter a paridade cambial entre países muito diferentes entre si é muito difícil. Uma moeda comum a uma região nada mais é do que a oficialização dessa paridade cambial, agora debaixo de uma única moeda. Isso significa que qualquer distorção deverá ser resolvida por outros meios que não a desvalorização da taxa de câmbio. O euro significava abrir mão dessa válvula de escape.

O problema de se ter uma união monetária sem contar com uma união política é como lidar com as diferenças entre os países, que sempre existirão. Em países como Estados Unidos ou Brasil, todos os estados têm a mesma moeda, mas também compartilham o mesmo governo central. Isso significa que uma dívida de um estado será, de uma forma ou de outra, honrada por todos os outros estados, representados pelo governo central. E, o que é mais importante, o governo central tem o poder de impor condições que os estados devem obedecer. Um poder político centralizado

---

[13] Várias informações desta seção foram retiradas de Council of Foreign Relations – Greece's Debt Crisis Timeline (https://www.cfr.org/timeline/greeces-debt-crisis-timeline).

[14] Who Broke The Bank of England – Niall Ferguson, Jonathan Schlefer – Harvard Business School – 2017 (9-709-026).

acaba, de alguma maneira, homogeneizando as condições econômicas dos estados. Isso não significa que todos os estados dos Estados Unidos ou do Brasil sejam iguais. Há estados mais ricos e mais pobres, mas há políticas federais de homogeneização. E, o mais importante, não há a possibilidade de que um estado seja expulso da União por não cumprir certos critérios macroeconômicos.

O euro é uma experiência diferente: uma união monetária sem uma união política, ou com uma união política muito tênue. A esperança era de que as vantagens de uma união monetária debaixo da credibilidade da Alemanha poderiam levar os países a fazer os sacrifícios necessários para manter esse status, sem necessariamente precisar de uma união política para tanto. Não contavam com a astúcia da Grécia.

A Grécia entrou para a união monetária no ano 2000. Para qualquer país entrar na Zona do Euro, era necessário cumprir as condições do tratado de Maastricht. Como a Grécia conseguiu, tendo um histórico nada honroso de desarranjo de suas contas? Michael Lewis, em seu livro *Boomerang*[15], nos conta em rápidas pinceladas:

"Para reduzir o déficit público, o governo grego moveu toda sorte de despesas (pensões, gastos com defesa) para fora da contabilidade oficial. Para reduzir a inflação, o governo congelou as tarifas de eletricidade, água e outros bens fornecidos pelo governo, cortou impostos da gasolina, bebidas alcoólicas e tabaco, além de manipular o índice de inflação retirando itens mais caros e colocando outros mais baratos. [...] Um analista da Salomon Brothers chamou a atenção para o fato de que a soma de todos os déficits gregos dos últimos 15 anos somava o dobro da dívida do governo". Além disso, a Goldman Sachs ajudou a Grécia a esconder parte de sua dívida por meio de operações complexas de *swap* de dívida.

Isso foi para entrar. Para manter os números em ordem, o governo grego antecipou vários anos de receitas dos mais diversos tipos por meio de operações financeiras. Além disso, contava com os fluxos financeiros abundantes dessa época, nos quais vários países emergentes (incluindo o Brasil) surfaram. A Grécia, convém não esquecer, pertencia à Zona do Euro e, portanto, acreditava-se que contava com o apoio da Alemanha em qualquer dificuldade.

No entanto, já em 2005, após os enormes gastos com as Olimpíadas de 2004, a Grécia foi colocada sob monitoramento por parte da Comissão

---

[15] Boomerang – Michael Lewis – W. W. Norton & Company – 2011 – 1ª edição.

Europeia, órgão de controle da união monetária. Por fim, a eclosão da Grande Crise Financeira de 2008 secou o dinheiro fácil nos mercados financeiros, fazendo com que a Grécia ficasse inadimplente com suas obrigações. Um novo governo tomou posse em outubro de 2009 e, tomando conhecimento do estado das contas públicas, decidiu tornar pública a situação: o déficit público não era de 6% do PIB como se achava, mas de 12% (conta que depois foi revisada para 15,4%).

A Grécia tinha duas alternativas à sua frente.

A primeira era abandonar o euro e voltar ao dracma. Essa é a solução clássica dos países quando se veem às voltas com uma moeda supervalorizada. O euro refletia o estado da economia da Alemanha, não o da Grécia. A desvalorização da moeda (e consequente inflação) e o aumento das taxas de juros é o pacote clássico para resolver os problemas de desequilíbrio do balanço de pagamentos. O dracma, uma vez desvalorizado em relação ao euro, ajudaria o país a obter euros (e outras moedas fortes) por meio de seu comércio exterior e, principalmente, turismo. Obviamente, todas as suas dívidas denominadas em euros ficariam impossíveis de serem pagas, o que levaria a um gigantesco calote.

A segunda alternativa era manter-se dentro da Zona do Euro e fazer ajustes brutais nas contas públicas. E que ajustes! Os salários dos funcionários públicos haviam dobrado em termos reais nos 12 anos anteriores. O sistema público de ensino empregava quatro vezes mais professores por aluno do que a Finlândia, com resultados muito piores. As ferrovias públicas tinham 100 milhões de euros de faturamento contra 700 milhões de custos (sendo 400 milhões em salários). Cerca de 600 profissões eram classificadas como "árduas", o que permitia aos profissionais se aposentarem com 55 anos (homens) e 50 anos (mulheres). E assim por diante.

Como sabemos, a Grécia optou pela segunda alternativa. Talvez tenha sido, até hoje, o único caso em que um país optou por não desvalorizar a sua moeda como saída para seus desajustes macroeconômicos. Isso demonstra a força do euro, mesmo não havendo união política entre os países. O fato de poder contar com todos os benefícios de uma moeda forte (principalmente taxas de juros mais baixas) compensa o sacrifício. Pelo menos, foi isso o que pensaram os dirigentes gregos, que aprovaram vários programas duros de cortes de gastos, e que levaram a Grécia a uma sucessão horrorosa de recessões, como podemos ver no **Gráfico 47**.

Gráfico 47 – Crescimento do PIB na Grécia e na Zona do Euro

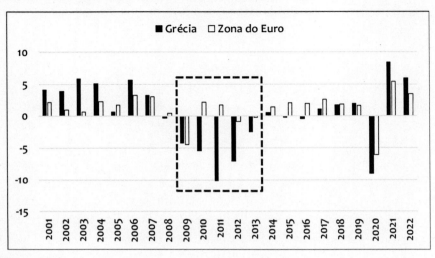

Fonte: FMI

Entre 2010 e 2017 a Grécia cresceu muito menos do que a média da Zona do Euro, sendo que houve recessão de 2009 a 2013. Nesses cinco anos, a economia da Grécia encolheu nada menos do que 26%, queda equivalente à grande depressão nos EUA no início da década de 1930. Tudo isso para manter o euro como a sua moeda.

A insustentável leveza do real

Como sabemos, o Plano Real permitiu controlar um processo hiperinflacionário que nos castigou durante anos. Em termos de política cambial, o real nasceu livre. Seu valor inicial, no dia 1/7/1994, era de um dólar. Apesar de o câmbio ser livre, essa determinação inicial de um real por um dólar deveria ter um aspecto psicológico: afinal, nada melhor para imprimir na mente da população e dos agentes econômicos a ideia de paridade, apesar de não existir o compromisso de mantê-la.

Como o valor de um real para cada dólar era mais ou menos arbitrário, estimado com base em uma inflação de difícil cálculo (lembre-se, estávamos vivendo em pleno processo hiperinflacionário), uma vez iniciadas as negociações com a nova moeda no mercado, a taxa de câmbio do real acomodou-se em outro patamar. Para surpresa de muitos, esse novo patamar era mais valorizado do que a paridade inicial. Em seu melhor momento, entre setembro de 1994 e fevereiro de 1995, eram necessários apenas R$ 0,85 para comprar um dólar. Portanto, uma valorização de 15% em relação ao nível inicial.

Então, em março de 1995, veio a crise do México. Não vamos aqui entrar nos detalhes dessa crise, mas seria a primeira de muitas que forçariam a desvalorização das moedas de países emergentes nos anos seguintes. O México foi o primeiro dominó a cair, e seria seguido pelos chamados Tigres Asiáticos, Rússia, Brasil (que é o caso que vamos descrever aqui) e, finalmente, Argentina, que veremos na próxima seção.

Temendo uma desvalorização desordenada do real, o que poderia comprometer a nova moeda em seu nascedouro, o governo brasileiro decidiu adotar "provisoriamente" um esquema de administração da taxa de câmbio. Não seria um câmbio fixo, as nossas autoridades sabiamente estabeleceram um esquema em que o real seria desvalorizado paulatinamente, para que pudesse absorver as diferenças de inflação e produtividade ao longo do tempo entre as economias brasileira e global. É o que podemos observar no **Gráfico 48**.

Gráfico 48 – Taxa de câmbio real *vs.* dólar durante o período de câmbio administrado

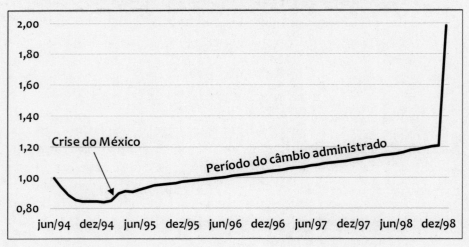

Fonte: Banco Central

Note a linha praticamente reta entre março de 1995 e dezembro de 1998. Nesse período, o real se desvalorizou cerca de 35% em relação ao dólar, ou aproximadamente 8,3% ao ano. Considerando que, nesse período, a inflação no Brasil foi de 37,5%, enquanto nos EUA foi de 8%, a desvalorização do câmbio brasileiro parecia ok. Pelo menos, deve ter sido isso o que pensaram as autoridades brasileiras.

O fato, no entanto, é que uma saída brutal de capitais se iniciou a partir da crise da Rússia, em agosto de 1998. É o que podemos observar no **Gráfico 49**.

Gráfico 49 – Reservas internacionais brasileiras na década de 90

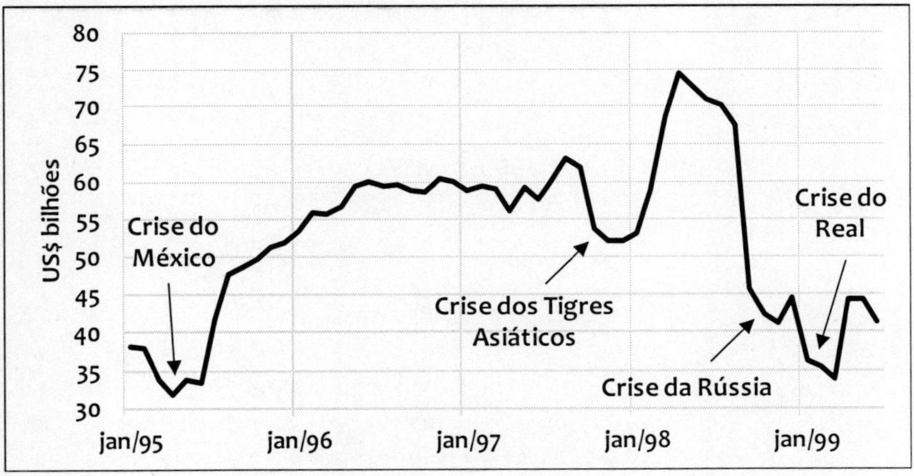

Fonte: Banco Central

Note que, em toda crise internacional, observamos uma redução no nível das reservas internacionais. No caso da crise da Rússia, essa redução foi muito maior do que em outras crises, talvez porque houvera uma captação bastante forte de recursos no início do ano de 1998, muito por conta das taxas de juros elevadas praticadas na época. Esses recursos financeiros, assim como entram, saem rapidamente, como podemos observar no gráfico. Foi questão de (pouco) tempo para que o real se tornasse a próxima moeda na fila dos especuladores. Em janeiro de 1999, com as reservas sangrando rapidamente, o governo brasileiro decidiu deixar a moeda se desvalorizar. Mas, afinal, o que aconteceu? Por que o real foi mais um dominó nesse jogo, se o nosso Banco Central tomou o cuidado de desvalorizá-lo em linha com a inflação? Para ter a pista, observe o **Gráfico 50**.

Gráfico 50 – Conta-Corrente brasileira na década de 1990 (acumulado 12 meses em % do PIB)

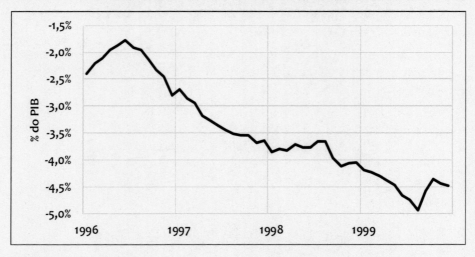

Fonte: Banco Central

Note como a Conta-Corrente do Brasil saiu de um déficit de 2% do PIB em 1996 para quase 5% no final de 1998. Como sabemos, a Conta-Corrente é a soma de todos os fluxos não financeiros que entram e saem do país. Ou seja, estávamos precisando crescentemente de poupança externa para financiar o nosso crescimento econômico. Esse é o cheiro de sangue que os tubarões sentem de longe, principalmente quando o câmbio é fixo ou administrado. A Conta-Corrente negativa, no mínimo, mostra dependência do país em relação a fluxos financeiros, que justamente faltam quando deles mais se precisa. Com a crise da Rússia, esses fluxos secaram, e começamos a queimar reservas para financiar nosso déficit em Conta-Corrente. Para um ataque especulativo contra a moeda, foi um pulinho.

A decisão de deixar o real flutuar não foi trivial. Precisou ser acompanhada de um novo modelo de controle da inflação (sistema de metas) e um bom pacote de ajuda do FMI, que exigiu a produção sistemática de superávits primários. Até hoje, acusa-se o governo FHC de ter atrasado a saída do câmbio administrado por causa das eleições de 1998. O fato de ter deixado o câmbio flutuar apenas 15 dias após ter tomado posse alimentou essa desconfiança. Lembremos, no entanto, que FHC ganhou as eleições em primeiro turno, no início de outubro. Portanto, o presidente eleito não precisaria ter segurado o câmbio por longos 3 meses, se o seu objetivo era não perder popularidade. Aparentemente, a sua equipe econômica acreditava ser possível administrar de alguma forma a saída, o que, visto de hoje, parece uma ingenuidade.

De qualquer forma, comparando a flutuação do real com o caso argentino, concluiremos que fomos muito menos ambiciosos (alguém dirá menos teimosos) do que nossos vizinhos do sul. A nossa saída foi muito rápida e praticamente sem traumas, quando vemos de hoje. O mesmo não se pode dizer dos argentinos, como veremos a seguir.

Não chores pelo corralito, Argentina![16]

Assim como o Brasil, a Argentina passou por um surto hiperinflacionário na segunda metade da década de 1980. Assim como o Brasil, a Argentina trocou de moeda em 1985 (nós trocamos em 1986), do peso para o austral, e congelou os preços, na esperança de, assim, acabar com a inflação. Obviamente, lá como cá, nada disso funcionou. Em abril de 1991, o então presidente, Carlos Menem, adotou o que chamamos de **Currency Board**, um órgão independente, que tinha como função garantir a indexação explícita da moeda argentina ao dólar a uma taxa fixa de câmbio, no caso, 1 peso para cada 1 dólar (sim, o austral havia sido morto e enterrado). De modo a garantir a paridade, o *Currency Board* necessitava ter reservas internacionais em dólares em montante suficiente para trocar pelos pesos de qualquer um que quisesse fazer essa troca.

Como em qualquer esquema de câmbio fixo, a coisa funciona se os agentes econômicos estão convencidos de que os fundamentos da economia suportam a paridade (espero que esse aspecto tenha ficado claro nos quatro casos estudados anteriormente). No início, tudo funcionou conforme o planejado: a inflação despencou e o crescimento econômico decolou, conforme podemos observar nos **Gráficos 51 e 52**.

---

[16] Algumas informações desta seção foram retiradas da revista Economist – A decline without parallel – 28/2/2002.

Gráfico 51 – Inflação ao consumidor na Argentina durante o *Currency Board*

Fonte: FMI/WorldData

Gráfico 52 – Crescimento do PIB da Argentina durante o *Currency Board*

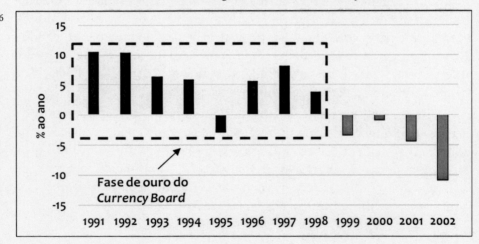

Fonte: FMI

Note como a inflação foi extremamente baixa entre 1993 e 1998, em conjunção com um crescimento econômico bastante robusto nesse período, com exceção do ano de 1995, por causa da crise do México, que abalou a confiança em países da América Latina na época. O caldo começa verdadeiramente a entornar a partir de 1999, com a desvalorização do real.

O Brasil era, na época, o maior parceiro comercial da Argentina, e agora, com uma moeda muito mais desvalorizada, ganhava uma grande vantagem em relação ao seu vizinho do sul, que mantinha a paridade com o dólar. O resultado foram três anos seguidos de recessão (1999-2001), que minaram o apoio político ao *Currency Board*.

Como em qualquer esquema de paridade em que a economia não é produtiva o suficiente para manter-se competitiva em relação ao resto do mundo, as distorções se acumulavam, provocando desaceleração da atividade econômica. Para manter a paridade, o governo precisa ter a moeda forte em estoque, de modo a bancar a paridade mesmo diante dessas distorções. Aos poucos, a capacidade de o governo argentino manter a paridade foi se enfraquecendo, até que chegou o momento em que não havia mais nada a fazer, a não ser deixar a moeda flutuar. Foi o que ocorreu em dezembro de 2001.

Ao contrário do Brasil, no entanto, o processo de flutuação da moeda argentina foi caótico. Como havia muito mais distorções acumuladas (o *Currency Board* durou 10 anos, contra 4 anos de câmbio administrado no Brasil, o qual, lembremos, se desvalorizou 35% nesse período), e a dolarização era muito mais profunda (todos os cidadãos podiam ter contas em dólares, e grande parte das dívidas estava atrelada à moeda americana), não havia como fazer uma saída suave.

Em primeiro lugar, o governo "pesificou" todos os depósitos em dólares, na paridade de um para um. Ou seja, quem tinha dólares passou a ter pesos argentinos na conta. Assim, a saída do *Currency Board* significou perdas expressivas para os argentinos com contas em dólar no país. O governo fez isso porque simplesmente não tinha dólares suficientes para honrar todos os depósitos. O mesmo, obviamente, não ocorreu com as dívidas dos argentinos em dólar, que continuaram a ser denominadas em dólares. Desse modo, com a desvalorização, essas dívidas aumentaram muito quando medidas em pesos. Não custa lembrar, os salários eram pagos em pesos.

Além disso, o governo estabeleceu um limite de saque de mil dólares por mês, o famoso "corralito". Essa foi a gota d'água para o fim do governo De La Rua e do *Currency Board*. Foram tempos loucos aqueles. Em um período de menos de duas semanas, a Argentina teve nada menos do que quatro presidentes da República, em uma sucessão de tentativas de estabilização da situação política. A economia somente se normalizou quando a Argentina, assim como o Brasil, começou a se beneficiar do superciclo das commodities, a partir de 2003. Com o câmbio já bastante desvalorizado, a Argentina se beneficiou do crescimento da China até o final da década.

O *Currency Board* argentino foi somente mais um exemplo de como a paridade cambial somente sobrevive se o país faz a sua lição de casa: contas fiscais em ordem e aumento de produtividade. Mas, se a lição de casa for feita, para que mesmo serve a paridade cambial?

CAPÍTULO 6

A DÍVIDA PÚBLICA E O EQUILÍBRIO FISCAL

O orçamento público: receitas e despesas[17]

Em princípio, um governo é um ente intermediário entre os impostos cobrados dos cidadãos e os serviços e benefícios prestados e pagos a esses mesmos cidadãos. Podemos resumir esse papel de intermediação do governo na **Figura 31**.

Figura 31 – Receitas e despesas do governo

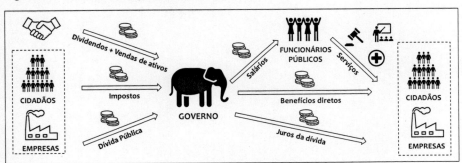

Fonte: elaboração do autor

Cidadãos e empresas fornecem dinheiro ao governo de duas formas: via recolhimento de impostos e por meio da compra de títulos públicos, gerando uma dívida pública. Dedicaremos o restante deste capítulo ao estudo da dívida pública. Nesta seção, focaremos os impostos. Além disso, o governo também pode obter recursos por meio da venda de ativos (privatizações e concessões), além dos dividendos pagos pelas empresas estatais.

Do outro lado, com esse dinheiro, o governo paga os salários dos funcionários públicos, que prestam serviços aos cidadãos e às empresas (saúde, educação, justiça etc.). O governo também usa esse dinheiro para

---

[17] Alguns dos conceitos deste capítulo foram retirados de Contas Públicas no Brasil – Felipe S. Salto e Josué A. Pellegrini – Saraiva Jur – 2020.

pagar benefícios diretos aos cidadãos, entre os quais as aposentadorias e o Bolsa Família. Por fim, o governo precisa pagar os juros da dívida pública, que também é uma despesa. Na **Figura 32**, resumimos essas receitas e despesas de todo o governo brasileiro (União, estados e municípios) no ano de 2022.

Figura 32 – Receitas e despesas do governo brasileiro em 2022

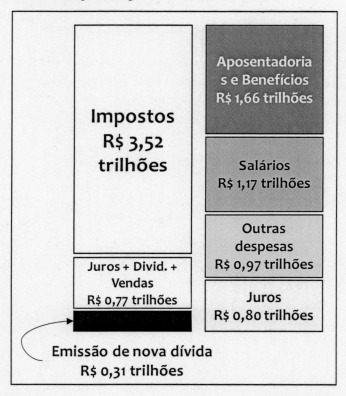

Fonte: Tesouro Nacional

Do lado das receitas, temos os impostos, que totalizaram R$ 3,52 trilhões em 2022, ou aproximadamente 35% do PIB. Além disso, houve vendas de ativos, dividendos pagos por estatais e juros pagos pelos empréstimos do governo, que totalizaram R$ 0,77 trilhões. Então, no total, o governo, em seus três níveis, arrecadou R$ 4,29 trilhões. Já do lado das despesas, tivemos o pagamento de aposentadorias e benefícios, tais como seguro-desemprego e Benefício de Prestação Continuada (BPC), no total de R$ 1,66 trilhões, salários do funcionalismo público no total de R$ 1,17 trilhões e outras despesas dos governos federal, estaduais e municipais, no total de R$ 0,97 trilhões. Aqui estão incluídos desde o Bolsa Família até os investimentos em infraestrutura. Por fim, houve o pagamento de R$ 0,80 trilhões (ou R$ 800 bilhões) em juros. Pode parecer muito, e é muito mesmo. Esse é o resultado da combinação de uma dívida alta com juros altos.

Observe como as aposentadorias foram, de longe, a principal despesa do governo, representando 44% de todas as suas despesas, exceto os juros da dívida. Essa participação tende a aumentar de maneira relevante nos próximos anos, dado o envelhecimento da população, um problema enfrentado no mundo inteiro. Além disso, qualquer aumento real (acima da inflação) do salário-mínimo piora essa situação, pois uma parte significativa das aposentadorias e dos benefícios estão vinculados ao salário-mínimo. Os salários do funcionalismo, por sua vez, representaram 31% de todas as despesas, exceto os juros. Portanto, 75% das despesas do governo em seus três níveis foram direcionadas a aposentadorias, benefícios e pagamento do funcionalismo. Sobraram 25% para todo o resto.

Como o total de todas essas despesas (R$ 4,60 trilhões) foi maior que o total das receitas (R$ 4,29 trilhões), o governo precisou aumentar a sua dívida em R$ 0,31 trilhões em 2022. É dessa forma que a dívida continua crescendo no tempo. Vamos dedicar o restante do capítulo a entender a dinâmica da dívida pública.

A história da dívida pública[18]

A emissão de dívida pública se justifica, primordialmente, como o pagamento que as gerações futuras devem à geração presente por gastos que a geração presente faz hoje, mas que beneficiarão principalmente as gerações futuras. Por exemplo, a construção do metrô beneficia não somente a geração presente, mas também as gerações futuras. Assim, é justo que as gerações futuras também paguem por esse benefício, por meio do pagamento de juros e amortização das dívidas geradas pela construção do metrô. Nesse caso, o déficit hoje se justifica, não faria sentido recolher impostos somente da geração atual para pagar um equipamento que também beneficiará as gerações futuras.

Por outro lado, parece injusto que gastos correntes da geração atual sejam financiados pelas gerações futuras. É o que acontece, por exemplo, com

---

[18] Dívida Pública: A Experiência Brasileira – Anderson Caputo, Lena O. Carvalho, Otávio L. Medeiros – Banco Mundial e Tesouro Nacional – 2009.

o déficit da Previdência. Aposentadorias pagas hoje, que deveriam ter sido financiadas com a poupança acumulada no passado, estão sendo financiadas com dívida pública, ou seja, serão pagas pelas gerações futuras. Nesse caso, a dívida pública funciona como um mecanismo de transferência de riqueza das gerações futuras para a geração presente. Os juros pagos sobre a dívida hoje representam os gastos feitos pelas gerações passadas acima dos impostos arrecadados na época (déficit), e que herdamos, assim como nossos filhos e netos herdarão os nossos gastos de hoje acima dos impostos arrecadados.

A dívida pública é objeto de grande debate em qualquer país. Talvez em nenhum outro tema ocorra uma dicotomia tão intensa entre os economistas chamados "ortodoxos" e "heterodoxos". Para os ortodoxos, a dívida pública deve ser controlada, de forma a manter as taxas de juros baixas e, assim, permitir um maior crescimento econômico no longo prazo. Já para os heterodoxos, a dívida pública é somente o resultado de políticas públicas necessárias para o desenvolvimento do país e para a distribuição de renda. Uma vez garantindo o crescimento econômico, a dívida pública não seria um problema em si.

Os heterodoxos não estão errados em ligar a sustentabilidade da dívida ao crescimento econômico. De fato, como veremos mais à frente, o crescimento econômico é um santo remédio para se alcançar uma dinâmica saudável da dívida pública. O problema reside no fato de que o aumento da dívida com o objetivo de fomentar políticas governamentais de crescimento está longe de garantir o objetivo final. Assim, corre-se o risco de terminarmos com dívida alta e crescimento pífio. Aliás, os economistas ortodoxos costumam dizer que, se fosse fácil fomentar crescimento econômico com dívida, não haveria país pobre no mundo.

Sempre que a dívida atinge níveis muito altos e, consequentemente, o custo para o seu pagamento aumenta, surgem questionamentos a respeito da origem da dívida pública. Existem, inclusive, grupos organizados politicamente para exigir a **auditoria da dívida pública**, de forma a, supostamente, provar que uma parte da dívida teria uma origem duvidosa e, portanto, deveria ser cancelada. Por isso, será útil entender, afinal, de onde vem a nossa gigantesca dívida pública.

Período Colonial e Império

A origem da dívida pública brasileira se perde nos tempos imemoriais do período colonial, quando não havia propriamente uma dívida pública, mas sim dívidas tomadas pelos administradores coloniais. Essa bagunça ganhou alguma organização quando D. João VI, por meio de decretos entre 1799 e 1811, classificou todas essas dívidas entre "legais" e "ilegais". Talvez tenha sido a primeira auditoria da dívida pública brasileira.

A chegada da Corte ao Brasil fez disparar os gastos públicos, que serviram para sustentar a Corte e o exército português além-mar. Quando D. João VI voltou a Portugal, em 1821, o príncipe-regente, D. Pedro I, fez um levantamento de toda a dívida deixada pela Corte Portuguesa, e chegou a quase 10 mil contos de réis. Podemos considerar essa como sendo a segunda auditoria da dívida da história brasileira. Difícil saber quanto vale esse montante em dinheiro de hoje, mas, por exemplo, todas as exportações do Brasil para Portugal em 1819 somaram 7,3 mil contos de réis[19].

Mas a primeira vez em que verdadeiramente a dívida pública foi incorporada institucionalmente pela nação ocorreu pela expedição da lei de 15/11/1827, que estabeleceu as bases para o endividamento público da jovem nação brasileira. Essa lei determinou os critérios para a incorporação de dívidas ao estoque da dívida pública, sendo, portanto, a terceira auditoria da dívida pública brasileira. A lei substituiu todas as dívidas reconhecidas até então por uma emissão de 12 mil contos de réis, e podemos dizer que esse foi o marco inicial da gloriosa caminhada da dívida pública do Brasil.

Chegamos ao final do período do Império com uma dívida de 435 mil contos de réis em dívida interna, e cerca de 30 milhões de libras esterlinas em dívida externa, o que equivaleria a algo como 270 mil contos de réis. O grosso desse montante foi emitido nas décadas de 60 e 70 do século XIX, principalmente por conta dos gastos com a Guerra do Paraguai, além dos déficits recorrentes do governo.

Período republicano I (1899-1963)

Dívida interna

Já no período republicano, em 1902, foi realizada uma grande consolidação da dívida pública interna, com a troca de uma infinidade de títulos diferentes emitidos nas décadas anteriores por papéis padronizados. O valor total foi de aproximadamente 530 mil contos de réis, no que poderíamos considerar como a quarta auditoria da dívida pública.

---

[19] Atlas Histórico do Brasil – FGV CPDOC (atlas.fgv.br).

Conforme podemos observar no **Gráfico 53**, a dívida pública permaneceu mais ou menos constante até o início da 1ª Guerra Mundial, quando começa a decolar, atingindo o montante de 2 bilhões de cruzeiros (em moeda de 1963) no início da década de 1920. Esse montante permanece mais ou menos constante até meados da década de 1930, quando novamente aumenta de maneira importante para o montante de 6 bilhões de cruzeiros (também em moeda de 1963) no início da década de 1940. Por fim, como parte do esforço de guerra, a dívida pública atinge o patamar de 10 bilhões de cruzeiros (em moeda de 1963) no final da década de 1940. A partir daí, o crescimento é mais lento, de cerca de 1% ao ano, até 1963.

Gráfico 53 – Saldo em circulação de apólices e obrigações (1889-1963)

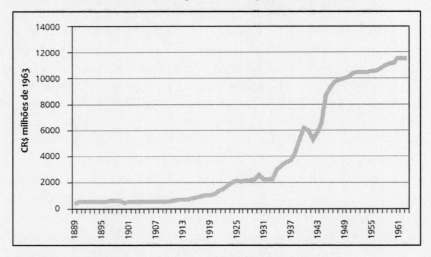

Fonte: Andima *apud* Dívida Pública: a experiência brasileira

Esse crescimento lento não significa que não houvesse déficit público nesse período. Pelo contrário, os déficits se acumulavam, mas como o governo tinha muita dificuldade em colocar dívida pública nova, eram financiados pura e simplesmente por emissão de moeda, o que provocou um surto inflacionário no início da década de 1960. Entre 1954 e 1963, de todo o volume de déficits produzidos, nada menos do que 85% foram financiados pela pura e simples impressão de papel pintado, vulgo moeda.

Em 1956 foi organizada mais uma grande reestruturação da dívida, com a substituição de mais de 130 títulos diferentes por 4 títulos padronizados, no que podemos considerar a quinta auditoria da dívida pública, pois somente foram trocados os títulos de dívida reconhecidos como tal. Em 1962 outra consolidação foi realizada, completando o serviço da reestruturação de 1956.

Dívida externa

A dívida externa, por sua vez, também deu um salto espetacular nesse período. Do equivalente a 30 milhões de libras esterlinas no final do Império, a dívida cresceu até 250 milhões de libras em 1930. Esse valor representava quatro vezes o total das exportações brasileiras em um ano. Seria o equivalente a termos uma dívida externa, no final de 2022, de mais de US$ 1,2 trilhões (para referência, nossa dívida externa fechou 2022 em menos de US$ 200 bilhões).

No início da República, o Brasil passou por várias dificuldades em seu Balanço de Pagamentos, levando a algumas "reestruturações" da dívida externa, o que chamamos de calote. Não podendo emitir libras esterlinas como emitia contos de réis ou cruzeiros, não restava outra alternativa ao governo brasileiro. Foram três reestruturações (1898, 1914 e 1931), que precederam um *default* unilateral em 1937, até que se chegasse a um acordo permanente em 1943. Esse acordo de 1943 consolidou toda a dívida externa brasileira, cortando principal e juros e alongando a dívida por 40 a 60 anos, implicando uma redução de 50% da dívida externa brasileira à época.

Mas esse alívio não durou muito tempo. Em função de desequilíbrios em nosso Balanço de Pagamentos (déficit na balança comercial provocado por um câmbio fora de lugar), a dívida externa voltou a crescer de maneira incontrolável, tendo dobrado de valor entre 1946 e 1953, e alcançando mais de US$ 1 bilhão nesse ano. Em 1961, a dívida externa já havia dobrado novamente, em função das fortes importações de bens de capital durante o governo JK.

Período Republicano II (1964-hoje)

Dívida interna

É a partir de 1964, com as reformas introduzidas pelo governo Castello Branco, que o mercado de títulos públicos assume uma forma semelhante ao que temos hoje. Além da criação do Banco Central e do Conselho Monetário Nacional, o novo governo cria as Obrigações Reajustáveis do Tesouro Nacional (ORTNs) como instrumento principal para a emissão de dívida, em que, pela primeira vez, a **correção monetária** (compensação pela inflação passada) era garantida na remuneração dos títulos públicos. As ORTNs passaram a ser o único instrumento usado pelo governo para se financiar até que, em 1970, foram lançadas as Letras do Tesouro Nacional (LTNs), títulos com remuneração prefixada, e que existem até hoje. Em 1972, as LTNs já representavam cerca de um terço da dívida pública total, mais ou menos a mesma participação de títulos prefixados na dívida que tínhamos no final de 2022, cinquenta anos depois. Visto dessa forma, parece que não avançamos muito em termos de gestão da dívida pública. Em 1977, os títulos prefixados atingiram o pico de metade da dívida pública, recuando para 40% em 1980. Com o início do processo mais agudo de inflação na década de 1980, a participação dos títulos prefixados foi se reduzindo, até simplesmente desaparecerem em 1983.

Em 1986, a dívida pública passa a ser administrada não mais pelo Banco Central, mas pelo Ministério da Fazenda, por meio da recém-criada Secretaria do Tesouro Nacional. Essa distinção é bastante importante, com o Banco Central sendo responsável pela Política Monetária (quantidade e custo da moeda na economia) e o Ministério da Fazenda responsável pela decisão de emitir dívida pública para financiar as atividades do governo. É essa configuração que temos até hoje. Também data de 1986 a decisão de encerrar a chamada "conta-movimento", um duto que ligava o Banco Central ao Banco do Brasil. Até então, todo o déficit nas operações do Banco do Brasil era financiado automaticamente pela emissão de moeda por parte do Banco Central. Assim, havia um processo de endividamento público "escondido", um verdadeiro ralo por onde o governo gastava sem afetar o montante de dívida pública na forma de ORTNs e LTNs. De qualquer forma, mesmo com esses avanços, o Banco Central ainda podia financiar o Tesouro, comprando os títulos de dívida que porventura os investidores se recusassem a comprar. Ou seja, não havia, de fato, um custo para o endividamento crescente do governo. Foi somente em 1988, com a promulgação da nova Constituição, que esse ralo foi fechado.

Ainda em 1986, o Plano Cruzado decretava o "fim da inflação". Como consequência, as ORTNs foram substituídas pelas OTNs (Obrigações do Tesouro Nacional), em que a palavra "reajustável" foi retirada, como um reconhecimento de que, sem inflação, as obrigações do tesouro não precisariam ser reajustadas pela correção monetária, que foi extinta. Obviamente, como a inflação não havia acabado, o governo enfrentou extrema dificuldade de aceitação do novo papel. Por isso, em 1987, criou outro título, a Letra Financeira do Tesouro, que, ao invés de ser atrelada à inflação (correção monetária), era indexada à taxa Selic, taxa de juros diária determinada nas negociações entre os bancos e o Banco Central, conforme vimos no Capítulo 3.

No final de 1990, o estoque de títulos públicos representava 15% do PIB. E pensar que, no fechamento de 2022, esse mesmo estoque representava 73% do PIB! Como parte do Plano Collor, todo o estoque da dívida pública foi trocado compulsoriamente por outra, remunerada por IPCA + 6% ao ano, uma taxa muito mais baixa do que a Selic na época. Além disso, esse estoque ficou retido por 18 meses, começando a ser liberado aos poucos depois desse prazo. Esse não foi o primeiro calote da dívida pública interna, as reestruturações mencionadas anteriormente foram, de alguma forma, calotes também, mas certamente é o evento que temos na memória quando pensamos em calote da dívida. Se há uma auditoria da dívida a ser feita, é no sentido de devolver dinheiro para os credores, e não o inverso. Com o confisco provisório (que fez a dívida diminuir de valor pelo efeito inflacionário) e a troca de indexador, a dívida pública em poder dos investidores diminuiu em cerca de 80%, uma queda histórica. É a isso que chamamos de calote.

Em 1991, foram lançadas as Notas do Tesouro Nacional (NTNs), que existem até hoje. Eram títulos que vinham em vários sabores, a depender do gosto do freguês: as de série "D" eram indexadas ao dólar, as "H" eram indexadas à TR e as "C" eram indexadas ao IGP-M. Hoje, restaram as das séries "B", indexadas ao IPCA, e "F", prefixadas.

A partir de 1994, com o sucesso do Plano Real e já sem a ajuda da corrosão inflacionária, a dívida pública começa a decolar novamente. Também contribuíram para o aumento da dívida as altíssimas taxas de juros reais, que tinham por objetivo controlar a inflação, e o reconhecimento de dívidas que estavam recolhidas para debaixo do tapete, como as dívidas dos estados (via saneamento dos bancos estaduais) e a capitalização dos bancos federais. Na segunda metade da década de 1990, a dívida cresceu à taxa de 25% ao ano, ainda que sobre uma base muito baixa.

Após o Plano Real, os títulos prefixados voltaram a ser ofertados e aceitos pelo mercado. Em 1996, já representavam 27% do estoque da dívida, mas esse é um montante que vai e volta, a depender da percepção de risco dos investidores. Na próxima seção, veremos como a participação dos títulos prefixados no estoque da dívida pública evoluiu no passado mais recente.

Dívida Externa

Com as reformas implementadas a partir de 1964 e o acelerado crescimento econômico a partir de 1967, o Brasil passou a ser um destino atraente para os investidores externos. Aproveitamos a abundante liquidez internacional para financiar o crescimento econômico. Eram os tempos do Brasil Grande, em que tudo seria possível. A primeira crise do petróleo, em 1973, acendeu um sinal de alerta. Com o aumento dos preços do petróleo, a nossa balança comercial virou. Além disso, juros e dividendos pagos aos investidores internacionais começaram a pesar em nossa Conta-Corrente. Mesmo assim, ao invés de fazer ajustes, continuamos em marcha batida rumo ao precipício, que veio com a segunda crise do petróleo, em 1979, e o consequente aumento brutal das taxas de juros por parte do Federal Reserve, dos EUA.

A década de 1980 foi marcada por moratórias da dívida externa no mundo inteiro, a começar pelo México em 1982. No Brasil, coube ao governo Sarney anunciar a moratória do pagamento de juros e amortizações da dívida em 1987. Tratou-se da única moratória formal de nossa história, mas informalmente já havíamos atrasado pagamentos no passado, e o faríamos também posteriormente. Auditores do FMI passaram a ser figuras conhecidas dos brasileiros, em suas visitas de rotina para verificar se as "cartas de intenção" do governo estavam sendo cumpridas. Quase sempre, saíam de mãos vazias.

Em 1989, o então secretário do Tesouro americano, Nicholas Brady, apresentou um plano de reestruturação da dívida externa dos países endividados, conhecido como Plano Brady. Segundo esse plano, as dívidas dos países seriam trocadas por novos títulos, com descontos e alongamento de prazos, e que poderiam ser negociados no mercado internacional. Assim, dar-se-ia uma solução coordenada e de mercado para a dívida externa de vários países, inclusive o Brasil. Depois de vários anos de negociações, o Plano Brady brasileiro foi fechado em 1994. A nossa dívida externa, que era de US$ 3,2 bilhões em 1964, transformou-se em quase US$ 50 bilhões em títulos, trinta anos depois. E isso, mesmo considerando os vários descontos e moratórias no meio do caminho.

A grande vantagem dessa nova estrutura de dívida externa em relação à anterior é que, com os títulos sendo negociados no mercado internacional, o Brasil não dependia mais da boa vontade de meia dúzia de bancos para se financiar no exterior. Agora, poderia emitir títulos e vendê-los para uma infinidade de investidores globais. A nossa dívida externa, a partir do Plano Brady, passava a fazer parte do Mercado de Capitais, não mais do Mercado Bancário (vimos a diferença no Capítulo 4). Assim, mesmo com as seguidas crises internacionais nos anos seguintes, o governo brasileiro, tendo feito a sua lição de casa, não encontrou grandes dificuldades em se financiar no mercado internacional.

Em 2006, todo o estoque dos chamados Brady Bonds já havia sido trocado por títulos novos, encerrando-se, juntamente com o pagamento de toda a dívida ao FMI, um capítulo tenebroso da história do endividamento brasileiro. A partir de 2007, com o aumento brutal do nível de reservas internacionais, o Brasil, de forma inédita em sua história, tornou-se credor líquido em moeda estrangeira. No final de 2022, com reservas em US$ 320 bilhões e dívida externa em US$ 180 bilhões, o Brasil continua em posição externa bastante confortável.

Quanto custa a dívida pública?[20]

Para entender o custo da dívida pública, é preciso saber como ela é administrada. Como qualquer empresa ou indivíduo, o governo toma dinheiro emprestado no mercado para cobrir as suas necessidades. Ele faz isso por meio da emissão de títulos do Tesouro Nacional. Hoje, são basicamente três tipos de títulos:

- As **Letras Financeiras do Tesouro** (LFT), que são títulos indexados à taxa Selic, a mesma que o Banco Central usa para fazer a política monetária (o BC aumenta ou diminui a taxa Selic para controlar a inflação). Então, a taxa de juros paga pelo governo nesses títulos aumenta quando o Banco Central eleva a taxa Selic, e diminui quando o Banco Central reduz a taxa Selic.

- As **Letras do Tesouro Nacional** (LTN) e as **Notas do Tesouro Nacional — série F** (NTN-F), que são títulos com taxas prefixadas. Ou seja, o governo paga uma taxa de juros prefixada quando emite um desses dois títulos. Portanto, mesmo que a taxa Selic suba ou caia, a taxa de juros paga pelo governo não se altera, pelo menos no que se refere aos títulos já emitidos no passado.

- As **Notas do Tesouro Nacional — série B** (NTN-B), que são títulos indexados ao IPCA, índice de inflação oficial, calculado

---

[20] Boletim Trimestral de Estatísticas Fiscais do Governo Geral – Tesouro Nacional – 18/4/2023.

pelo IBGE. Se a inflação subir, a taxa de juros paga pelo governo vai subir junto. Da mesma forma que os títulos prefixados citados anteriormente, a taxa de juros paga pelo governo nesses títulos (além do IPCA) não se altera se o BC modificar a taxa Selic.

No **Gráfico 54**, podemos observar a evolução tanto do custo da dívida quanto da taxa Selic, ambas acumuladas em 12 meses, nos 15 anos terminados em 2022.

Gráfico 54 – Custo da dívida bruta interna *vs.* taxa Selic (acumulado 12 meses)

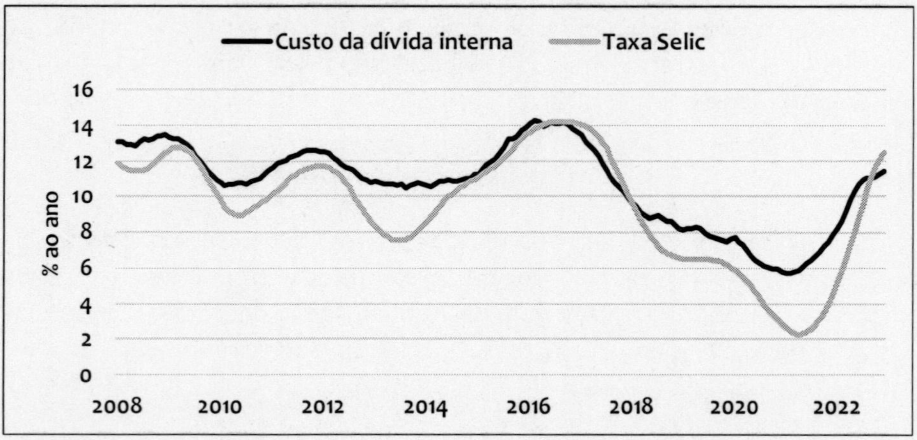

Fonte: Banco Central

Note como, em grande parte do tempo, a taxa Selic é inferior ao custo da dívida. Isso acontece porque uma parcela da dívida paga taxas prefixadas, que normalmente, ao longo do tempo, são maiores do que a taxa Selic. Existem períodos em que essa diferença é bastante acentuada. Por exemplo, entre 2013 e 2014, a taxa Selic acumulada em 12 meses chegou a ficar abaixo de 8% ao ano. No entanto, o custo da dívida, nesse período, nunca foi inferior a 10% ao ano. Os investidores em títulos do governo não acreditavam que a taxa Selic ficaria naqueles patamares tão baixos, e não aceitavam comprar títulos prefixados com aquela remuneração. De fato, algum tempo depois, a taxa Selic subiu bem acima de 10% ao ano.

O mesmo ocorreu em 2021: a taxa Selic acumulada chegou a quase 2% ao ano, mas o custo da dívida nunca foi inferior a 6% ao ano naquele período. Da mesma forma, os investidores não acreditavam que a Selic permaneceria em patamar tão baixo por muito tempo, e não aceitavam taxas prefixadas abaixo de 6% ao ano.

Pode-se perguntar, afinal, por que o Tesouro não financia a sua dívida somente com LFTs (títulos indexados à taxa Selic), se a taxa Selic é, em grande parte do tempo, inferior às taxas prefixadas? O custo da dívida não seria menor? A pergunta é pertinente, e a resposta tem relação com a política monetária.

No Capítulo 3, vimos que o Banco Central move a taxa Selic para controlar a inflação, e que um dos canais que atuam para esse controle é o chamado **efeito riqueza**. O efeito riqueza (que poderia chamar-se "efeito pobreza") é o impacto que taxas de juros maiores têm sobre a riqueza dos investidores. Taxas de juros mais altas fazem com que o valor presente de ações e de títulos prefixados fique menor. Essa diminuição do valor dos investimentos faz com que a propensão ao consumo diminua também. Afinal, os investidores ficaram mais pobres. Essa diminuição da vontade de consumir é um dos canais que influenciam a atividade econômica e, portanto, a inflação.

Se a dívida pública fosse toda ela indexada à taxa Selic, haveria o efeito inverso: quando a taxa Selic subisse, os investidores ficariam mais ricos, não mais pobres. Esse é o contrário do efeito pretendido, tornando a política monetária menos potente, dado que um dos seus canais de transmissão se encontraria "entupido". O resultado seria a necessidade de se ter uma taxa Selic maior para se obter o mesmo efeito pretendido.

Ter uma parte da dívida indexada à taxa Selic é uma herança dos tempos da inflação descontrolada. As LFTs são herdeiras do *overnight*, operações diárias que eram remuneradas por uma taxa básica de juros. Apesar de as LFTs não terem vencimento diário como as antigas operações de *overnight*, seu mecanismo de remuneração é basicamente o mesmo.

Países mais estáveis economicamente mantêm sua dívida pública basicamente em títulos prefixados. Os Estados Unidos, por exemplo, tinham apenas 2,5% de sua dívida indexada à taxa básica de juros no final de 2022[21], enquanto, no Brasil, esse percentual era de 40% na mesma data. Mesmo em títulos indexados à inflação, a composição é muito mais concentrada no Brasil: eram 31,6% no final de 2022, contra apenas 7,8% no caso da dívida americana.

No **Gráfico 55**, podemos observar como essa composição variou ao longo do tempo, desde o início dos anos 2000.

---

[21] Fiscaldata.treasury.gov

Gráfico 55 – Perfil da dívida brasileira por indexador

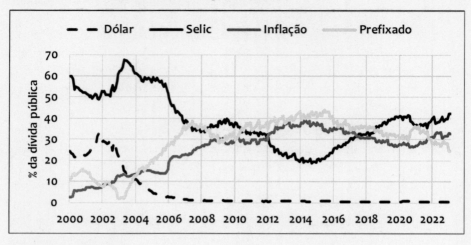

Fonte: Banco Central

Note como, no início dos anos 2000, a maior parte da dívida era indexada à taxa Selic (esse percentual chegou a quase 70% em 2003!), e uma parte relevante da dívida era indexada ao dólar. Essa parcela indexada ao dólar foi, aos poucos, sendo substituída por títulos prefixados e indexados à inflação, até que foi zerada em 2007. A parcela indexada à taxa Selic atingiu a sua menor participação entre 2013 e 2015, mas voltou a crescer e, desde 2020, está por volta de 40% da dívida pública. Lembrando que essa grande participação diminui a potência da política monetária, exigindo taxa Selic maior para o mesmo efeito riqueza.

Dívida bruta e dívida líquida

Classificamos a dívida pública em duas categorias: **dívida bruta** e **dívida líquida**. A dívida bruta é a soma de todos os títulos públicos emitidos pelo país, tanto aqui quanto no exterior. Já a dívida líquida é a dívida bruta menos os ativos detidos pelo governo. Ou seja, a dívida que é emitida para comprar ativos não entra na dívida líquida. Mas que ativos são esses? Vejamos a **Figura 33** para entender.

Figura 33 – Dívida bruta e dívida líquida

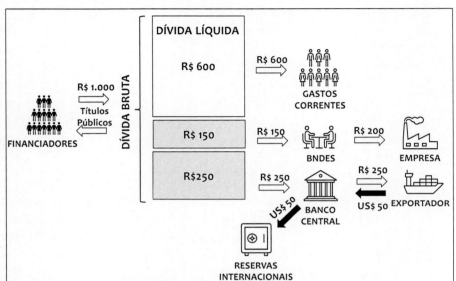

Fonte: elaboração do autor

Na **Figura 33**, o Tesouro Nacional emite R$ 1.000 em títulos públicos e recebe esse montante em dinheiro. Nesse exemplo, o governo não cobra impostos, então todos os seus gastos são financiados com dívidas. Esse montante de títulos públicos perfaz o total da dívida bruta do governo. O Tesouro Nacional, por sua vez, pode, entre outras, financiar três coisas com esse dinheiro:

- **Gastos correntes**: R$ 600 são os gastos com Previdência Social, salários dos funcionários públicos, políticas públicas de maneira geral. Note que não há um ativo de contrapartida, esses gastos são definitivos, ninguém vai devolver posteriormente a aposentadoria ou o salário que recebeu.
- **Aporte em bancos públicos**: R$ 150 são transferidos para bancos públicos, como o BNDES, que financia empresas com esse dinheiro. No caso, há uma contrapartida, que é a dívida do BNDES para com o governo. Por isso, consideramos essa parcela como um ativo do governo.
- **Reservas internacionais**: vimos, no Capítulo 5, que, quando os dólares entram no Brasil, o Banco Central compra esses dólares

do exportador com reais. Ou seja, entrega reais para o exportador em troca dos dólares. Na **Figura 33**, são US$ 50, que são trocados por R$ 250. Esses reais poderiam, em tese, ser impressos pelo Banco Central, mas então esse dinheiro entraria na economia, aumentando a base monetária e pressionando a inflação. O que o Tesouro faz é entregar os reais para o Banco Central, que os usa para comprar os dólares dos exportadores. Então, esses reais têm sua origem na emissão de dívida pública, e sua contrapartida (os ativos) são as reservas internacionais. Chamamos esse processo de **imunização das reservas**.

Então, nesse exemplo, a dívida bruta é de R$ 1.000, enquanto a dívida líquida é de R$ 600. No **Gráfico 56**, mostramos como evoluiu a composição da dívida bruta nos últimos anos, em relação ao PIB. Dividimos a dívida bruta em seus principais componentes: dívida líquida, reservas internacionais e aportes no BNDES. A dívida bruta é aproximadamente a soma desses três componentes (não é exato, pois há outros componentes, que não foram tratados aqui para fins de simplicidade).

Gráfico 56 – Composição da dívida bruta

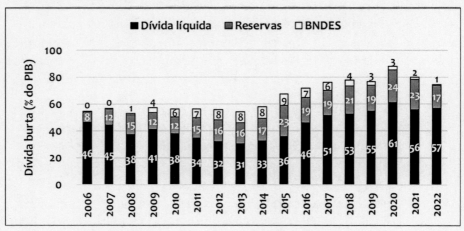

Fonte: Banco Central

Observe como tanto a dívida bruta como a líquida atingem o seu ponto de mínimo em 2013. No entanto, a queda da dívida líquida foi muito maior do que o recuo da dívida bruta no período 2006-2013: enquanto a dívida líquida caiu 15 pontos percentuais (de 46% para 31% do PIB), a dívida bruta recuou apenas 3 pontos percentuais (de 55% para 52% do PIB) nesse mesmo período. Isso aconteceu porque as reservas cresceram 8 pontos percentuais e os aportes no BNDES cresceram outros 8 pontos percentuais nesse período (a soma não bate exatamente porque, como dissemos, há outros componentes de menor importância não considerados aqui).

Até por volta de 2014, o principal indicador de dívida pública analisado pelo mercado era o da dívida líquida, pois se sabia que uma parte importante da dívida bruta se devia à compra de ativos. No entanto, devido à perda de confiança nesse indicador em função de algumas manobras contábeis, e ao fato de os ativos do BNDES serem de longo prazo e carregarem risco de crédito, o mercado migrou para o acompanhamento da dívida bruta, que é, diga-se de passagem, a métrica comumente usada no exterior.

Superávit nominal e superávit primário

Como qualquer empresa, o governo também tem sua contabilidade. Podemos resumi-la na **Figura 34**.

Figura 34 – Demonstração de resultados do governo

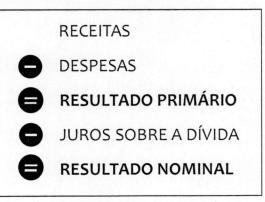

Fonte: elaboração do autor

Resultado primário, portanto, é todo dinheiro que sobra depois que o governo realizou todas as suas despesas. Se o resultado for positivo, chamamos de **superávit primário**, se for negativo, chamamos de **déficit primário**. Já o **resultado nominal** é o dinheiro que sobra depois que o governo pagou os juros sobre a sua dívida. Da mesma maneira, chamamos de **superávit nominal** se o resultado for positivo, e de **déficit nominal** se o resultado for negativo.

Vamos ver como se comportaram os resultados primário e nominal no Brasil ao longo dos últimos anos, em percentual do PIB, no **Gráfico 57**.

Gráfico 57 – Resultados nominal, primário e juros

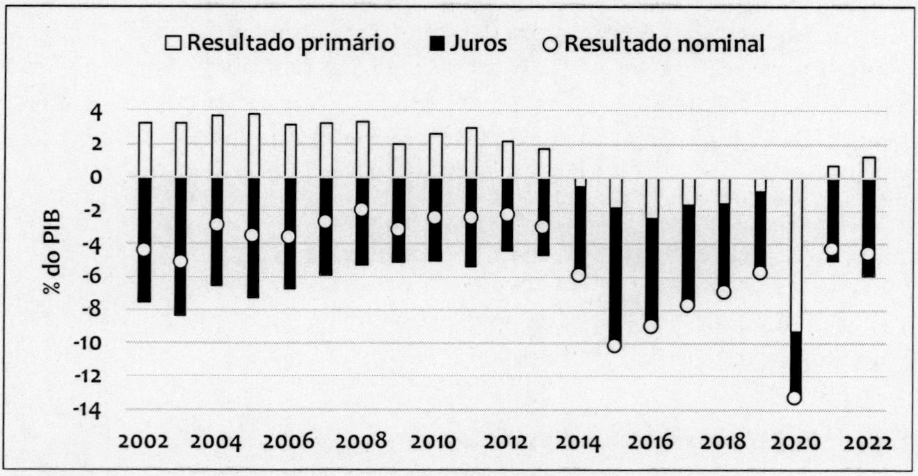

Fonte: Banco Central

Podemos observar que, até 2013, o Brasil produziu superávits primários entre 2% e 4% do PIB. A partir de 2014, passamos a produzir déficits primários. Em 2020, em função dos gastos com a Covid-19, batemos o recorde de déficit primário, com cerca de 9% do PIB. Em 2021 e 2022 voltamos a produzir superávits primários, em função da surpresa inflacionária, como veremos mais adiante.

O pagamento de juros foi diminuindo ao longo da década passada, em função da redução das taxas de juros. Em conjunto com os superávits primários, isso permitiu alcançar um déficit nominal entre 2% e 3% do PIB entre 2007 e 2013. Esse nível de déficit nominal, que nunca mais alcançamos desde então, poderia nos permitir, inclusive, fazer parte da Zona do Euro, pois o tratado de Maastricht exige um déficit nominal máximo de 3% do PIB.

Agora, vamos entender como os resultados primário e nominal influenciam o tamanho da dívida pública.

A relação dívida/PIB e a dinâmica da dívida

Vamos iniciar com um exemplo numérico para entender como os resultados primário e nominal influenciam no aumento da dívida. Veja a **Figura 35**.

Figura 35 – Dinâmica do aumento da dívida pública

		ANO 0	ANO 1
	RECEITAS		500
	DESPESAS		-550
	DÉFICIT PRIMÁRIO		-50
	JUROS		-100
	DÉFICIT NOMINAL		-150
	DÍVIDA	1.000	1.150

Fonte: elaboração do autor

Começamos o nosso exemplo com uma dívida de 1.000 no ano zero. No ano seguinte, o governo arrecada 500 em impostos e realiza despesas de 550, gerando um déficit primário de 50. Além disso, paga juros sobre a sua dívida no valor de 100, gerando um déficit nominal de 150 (50 do déficit primário mais os 100 dos juros). Esse déficit nominal é somado à dívida do ano anterior, gerando a dívida do ano 1. E assim por diante, temos a dinâmica do aumento da dívida ao longo dos anos.

Podemos observar, então, que a dívida pública aumenta de acordo com dois fatores: o superávit ou déficit primário (resultado da diferença entre receitas e despesas do governo) e os juros pagos sobre a dívida. Em princípio, portanto, se o governo quisesse controlar a sua dívida, deveria prestar atenção a esses dois fatores. Mas, na prática, o governo controla diretamente somente o resultado primário. Os juros são dados pelo mercado de dívida pública. Ou seja, a taxa de juros é dada pela oferta e demanda de dinheiro no mercado, como vimos no Capítulo 3.

Alguns defendem que, ao determinar a taxa Selic, o Banco Central teria o poder de determinar os gastos com juros do governo. Assim, para diminuir as despesas do governo com juros, bastaria o BC diminuir a taxa Selic. Esse raciocínio falha em dois pontos.

O primeiro é a composição da dívida, como vimos na seção "Quanto custa a dívida pública?". Apenas uma parcela da dívida está indexada diretamente à taxa Selic, de modo que uma redução da taxa básica de juros influenciaria diretamente somente essa parte da dívida. E, como mostramos, essa parcela deveria ser bem menor quando o país atingisse um grau de estabilidade maior. A taxa de juros da outra parte da dívida até acompanha a taxa Selic, mas, como vimos no **Gráfico 54** na seção citada, somente até certo ponto. O mercado pode (e, frequentemente, o faz) não concordar com o nível da taxa Selic praticada pelo Banco Central, mantendo a taxa prefixada em níveis mais altos.

O segundo ponto, que é o mais importante, reside no fato de que a taxa Selic é instrumento central da política monetária, e seu nível não pode ser definido com base no custo da dívida para o governo. Quando o BC precisa se preocupar com o custo fiscal da política monetária, dizemos que estamos em um estado de **dominância fiscal**. A dominância fiscal ocorre quando o risco do aumento da dívida em virtude dos juros pagos se sobrepõe ao benefício de uma taxa de juros mais alta para o controle da inflação. Nesse estágio da economia, a política monetária deixa de ter o efeito esperado. Um aumento dos juros provoca tal aumento da percepção de risco de solvência do governo que há uma fuga da dívida pública para outros ativos, principalmente moedas fortes e ativos reais, aumentando a pressão inflacionária, justamente o oposto a que se propõe o Banco Central quando eleva a taxa de juros. Temos, então, um cenário de estagflação, ou seja, a combinação de inflação com estagnação econômica. Um verdadeiro pesadelo.

O estado de dominância fiscal ocorre quando começa a crescer a percepção de que a dívida pública entrou em uma trajetória explosiva, uma combinação de grande estoque de dívida com juros altos. Há somente duas saídas para o estado de dominância fiscal: ajuste draconiano de despesas (ajuste do déficit primário) ou calote da dívida (ajuste do déficit nominal). O calote pode se dar da forma clássica (não pagamento das dívidas) ou de forma disfarçada (inflação). Mais à frente, vamos ver como a inflação atua para diminuir a dívida pública.

O tamanho da dívida pública, em si, não significa muita coisa. O que importa é o seu tamanho em relação ao PIB do país. O total produzido em um país dá, de alguma forma, uma noção da capacidade de pagamento da dívida. Apenas para ilustração, vejamos, no **Gráfico 58**, a relação dívida/PIB de um conjunto de países selecionados, em 2022[22].

Gráfico 58 – Dívida bruta de países selecionados (2022)

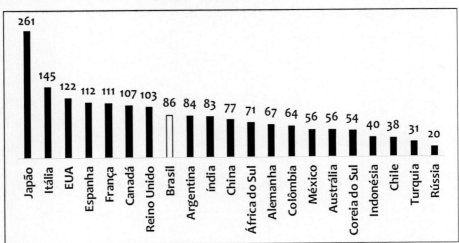

Fonte: FMI

Observe como o Brasil tinha, em 2022, ao lado da Argentina, a maior relação dívida/PIB da América Latina e, ao lado da Índia, a maior relação dívida/PIB entre as economias emergentes. Como a nossa taxa de juros é mais alta, temos um déficit nominal pior do que nossos pares emergentes.

Vamos, agora, entender como a relação dívida/PIB evolui no tempo. Vimos que a dívida aumenta com o déficit primário e com os juros. Para com-

---

[22] O Brasil aparece com 86% de relação dívida/PIB, número diferente das estatísticas oficiais brasileiras, de 76% para o ano de 2022. Isso acontece porque o FMI considera toda a dívida emitida pelo governo, inclusive aquela em poder do Banco Central, como é o caso de 10% da dívida emitida pelo Tesouro brasileiro. Optamos por deixar o número do FMI para garantir a comparabilidade entre países, dado que o critério é o mesmo para todos os países.

pletar a equação, precisamos também da evolução do PIB. Como o PIB está no denominador da razão dívida/PIB, quanto mais crescer o PIB menos crescerá a relação dívida/PIB, e vice-versa. Vejamos um exemplo simples, na **Figura 36**.

Figura 36 – Dinâmica do aumento da relação dívida/PIB

	ANO 0	ANO 1	PROPORÇÃO DO PIB
DÉFICIT PRIMÁRIO		-50	-2%
JUROS		-100	-4%
DÉFICIT NOMINAL		-150	-6%
DÍVIDA	1.000	1.150	6%
PIB	2.500	2.300	-8%
DÍVIDA/PIB	40%	50%	

Fonte: elaboração do autor

Começamos, no ano zero, com uma dívida de 1.000 e um PIB de 2.500. A relação dívida/PIB nesse ano, portanto, é de:

$$\frac{1.000}{2.500} = 40\%$$

No ano 1, o déficit primário foi de -50 (-2% do PIB de 2.500), pagamento de juros de -100 (-4% do PIB de 2.500), gerando um déficit nominal de -150 (-6% do PIB de 2.500). A dívida, então, aumenta de 1.000 para 1.150, ou 6% do PIB de 2.500. Já o PIB, no ano 1, encolhe de 2.500 para 2.300, uma retração de 8%. Temos, então, uma nova relação dívida/PIB no ano 1:

$$\frac{1.150}{2.300} = 50\%$$

Esse aumento da relação dívida/PIB (de 40% para 50%) teve dois componentes: 1) aumento da dívida e 2) diminuição do PIB. A fórmula que relaciona essas variáveis é a seguinte:

$$\left(\frac{dívida}{PIB}\right)_t = \left(\frac{dívida}{PIB}\right)_{t-1} \times \left(\frac{1+custo\,da\,dívida}{1+crescimento\,do\,PIB}\right)_t$$

$$+\left(\frac{déficit\,primário}{1+crescimento\,do\,PIB}\right)_t$$

Na seção extra deste capítulo, demonstramos como chegamos a essa fórmula.

Para aplicar essa fórmula ao exemplo visto anteriormente, precisamos calcular o custo da dívida. Como os juros pagos foram de 100 sobre uma dívida de 1.000, o custo da dívida foi de 10%. Aplicando, então, essa fórmula ao exemplo visto, temos:

$$\left(\frac{dívida}{PIB}\right)_t = 40\% \times \left(\frac{1+10\%}{1-8\%}\right) + \left(\frac{2\%}{1-8\%}\right)$$

$$= 40\% \times 1,1957 + 0,0217 = 50\%$$

Note que a fórmula tem duas partes: a primeira, em que multiplicamos a razão (custo da dívida/crescimento do PIB) pela relação dívida/PIB do ano anterior; e a segunda, em que simplesmente subtraímos o resultado primário, ajustado pelo crescimento do PIB. Então, não se perca na fórmula, concentre-se no conceito: a relação dívida/PIB cresce na medida em que 1) o custo da dívida é maior que o crescimento do PIB e 2) há déficit primário.

Em função da primeira parte dessa fórmula, existem muitas discussões a respeito do nível das taxas de juros. Afinal, se as taxas de juros fossem menores que o crescimento do PIB, não seria necessário produzir superávits primários para manter a dívida sob controle. No **Gráfico 59**, podemos acompanhar como foi a relação entre essas duas variáveis (custo da dívida e crescimento do PIB) ao longo dos últimos anos no Brasil.

Gráfico 59 – Custo da dívida e crescimento do PIB (resultados nominais)

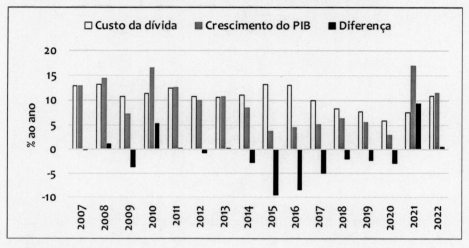

Fonte: Banco Central

Podemos observar que, em apenas 2 anos nesse período de 16 anos (2010 e 2021), o crescimento do PIB foi substancialmente superior ao custo da dívida, o que colaborou para a diminuição da relação dívida/PIB nesses anos. Por outro lado, entre 2014 e 2020, o custo da dívida foi bem maior do que o crescimento do PIB, trabalhando na direção inversa.

De qualquer forma, essa discussão é inócua. O governo não controla o crescimento do PIB nem tampouco o nível das taxas de juros, como vimos antes na discussão sobre a dominância fiscal. A única variável que o governo controla diretamente é o resultado primário, pois se trata de receitas e despesas do próprio governo. Por isso, sempre que há discussões sobre a evolução da dívida, o foco deve ser no resultado primário, a segunda parte da fórmula vista anteriormente.

Alguns podem dizer que o governo tem, sim, alguma influência sobre o crescimento do PIB, pois pode incentivá-lo com políticas de investimentos. Não vamos, neste ponto, entrar nessa discussão, falaremos sobre crescimento do PIB no Capítulo 8, mas é de se perguntar por que, depois de décadas de políticas de incentivos ao crescimento, o Brasil não cresce mais do que o custo de sua dívida na maior parte do tempo.

Vamos agora à aplicação dessa fórmula ao caso real. Comecemos com o ano de 2020, ano da pandemia, em um caso de aumento bastante expressivo da relação dívida/PIB. Em 2019, a dívida bruta havia fechado em 74,4% do PIB. Para calcular a relação dívida/PIB de 2020, precisamos saber o custo da dívida, o crescimento do PIB e o déficit primário em 2020:

- Custo da dívida: 5,9% ao ano
- Crescimento nominal do PIB: 3,0%
- Déficit primário: 9,6% do PIB

O primeiro cuidado ao se calcular a relação dívida/PIB é que o que realmente importa não é o déficit primário, mas o total de emissões de novas dívidas por parte do governo. O déficit primário obriga o governo a emitir novas dívidas, mas não só. Há outros componentes que exigem a emissão de dívida:

- Transferência de recursos para bancos oficiais: sempre que o Tesouro transfere dinheiro para o BNDES, por exemplo, precisa emitir dívida. No caso, em 2020, houve o movimento inverso, de devolução de recursos para o Tesouro por parte do BNDES, o que ajudou na diminuição da dívida.
- Compra de reservas internacionais: sempre que o Banco Central compra reservas internacionais, precisa emitir dívida para pagar por essas reservas. E, vice-versa, se o BC vende reservas internacionais, recebe reais e a dívida diminui.
- Operações do Banco Central em geral com lastro em títulos da dívida: trata-se de algo muito técnico, não vamos entrar nos detalhes aqui.

Além disso, também a variação cambial sobre a parcela da dívida externa influencia o valor da dívida. Para incorporar esses fatores adicionais, vamos reescrever a fórmula da evolução da relação dívida/PIB de maneira mais precisa:

$$\left(\frac{d\acute{\imath}vida}{PIB} \right)_t = \left(\frac{d\acute{\imath}vida}{PIB} \right)_{t-1} \times \left(\frac{1 + custo\,da\,d\acute{\imath}vida}{1 + crescimento\,do\,PIB} \right)_t$$

$$+\left(\frac{déficit\ primário}{1+crescimento\ do\ PIB}\right)_t$$

$$+\left(\frac{outro\ fatores\ de\ aumento\ da\ dívida}{1+crescimento\ do\ PIB}\right)_t$$

Considerando os três fatores de emissão de dívida vistos anteriormente além do déficit primário, e a grande desvalorização do real em 2020, chegamos a um impacto adicional de 0,7% do PIB. Com esse valor em mãos, podemos estimar a relação dívida/PIB de 2020:

$$\left(\frac{dívida}{PIB}\right)_{2020}=\left(\frac{dívida}{PIB}\right)_{2019}\times\left(\frac{1+custo\ da\ dívida}{1+crescimento\ do\ PIB}\right)_{2020}$$

$$+\left(\frac{déficit\ primário}{1+crescimento\ do\ PIB}\right)_{2020}$$

$$+\left(\frac{outro\ fatores\ de\ aumento\ da\ dívida}{1+crescimento\ do\ PIB}\right)_{2020}$$

$$\left(\frac{dívida}{PIB}\right)_{2020}=74,4\%\times\left(\frac{1+5,9\%}{1+3,0\%}\right)+\left(\frac{9,6\%}{1+3,0\%}\right)$$

$$+\left(\frac{0,7\%}{1+3,0\%}\right)\cong 86,5\%$$

O resultado real foi uma relação dívida/PIB de 86,9%. Essa pequena diferença se deve ao fato de estarmos calculando a variação de um ano inteiro ao invés de mês a mês, o que causa algumas distorções. Mas, de qualquer forma, trata-se de uma boa aproximação.

Cabe observar que, nesse cálculo, fica claro que o grande responsável pelo aumento da relação dívida/PIB em 2020 foi o déficit primário incorrido pelo governo, forçado que foi a pagar por um gigantesco auxílio emergencial durante a pandemia.

Vejamos, agora, o que ocorreu em 2021. Naquele ano, tivemos os seguintes números:

- Custo da dívida: 7,6% ao ano
- Crescimento nominal do PIB: 16,9%
- Superávit primário: 0,7% do PIB
- Outros fatores: +1,0% do PIB

Então, temos:

$$\left(\frac{dívida}{PIB}\right)_{2021} = \left(\frac{dívida}{PIB}\right)_{2020} \times \left(\frac{1 + custo\ da\ dívida}{1 + crescimento\ do\ PIB}\right)_{2021}$$

$$+ \left(\frac{déficit\ primário}{1 + crescimento\ do\ PIB}\right)_{2021}$$

$$+ \left(\frac{outro\ fatores\ de\ aumento\ da\ dívida}{1 + crescimento\ do\ PIB}\right)_{2021}$$

$$\left(\frac{dívida}{PIB}\right)_{2021} = 86,9\% \times \left(\frac{1 + 7,6\%}{1 + 16,9\%}\right) + \left(\frac{-0,7\%}{1 + 16,9\%}\right)$$

$$+ \left(\frac{-1,0\%}{1 + 16,9\%}\right) \cong 78,5\%$$

O resultado real foi 78,3% do PIB, um número muito próximo do estimado. Observe que os números "0,7%" e "1,0%" entraram negativos na fórmula, pois foram superávits e, portanto, subtraem da dívida.

Agora vamos, na **Tabela 16**, comparar as variações da dívida/PIB de 2019 para 2020 e de 2020 para 2021.

Tabela 16 – Fatores que determinam a evolução da relação dívida/PIB

Ano	Dívida/PIB inicial	Variação devida ao custo da dívida/crescimento do PIB	Variação devida ao déficit primário	Variação devida a outros fatores	Dívida/PIB final
2020	74,4%	$74,4\% \times \left(\frac{1+5,9\%}{1+3,0\%} - 1\right) \cong 2,1\%$	$\left(\frac{9,6\%}{1+3,0\%}\right) \cong 9,3\%$	$\left(\frac{0,7\%}{1+3,0\%}\right) \cong 0,7\%$	74,4% + 2,1% + 9,3% + 0,7% = 86,5%
2021	86,9%	$86,9\% \times \left(\frac{1+7,6\%}{1+16,9\%} - 1\right) \cong -6,9\%$	$\left(\frac{-0,7\%}{1+16,9\%}\right) \cong -0,6\%$	$\left(\frac{-1,0\%}{1+16,9\%}\right) \cong -0,9\%$	86,9% – 6,9% – 0,6% – 0,9% = 78,5%

Fonte: elaboração do autor

Em resumo, da elevação de 12,1 pontos percentuais da relação dívida/PIB de 2019 para 2020, 2,1 pontos (cerca de 17%) veio da relação custo da dívida/crescimento do PIB, 9,3 pontos percentuais (aproximadamente 77%) vieram do déficit primário, e 0,7 pontos percentuais (cerca de 6%) vieram de outros fatores. Já em 2021 a relação se inverte: dos 8,4 pontos percentuais de queda da relação dívida/PIB, 6,9 pontos percentuais (cerca de 82%) vieram da relação custo da dívida/crescimento do PIB, apenas 0,6 pontos percentuais (aproximadamente 7%) vieram do superávit primário, e 0,9 pontos percentuais (cerca de 11%) vieram de outros fatores.

A contribuição desses fatores nos diz algo sobre a sustentabilidade da trajetória da dívida pública. Dessas três partes em que se divide a evolução da dívida/PIB, a única que está realmente sob o controle direto do governo, como não cansamos de repetir, é o déficit fiscal. Os outros dois fatores (custo da dívida/crescimento econômico e outros fatores) são de difícil controle direto pelo governo. Então, consideramos que a trajetória da relação dívida/PIB é mais sustentável quanto mais estiver calcada na produção de superávits primários. Claro, o crescimento econômico ajuda, e muito, mas basear um plano de redução de endividamento na esperança de um crescimento maior no futuro parece temerário.

No **Gráfico 60**, podemos observar qual foi a contribuição de cada um dos fatores vistos anteriormente na trajetória da relação dívida/PIB nos últimos anos (barras para cima significam aumento da dívida e para baixo significam redução da dívida).

Gráfico 60 – Contribuição dos fatores para a variação da dívida/PIB

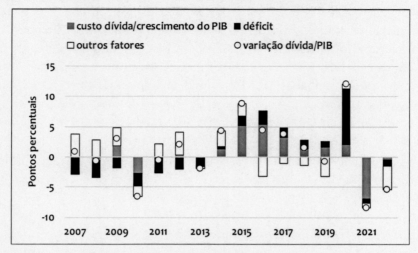

Fonte: elaboração do autor com dados do Banco Central

Note que a razão custo da dívida/crescimento do PIB foi importante para explicar a variação da relação dívida/PIB em 2015 e 2016. Com a grande recessão que o país enfrentou nesses anos, o denominador da relação diminuiu, fazendo com que a relação aumentasse. Em 2021, essa razão entre custo da dívida e PIB também foi importante, mas no sentido inverso, ajudando a diminuir a relação dívida/PIB. Comentaremos esse fenômeno mais à frente, que tem a ver com a inflação.

De 2007 a 2013, o superávit primário ajudou a diminuir a relação dívida/PIB. A partir de 2014, essa relação se inverte.

Por fim, de 2007 a 2015, "outros fatores" ajudam a aumentar a relação dívida/PIB. Esses outros fatores são a compra de reservas internacionais (até 2011) e o aumento dos aportes no BNDES a partir de 2010. A partir de 2016, a barra "outros fatores" se inverte, indicando a devolução de recursos do BNDES para o Tesouro. Em 2022, a barra "outros fatores" é explicada principalmente pela diminuição das operações compromissadas por parte do BC.

Voltemos para a variação da dívida/PIB em 2021, em grande parte explicada pela relação favorável entre custo da dívida e crescimento do PIB. Para tanto, precisamos explicitar uma variável escondida até o momento: a inflação.

A inflação entra no jogo

Até o momento, lidamos apenas com grandezas nominais, tanto na expressão dos juros quanto com relação ao crescimento do PIB. Vamos reescrever a fórmula vista na seção anterior explicitando a inflação. Observe que multiplicamos e dividimos a razão custo da dívida/crescimento do PIB pelo mesmo número, o que não muda o resultado.

$$\left(\frac{dívida}{PIB}\right)_t = \left(\frac{dívida}{PIB}\right)_{t-1}$$

$$\times \left(\frac{\left(1 + custo\ real\ da\ dívida\right) \times \left(1 + inflação\right)}{\left(1 + crescimento\ real\ do\ PIB\right) \times \left(1 + inflação\right)}\right)_t$$

$$+ \left(\frac{déficit\ primário}{1 + crescimento\ nominal\ do\ PIB}\right)_t$$

$$+ \left(\frac{outro\ fatores\ de\ aumento\ da\ dívida}{1 + crescimento\ nominal\ do\ PIB}\right)_t$$

Note que substituímos o custo da dívida e o crescimento do PIB nominais por custo real e crescimento real (após a inflação), e multiplicamos o resultado pela inflação. O resultado é exatamente o mesmo, apenas explicitamos a inflação na fórmula.

Agora preste muita atenção, porque é neste ponto que a inflação trabalha a favor do governo.

À primeira vista, poderíamos pensar que a inflação é neutra nessa fórmula, porque aumenta o custo da dívida e o crescimento do PIB de maneira igual. Mas a economia não funciona dessa maneira. Na verdade, a surpresa inflacionária afeta inicialmente o PIB. O crescimento nominal do PIB se acelera imediatamente, porque o PIB é calculado com base nos preços das mercadorias e serviços vendidos. Se esses preços aumentam, o PIB nominal também aumenta. Além disso, uma surpresa inflacionária afeta positivamente a arrecadação de impostos. Como os preços dos produtos e serviços são maiores, os impostos calculados sobre esses produtos e serviços também aumentam. Portanto, a surpresa inflacionária, em um primeiro momento, ajuda a diminuir o déficit das contas públicas, via aumento das receitas. Assim, a dinâmica da dívida/PIB é ajudada de duas maneiras pela inflação: aumento do PIB nominal e aumento das receitas do governo.

Agora é que vem o truque: se a inflação crescente afeta o PIB imediatamente, o mesmo não ocorre com os juros que afetam o custo da dívida. Os investidores calculam a taxa de juros nominal com base em uma **expectativa** de inflação futura. A definição de "surpresa inflacionária" é justamente essa: surpresa. Os investidores são pegos de surpresa por uma inflação mais alta do que haviam estimado. Ou seja, na fórmula anterior, a inflação que multiplica a taxa real de juros é diferente da inflação que multiplica o crescimento nominal do PIB. A inflação que corrige a taxa de juros é uma expectativa (*ex-ante*), ao passo que a inflação que corrige o crescimento econômico é a realizada (*ex-post*). Há uma diferença grande entre essas duas "inflações" quando ocorre uma surpresa inflacionária.

No **Gráfico 61**, ilustramos o que estamos querendo dizer, com a evolução das expectativas do Relatório Focus para a inflação de 2021.

Gráfico 61 – Evolução da expectativa de inflação para 2021

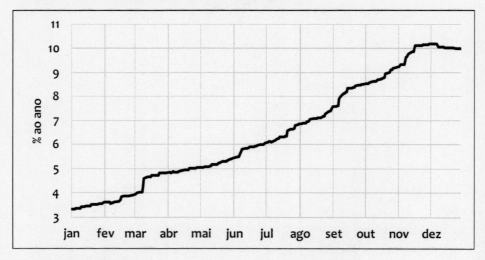

Fonte: Relatório Focus/BC

No início do ano, estimava-se uma inflação de pouco mais de 3% para aquele ano. À medida que o tempo foi passando, essa estimativa foi sendo constantemente reajustada para cima, até chegar nos 10%, que foi o IPCA daquele ano. Claro que, para quem espera uma inflação de 3%, uma taxa de juros nominal de 6% parece ok. E foi justamente isso o que aconteceu: as taxas de juros nominais começaram o ano muito baixas, e foram subindo, acompanhando as expectativas de inflação. Por isso, o custo da dívida foi de apenas 7,6% nesse ano, muito abaixo da inflação observada. Os investidores foram pegos de surpresa, e só ajustaram os juros nominais depois que a vaca já tinha se encaminhado para o brejo.

Então, a surpresa inflacionária, em um primeiro momento, não faz o custo da dívida aumentar. O que ocorre é que a taxa de juros real, quando medida contra a inflação observada (não a esperada), diminui. Ou seja, os credores da dívida perdem retorno real, mantendo o retorno nominal de seus investimentos.

Em 2021, o custo nominal da dívida foi de 7,6%, enquanto o crescimento nominal do PIB foi de 16,9%. O deflator do PIB (que é a inflação usada para calcular a trajetória da relação dívida/PIB) foi de 11,4%. Portanto, tivemos juros reais negativos em 2021:

$$\frac{1+7,6\%}{1+11,4\%}-1 \cong -3,4\%$$

Por outro lado, tivemos um crescimento real do PIB positivo de:

$$\frac{1+16,9\%}{1+11,4\%}-1 \cong 4,9\%$$

É sempre assim: quando ocorre uma surpresa inflacionária, o BC (e o mercado) demoram a se adaptar ao novo nível de inflação. Portanto, em um primeiro momento, a surpresa inflacionária ajuda a diminuir a relação dívida/PIB, pois o custo da dívida fica menor que o crescimento do PIB. Lembre-se de que esse foi o principal motivo para a redução da relação dívida/PIB em 2021.

Claro que esse jogo não termina em um ano. No ano seguinte, com a surpresa inflacionária, o BC se move aumentando a taxa Selic e o mercado também se move, pedindo juros mais altos para rolar a dívida. A não ser que...

A não ser que tenhamos uma nova surpresa inflacionária. A estabilização da relação dívida/PIB via inflação requer que sempre tenhamos surpresas inflacionárias. A inflação precisa sempre estar acima do que os agentes econômicos e o BC esperam. Assim, o PIB nominal anda na frente dos juros nominais, "estabilizando" a relação dívida/PIB. Por isso, dizemos que a inflação é a maneira perversa de "queimar" dívida. O problema é que não queima somente dívida. Queima também o orçamento dos brasileiros, principalmente o dos mais pobres.

A trajetória da relação dívida/PIB ao longo do tempo

As discussões sobre a relação dívida/PIB sempre enfatizam a trajetória dessa relação ao longo do tempo. Afinal, a dívida está ou não em trajetória explosiva?

Para descobrir isso, basta repetir o mesmo exercício que fizemos anteriormente para alguns anos à frente. Para isso, precisamos estimar quatro variáveis:

- Inflação
- Taxa de juros nominal
- Déficit primário
- Crescimento real do PIB

Para o exercício a seguir, não vamos estimar os outros fatores determinantes da relação dívida/PIB (variação cambial das reservas, transferências de recursos para bancos oficiais, variação de operações no Banco Central etc.). De modo a simplificar a simulação, vamos assumir que esses fatores agregam zero à dívida pública.

Um primeiro chute educado é simplesmente considerar as premissas do Relatório Focus, que reúne as estimativas de bancos e consultorias para as principais variáveis macroeconômicas e financeiras. Vejamos, na **Tabela 17**, as estimativas, no final de 2022, para os anos seguintes.

Temos aqui dois problemas técnicos. O primeiro refere-se à inflação utilizada. Sabemos que, para calcular a relação dívida/PIB, usamos o deflator do PIB. No entanto, não há estimativa para essa medida de inflação no Relatório Focus. A saída será estimar essa medida com base no histórico do seu comportamento em relação ao IPCA.

Tabela 17 – Variáveis necessárias para o cálculo da relação dívida/PIB

Ano	IPCA	Taxa Selic média*	Resultado primário**	Crescimento real do PIB
2023	5,4%	13,4%	-1,2%	0,8%
2024	3,7%	10,3%	-1,0%	1,5%
2025	3,5%	8,5%	-0,7%	1,8%
2026	3,2%	8,0%	-0,5%	2,0%
2027	3,3%	8,0%	-0,2%	2,5%
2028	3,0%	8,0%	0,3%	2,5%
2029	3,0%	8,0%	0,5%	2,5%
2030	3,0%	8,0%	0,6%	2,5%

Fonte: Relatório Focus, com exceção das áreas hachuradas, em que o autor repetiu o último ano disponível e, no caso do IPCA, foram usadas as metas de inflação vigentes no final de 2022.

*O Relatório Focus fornece a taxa Selic de final de período, a taxa média foi aproximada pelo autor.

**Sinal negativo indica déficit, sinal positivo indica superávit.*

No **Gráfico 62**, mostramos as diferenças entre o deflator do PIB e o IPCA ao longo dos últimos anos. Podemos observar que as diferenças variam de maneira significativa ao longo do tempo. Como aproximação, usaremos a média desse período, que foi de 1,3% acima do IPCA. Ou seja, para estimar o deflator do PIB, somaremos 1,3 pontos percentuais ao IPCA de cada ano.

Gráfico 62 – Diferenças entre o deflator do PIB e o IPCA

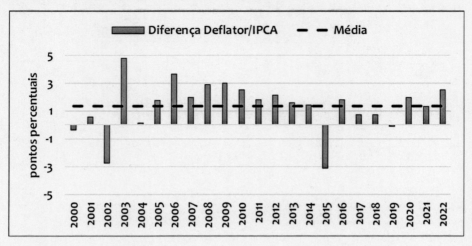

Fonte: Banco Central

O segundo problema técnico é o custo da dívida. Na seção "Quanto custa a dívida pública?", vimos que os juros sobre a dívida não coincidem com a taxa Selic, uma vez que uma parcela relevante da dívida está em títulos prefixados e indexados à inflação. No entanto, apenas para não complicar o exercício, vamos usar a taxa Selic como *proxy* do custo da dívida, sabendo que subestimaremos essa variável e, por consequência, o aumento da relação dívida/PIB.

Usando a fórmula da relação dívida/PIB ano a ano e as premissas da **Tabela 17** (que chamaremos de cenário-base), teríamos a trajetória da relação dívida/PIB no **Gráfico 63**.

Gráfico 63 – Evolução da relação dívida/PIB (cenário-base)

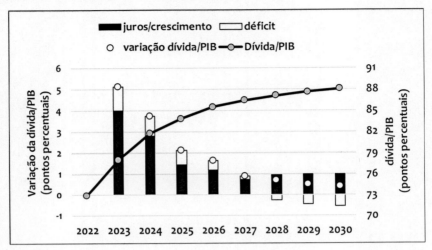

Fonte: elaboração do autor

Nesse gráfico, além de mostrarmos a trajetória da relação dívida/PIB, mostramos também os fatores determinantes do crescimento dessa relação: a razão juros/crescimento econômico e o déficit primário.

Note que, mesmo com a produção de algum superávit primário a partir de 2028, a relação dívida/PIB continua em ascensão. Isso acontece porque o crescimento econômico é muito menor do que o nível dos juros. Podemos observar isso nas barras pretas positivas a partir de 2028, mostrando que esse componente da fórmula agrega 1 ponto percentual à relação dívida/PIB a cada ano. Ou seja, seria necessário um superávit primário de, pelo menos, 1 ponto percentual do PIB somente para compensar o diferencial entre juros e crescimento econômico para, assim, estabilizar a relação dívida/PIB.

Vamos agora desenhar três cenários alternativos, com o objetivo de estabilizar a relação dívida/PIB em 80% a partir de 2024. Trata-se, eu sei, de uma meta pouco ambiciosa, mas é o que temos para o momento.

No cenário alternativo 1, vamos estimar apenas o resultado primário necessário para estabilizar a relação dívida/PIB, mantendo todas as outras variáveis constantes. O resultado pode ser observado no **Gráfico 64**.

Gráfico 64 – Evolução da relação dívida/PIB (cenário alternativo 1)

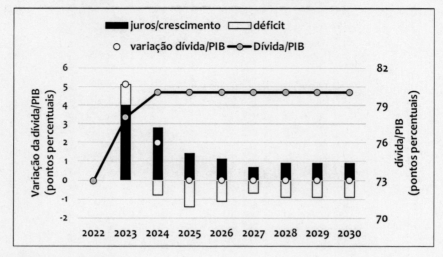

Fonte: elaboração do autor

A partir de 2024, o país já deveria produzir superávits primários: em 2024, de 0,8% do PIB, em 2025 de 1,4% do PIB e, de 2026 em diante, de aproximadamente 0,9% do PIB. No caso específico de 2024, comparando-se com o déficit previsto para aquele ano (1,0% do PIB), deveria haver uma virada fiscal de 1,8% do PIB, ou 180 bilhões de reais a valores do final de 2022. Os valores que geraram o **Gráfico 64** estão na **Tabela 18**.

Tabela 18 – Cenário alternativo 1 para a trajetória da relação dívida/PIB

Ano	IPCA	Taxa Selic média	Resultado primário	Crescimento real do PIB
2023	5,4%	13,4%	-1,2%	0,8%
2024	3,7%	10,3%	*0,9%*	1,5%
2025	3,5%	8,5%	*1,5%*	1,8%
2026	3,2%	8,0%	*1,2%*	2,0%
2027	3,3%	8,0%	*0,7%*	2,5%
2028	3,0%	8,0%	*1,0%*	2,5%
2029	3,0%	8,0%	*1,0%*	2,5%
2030	3,0%	8,0%	*1,0%*	2,5%

Fonte: Relatório Focus, com exceção das áreas hachuradas, em que o autor repetiu o último ano disponível, com exceção do IPCA, em que foi usada a meta de inflação.

Os números em negrito e itálico são os resultados primários necessários para se produzir uma relação dívida/PIB de 80% em cada ano.

Agora, no cenário alternativo 2, vamos estimar o crescimento econômico necessário para estabilizar a relação dívida/PIB, mantendo todas as outras variáveis constantes. O resultado pode ser visto no **Gráfico 65**. Os valores que geraram o **Gráfico 65** estão na **Tabela 19**.

Gráfico 65 – Evolução da relação dívida/PIB (cenário alternativo 2)

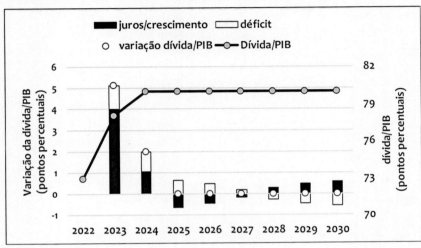

Fonte: elaboração do autor

Observe os crescimentos do PIB necessários para que a relação juros/crescimento seja o suficiente para estabilizar a relação dívida/PIB em 80%. Crescimentos dessa magnitude e com essa constância somente seriam alcançados com algum vento muito positivo vindo do cenário externo.

Tabela 19 – Cenário alternativo 2 para a trajetória da relação dívida/PIB

Ano	IPCA	Taxa Selic média	Resultado primário	Crescimento real do PIB
2023	5,4%	13,4%	-1,2%	0,8%
2024	3,7%	10,3%	-1,0%	*3,8%*
2025	3,5%	8,5%	-0,7%	*4,6%*
2026	3,2%	8,0%	-0,5%	*4,1%*
2027	3,3%	8,0%	-0,2%	*3,7%*
2028	3,0%	8,0%	0,3%	*3,3%*
2029	3,0%	8,0%	0,5%	*3,1%*
2030	3,0%	8,0%	0,6%	*2,9%*

Fonte: Relatório Focus, com exceção das áreas hachuradas, em que o autor repetiu o último ano disponível, com exceção do IPCA, em que foi usada a meta de inflação.
Os números em negrito e itálico são os crescimentos do PIB necessários para se produzir uma relação dívida/PIB de 80% em cada ano.

Por fim, no cenário alternativo 3, o mais interessante, vamos estimar a inflação necessária para estabilizar a relação dívida/PIB, mantendo todas as outras variáveis constantes, com exceção dos juros. Por que vamos mexer nos juros também? Porque os juros são ajustados para cima se a inflação sobe. Vamos assumir que nem os investidores e nem o Banco Central assistem passivamente à subida da inflação sem reagirem. Por isso, precisamos trabalhar não somente com inflação mais alta, mas com surpresas inflacionárias, ou seja, inflação crescente que compense a subida dos juros no ano anterior. Para simular esse processo, vamos assumir que as taxas de juros no ano seguinte são sempre 5 pontos percentuais maiores do que a inflação do ano anterior, simulando a reação do mercado/BC ao aumento da inflação. E vamos assumir que a inflação no ano seguinte sobe o suficiente para manter constante a relação dívida/PIB em 80%. Podemos observar a trajetória da relação dívida/PIB no **Gráfico 66**, e os números que geraram o gráfico na **Tabela 20**.

Gráfico 66 – Evolução da relação dívida/PIB (cenário alternativo 3)

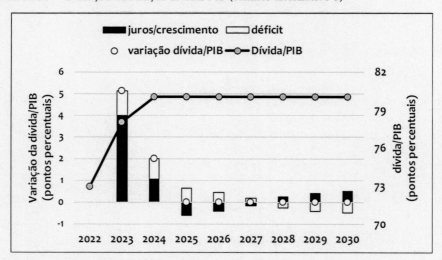

Fonte: elaboração do autor

Tabela 20 – Cenário alternativo 3 para a trajetória da relação dívida/PIB

Ano	IPCA	Taxa Selic média	Resultado primário	Crescimento real do PIB
2023	5,4%	13,4%	-1,2%	0,8%
2024	*6,1%*	*10,4%*	-1,0%	1,5%
2025	*8,9%*	*11,1%*	-0,7%	1,8%
2026	*11,2%*	*13,9%*	-0,5%	2,0%
2027	*12,7%*	*16,2%*	-0,2%	2,5%
2028	*13,5%*	*17,7%*	0,3%	2,5%
2029	*14,1%*	*18,5%*	0,5%	2,5%
2030	*14,5%*	*19,1%*	0,6%	2,5%

Fonte: Relatório Focus, com exceção das áreas hachuradas, em que o autor repetiu o último ano disponível, com exceção do IPCA, em que foi usada a meta de inflação.

Os números em negrito e itálico são as inflações e as taxas de juros necessários para se produzir uma relação dívida/PIB de 80% em cada ano.

Note como a inflação precisou chegar a 14,5% somente para manter a relação dívida/PIB em 80%, um objetivo, como dissemos, pouco ambicioso. O mais importante desse cenário é observar que, na ausência de superávits primários e/ou crescimento econômico, a relação dívida/PIB somente se estabiliza com inflação crescente. Esse é o motivo pelo qual não há estabilidade inflacionária quando há um desequilíbrio fiscal crônico. Nesse ambiente, somente a inflação (ou melhor, a surpresa inflacionária) é capaz de equilibrar novamente o orçamento.

Extra: demonstração da fórmula da evolução da relação dívida/PIB

Sabemos que a relação dívida/PIB em dado ano *t* é dada por:

$$\frac{dívida_t}{PIB_t} = \frac{dívida_{t-1} + déficit\ nominal_t}{PIB_{t-1} \times (1 + crescimento_t)}$$

Mas podemos reescrever a dívida do período anterior da seguinte forma:

$$dívida_{t-1} = PIB_{t-1} \times \frac{dívida_{t-1}}{PIB_{t-1}}$$

E podemos reescrever o déficit nominal no período atual da seguinte forma:

$$déficit\ nominal_t = PIB_{t-1} \times \frac{déficit\ nominal_t}{PIB_{t-1}}$$

Assim, temos:

$$\frac{dívida_t}{PIB_t} = \frac{PIB_{t-1} \times \dfrac{dívida_{t-1}}{PIB_{t-1}} + PIB_{t-1} \times \dfrac{déficit\ nominal_t}{PIB_{t-1}}}{PIB_{t-1} \times \left(1 + crescimento_t\right)}$$

Dividindo o numerador e o denominador por , obtemos:

$$\frac{dívida_t}{PIB_t} = \frac{\dfrac{dívida_{t-1}}{PIB_{t-1}} + \dfrac{déficit\ nominal_t}{PIB_{t-1}}}{\left(1 + crescimento_t\right)}$$

Agora, vamos dividir o déficit nominal em seus dois componentes, déficit primário e juros:

$$déficit\ nominal_t = déficit\ primário_t + juros_t$$

Temos então:

$$\frac{divida_t}{PIB_t} = \frac{\dfrac{divida_{t-1}}{PIB_{t-1}} + \dfrac{déficit\ primário_t + juros_t}{PIB_{t-1}}}{\left(1 + crescimento_t\right)}$$

Os juros pagos podem ser calculados aplicando o custo da dívida sobre a dívida:

$$juros_t = custo\ da\ dívida_t \times dívida_{t-1}$$

Assim, temos:

$$\frac{divida_t}{PIB_t} =$$

$$\frac{\dfrac{divida_{t-1}}{PIB_{t-1}} + \dfrac{déficit\ primário_t + custo\ da\ dívida_t \times dívida_{t-1}}{PIB_{t-1}}}{\left(1 + crescimento_t\right)}$$

Colocando a $\dfrac{divida_{t-1}}{PIB_{t-1}}$ em evidência e rearranjando, temos:

$$\frac{divida_t}{PIB_t} == \frac{divida_{t-1}\left(1 + custo\ da\ dívida_t\right) + déficit\ primário_t}{PIB_{t-1} \times \left(1 + crescimento_t\right)}$$

Rearranjando, temos a fórmula final:

$$\left(\frac{divida}{PIB}\right)_t = \left(\frac{divida}{PIB}\right)_{t-1} \times \left(\frac{1 + custo\ da\ dívida}{1 + crescimento\ do\ PIB}\right)_t + \left(\frac{déficit\ primário}{1 + crescimento\ do\ PIB}\right)_t$$

CAPÍTULO 7

O PRODUTO INTERNO BRUTO

O que é o PIB?

Figura 37 – O PIB é sempre manchete de jornal

PIB sobe 2,9% em 2022.

Fonte: O Estado de São Paulo

A manchete da **Figura 37** foi publicada em março de 2023, e refere-se ao PIB de 2022. Mas o que isso significa?

PIB significa Produto Interno Bruto. É a soma de todos os bens e serviços produzidos por um país durante um determinado período. No caso da manchete, durante um ano, o ano de 2022.

Mas a manchete menciona a **variação** do PIB de um ano para o outro, não o seu **valor**. Pesquisando no IBGE, que é o órgão que calcula o PIB brasileiro, encontramos que o PIB nacional valia, no final de 2022, R$ 9.915.316.432.886,14. Ou 9 trilhões, 915 bilhões, 316 milhões, 432 mil, 886 reais e 14 centavos.

Mas o que significa exatamente esse valor? Quando dizemos que o PIB representa a soma de todos os bens e serviços produzidos por um país, o que queremos dizer exatamente com isso?

Em primeiro lugar, usamos as palavras "produto" e "produzir". O PIB é uma medida da produção de um país. Mas o que é "produzir"?

Segundo o Dicionário Aurélio, produzir é "dar nascimento ou origem a; dar o ser a; fazer existir; criar, gerar". Então, produzir é fazer aparecer algo que não existia antes. Em economês, chamamos isso de "criação de valor".

Quando eu era criança, gostava de assistir a uma série chamada *Jeannie é um gênio*. Tratava-se de uma gênia que foi libertada por um astronauta e passou a viver com ele. Jeannie fazia as vontades de seu amo e mais algumas coisinhas. Eu ficava impressionado com como ela criava coisas do nada ou se transportava a si ou aos outros para lugares distantes com apenas um piscar de olhos.

No mundo real, como sabemos, não se cria nada do nada e ninguém se movimenta de um lado para o outro com um piscar de olhos. Tudo isso envolve o emprego de energia, de algum grau de conhecimento (o "saber--fazer") e organização.

Olhe agora à sua volta: quase tudo o que você vê foi produzido por outro ser humano. As (poucas) exceções são de graça, você não paga nada por elas: o ar que você respira, o sol que nasce toda manhã, as estrelas da noite, os pássaros que voam nos céus das cidades e campos. Todo o resto, de alguma maneira, alguém pagou para alguém produzir. Nem mesmo as árvores que nos circundam nas cidades (se não forem mata nativa) estão aí por obra de um gênio criador: alguém teve que plantá-las.

Nesse sentido, se fôssemos meros coletores de alimentos para o nosso próprio sustento, alimentos esses disponíveis na natureza sem a intervenção humana, a produção seria zero, o PIB seria zero. Estaria tudo disponível na natureza, não haveria a criação de nada que já não existisse antes. Era assim no início da saga humana no planeta, e é assim que os animais, até hoje, se sustentam em meio à natureza selvagem.

Agora, imagine a seguinte situação: por alguma limitação física, um determinado ser humano não consegue sair para coletar os alimentos, mas consegue produzir cestas que facilitam a coleta. Esse ser humano produz as cestas e as troca pelos alimentos que não consegue coletar pessoalmente. Temos aí uma relação econômica que aumenta a produtividade da coleta: o ser humano que sai para coletar consegue aumentar a sua capacidade de coleta usando a cesta, e o ser humano que não consegue coletar troca o excedente de coleta pelas cestas que produz. Há uma troca baseada em mútua vantagem. Há criação de valor para os dois lados dessa transação.

O ser humano coletor, no início, coletava apenas para si mesmo. Agora, com a cesta, digamos que ele triplique a sua produtividade, sendo capaz de coletar para si mesmo e para mais duas pessoas. Ele carrega o que coletou, entrega a parte do produtor de cestas e vende o restante para uma outra pessoa que igualmente não tem habilidade para coletar. Então temos o seguinte:

1. O produtor de cestas cria valor para o coletor, ao multiplicar o seu poder de trabalho.

2. O coletor cria valor para o produtor de cestas, ao levar o produto de sua coleta até onde está o produtor de cestas.

O PIB nada mais é do que a soma de todos esses valores criados. Expressamos o PIB em uma determinada moeda porque é a forma mais simples de medir o valor agregado. Mas não confunda a moeda com o valor adicionado. Vivemos em uma sociedade sofisticada, em que a moeda assumiu uma espécie de onipresença, passando a impressão de que o dinheiro tem vida em si. Não tem. O dinheiro é apenas a forma de medir o valor adicionado pelas pessoas. Se não há valor adicionado (se não há PIB), o dinheiro é apenas um papel pintado.

O IBGE, em seu site, usa o exemplo da produção do pão para ilustrar o PIB: digamos que o país produza R$ 100 de trigo, R$ 200 de farinha de trigo e R$ 300 de pão. Nesse caso, o PIB será de R$ 300, porque é o valor adicionado total. O plantador de trigo começa do nada (o IBGE, para simplificar, considera que as sementes e todo o processo de plantação do trigo não custam nada. Ou seja, o produtor de trigo encontra a planta na natureza, tendo apenas o trabalho de coletá-la). Assim, o valor adicionado pelo plantador de trigo é de R$ 100. Em outras palavras, ele cria R$ 100 do nada. E ele cria esses R$ 100 porque alguém está disposto a pagar R$ 100 pelo trigo. No caso, o moinho.

O moinho paga R$ 100 pelo trigo e produz a farinha. Nesse processo, o moinho acrescenta mais R$ 100 de valor ao trigo, vendendo o produto por R$ 200 para o fabricante do pão. Observe, novamente, que os R$ 100 criados pelo moinho somente existem porque existe um outro agente econômico, o fabricante do pão, disposto a pagar R$ 200 pela farinha. Por fim, o fabricante do pão acrescenta mais R$ 100 à farinha, vendendo os pães a R$ 300. Novamente, esses R$ 100 adicionais somente existem porque existe alguém disposto a pagar R$ 300 pelo pão. Essa dinâmica da formação do PIB está representada na **Figura 38**.

Figura 38 – Cadeia de criação de valor na economia

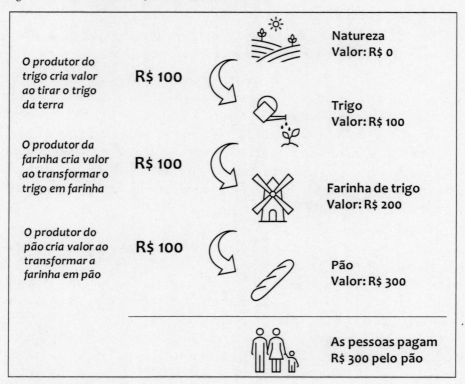

Fonte: elaboração do autor

Note que, a cada passo, o produto tem mais valor, pois foi mais elaborado. Esse ponto é muito importante. Costumamos ouvir desde crianças que o Brasil é um país muito rico em recursos naturais e que não é possível que as pessoas sejam pobres com tanta riqueza por aí. O problema é que o recurso natural, em si, vale zero. Por mais cruel que possa parecer, a natureza tem valor zero se não é explorada pelo ser humano. O petróleo, o minério de ferro, a terra fértil, tudo isso vale zero se não é explorado pelo gênio humano. É o ser humano que adiciona valor para o consumo de outros seres humanos. Se um país foi abençoado com muitos recursos naturais, mas não consegue organizar a sua produção para explorar da maneira mais eficiente esses recursos, adicionará pouco valor, será pobre. Por outro lado, um país pobre em recursos naturais, mas que consegue adicionar valor aos recursos comprados de outros países, será mais rico, pois adicionará mais valor na cadeia produtiva. Seu PIB será maior.

Um exemplo pode deixar a coisa mais clara. A Suíça não produz um mísero pé de café. No entanto, a Nestlé, uma empresa suíça, é um dos maiores vendedores de café do mundo. Seu produto premium, o Nespresso, é feito com cafés comprados das mais diversas partes do mundo. O que a empresa fez foi desenvolver um processo que adiciona valor ao grão de café, de modo que as pessoas estão dispostas a pagar múltiplas vezes o valor do grão produzido nos países mais pobres. A pergunta-chave, e que não vamos responder aqui, é: por que foi uma empresa da Suíça que desenvolveu a capacidade de adicionar valor ao café, e não um dos países produtores do grão?

Calculando o PIB

Há basicamente duas maneiras de se medir o PIB: pelo lado da oferta (tudo o que é vendido) e pelo lado da demanda (tudo o que é comprado). A soma de tudo o que é vendido deve, obviamente, bater com a soma de tudo o que é comprado. Analisar o PIB sob essas duas óticas é muito útil para entender o que está funcionando e o que não está funcionando na economia de um país. Vejamos como é feito o cálculo.

Calculando o PIB pelo lado da demanda

PIB é produção. No final da linha da produção estamos todos nós, os 8 bilhões de habitantes do planeta. Somos nós que consumimos tudo o que é produzido por nós mesmos. Então, uma maneira de medir a produção é somar tudo o que consumimos. É o que chamamos de PIB "pela ótica da demanda". Os economistas dividem o PIB pela ótica da demanda em cinco partes:

1. Consumo das famílias

Trata-se da soma de tudo o que eu, você e todos os indivíduos consumimos. O que as empresas consomem não entra nessa conta, porque, em princípio, a empresa gasta dinheiro para adicionar valor a produtos que, depois, serão vendidos para as pessoas. Então, o valor de tudo o que as empresas compram está embutido no preço pago pelas pessoas físicas, lá no final do processo.

Veja novamente a **Figura 38**. Todo o consumo das empresas que plantam o trigo o transforma em farinha e produzem o pão está, de alguma forma, embutido no preço final do pão. Se, por exemplo, a padaria comprar uma caneta, essa caneta entrará nos custos para produzir o pão, e será cobrado do consumidor final. Ou seja, o preço que o consumidor paga já embute todo o valor adicionado ao longo de todo o processo de produção do pão, incluindo o valor da caneta.

2. Consumo do governo

É a soma de tudo o que o governo consome. Se o governo compra uma caneta, o valor dessa caneta entra para o cálculo do PIB, porque, ao contrário da empresa, o governo não cria valor. Ou seja, a caneta não entrará como componente em nenhum outro processo de adição de valor. Alguém poderia questionar: "Como assim, o governo não cria valor?!? E todos os serviços prestados pelo governo, como escolas, hospitais etc.? Isso não tem valor?!?". Não, para efeito de cálculo do PIB, isso não tem valor adicionado, pois são serviços gratuitos. Como não se paga nada por isso, não há como medir o seu valor. Lembre-se, o PIB é medido em reais e, se algo é de graça, seu valor em reais é zero. Ou alguém já viu uma nota fiscal de um serviço público gratuito? Por isso, usamos o consumo do governo como a sua "adição de valor" ao PIB. É a única forma de medir o valor adicionado pelo governo para a economia, além dos impostos pelo lado da oferta, como veremos adiante.

Antes de continuar para os próximos componentes do PIB, vamos parar um pouco aqui para desenvolver melhor essa ideia. Alguns podem estar chocados pelo fato de que algo de graça não tem valor. Estamos aqui lidando com o núcleo mesmo da ideia de valor. Valor é algo percebido pelo ser humano como digno de seu consumo. Varia de ser humano para ser humano e de situação para situação. Um copo de água em casa tem menos valor do que um copo de água no deserto. Uma revista, digamos, sobre automóveis, tem mais valor para uma pessoa que gosta de carros do que para outra que gosta de plantas. E como se mede esse "valor"? Não tem outro modo a não ser com base no preço que a pessoa está disposta a pagar. Um copo de água no deserto pode ser vendido mais caro do que um copo de água no supermercado de uma grande cidade.

Tendo esse conceito bem firme, podemos agora nos perguntar: como medir o valor de algo gratuito? Quanto as pessoas estariam dispostas, por exemplo, a desembolsar pela mensalidade de uma escola pública? Temos uma pista da resposta ao verificar o comportamento das famílias: se têm alguma condição financeira, tiram seus filhos da escola pública e pagam por uma particular. Em princípio, são dois serviços que agregam valor: um, de graça, o outro, pago. As pessoas preferem o pago se podem pagar, o que significa que veem mais valor na escola privada. O valor da escola privada é justamente dado pelo valor da mensalidade.

Algo gratuito pode estar sendo consumido simplesmente por ser gratuito, não pelo seu valor adicionado. A forma de medir o seu valor é cobrar algo. A lógica por trás dos aplicativos "gratuitos" está justamente em não colocar essa questão para os seus usuários. Se o Facebook, por exemplo, cobrasse uma mensalidade pelo seu uso, quantos usuários sobrariam em sua plataforma? Quantos percebem a experiência com o Facebook como algo que agrega valor, a ponto de pagar algo? Difícil responder. Por isso, o Facebook, e uma imensa plêiade de aplicativos, oferecem "de graça" o seu uso, e cobram de um outro agente econômico que vê um imenso valor em plataformas com milhões de usuários: o patrocinador. Nesse caso, o PIB é calculado utilizando-se o que os patrocinadores pagam para as plataformas, dado que os usuários não pagam nada.

Continuemos com os componentes do PIB pela ótica da demanda.

3. Investimento

No item 1, contabilizamos apenas os gastos das pessoas físicas. Deixamos os gastos das empresas de fora, pois esses gastos adicionam valor aos produtos que, na ponta final, serão pagos pelas pessoas físicas. Lembra do exemplo do pão? As empresas (o plantador de trigo, o moinho e a padaria) gastam dinheiro, mas esse dinheiro está embutido no preço final do pão. Então, para efeito de PIB, contabilizamos apenas o preço do pão. Agora, no entanto, estamos contabilizando os gastos das empresas com investimentos. Alguém poderia perguntar: "mas esse gasto depois não vai se transformar em produto que será comprado por uma pessoa física? Não estaríamos fazendo dupla contagem aqui?". É uma boa pergunta. Para entender a diferença, precisamos avançar um pouquinho na contabilidade das empresas. Só um pouquinho, prometo que não vai doer nada.

Quando uma empresa compra uma máquina ou um terreno para construir uma fábrica, esse investimento é contabilizado como um "ativo" da empresa. Assim, quando a empresa que fabrica o pão compra um forno, está investindo no negócio para fabricar o pão. Mas o forno em si não é revendido para o João que comprou o pão. A única coisa que vai no pão é a farinha (nesse esquema simples, desconsideramos a mão de obra do padeiro e o gás para aquecer o forno, além de outros ingredientes). O forno em si não faz parte do pão. Por isso, é contabilizado como um "ativo" da empresa, e não como um "custo" do pão. Para que o PIB seja calculado corretamente, é necessário também contabilizar essa máquina, e todos os outros investimentos da empresa necessários para a fabricação do pão. Com o tempo, a eventual depreciação do forno faz o ativo da empresa diminuir de valor, o que afeta negativamente o PIB. Se não houver novos investimentos (a reposição do forno, por exemplo), a capacidade de gerar PIB ficará comprometida.

Isso que explicamos recebe um nome técnico: **Formação Bruta do Capital Fixo (FBKF)**. Eu sei, é um palavrão, com direito, inclusive, a um "K" na sigla que a denomina e não nos ajuda muito aqui. Mas me perdoem, é só para constar que eu mencionei o termo.

4. Variação dos Estoques

Imagine que o fabricante do pão produza pães que não são vendidos. Vamos supor que eles não estraguem. Os pães produzidos ficam no estoque da padaria, à espera de serem vendidos. Nesse caso, se esse aumento de estoque não fosse contabilizado, essa produção não seria considerada no PIB. Mas esses pães, apesar de não vendidos, foram efetivamente produzidos. Então, precisam ser contados. No dia em que forem vendidos, o valor de venda desses pães entra somando no PIB, mas a diminuição do estoque entra subtraindo, para não ter dupla contagem. Se o estoque se estraga, há uma diminuição do estoque sem a venda, o que acarreta a diminuição do PIB.

5. Comércio Exterior

Digamos que a fábrica de pães produza uma fornada para vender para a Argentina. São os nossos *hermanos*, portanto, que desembolsarão seus pesos para comprar o pão. Sendo assim, essa venda não será contabilizada no PIB local. Lembre-se que o PIB, pela ótica da demanda, é calculado somando-se tudo o que é vendido aqui. Mas, se essa venda não for contabilizada, essa produção será perdida no cálculo do PIB. Por isso, somamos o valor de todas as exportações no cálculo do PIB. Afinal, se os produtos foram produzidos aqui, precisam entrar no cálculo.

O inverso também é verdadeiro: se importamos pão de um produtor argentino, o consumo desse pão será indevidamente contabilizado no cálculo do PIB. O pão não foi produzido aqui. Portanto, não deveria entrar no PIB local. Por isso, subtraímos do cálculo o valor de todas as importações.

No final, somando exportações e subtraindo importações, o que temos é a balança comercial, que é a diferença entre exportações e importações. Assim, para o cálculo do PIB, somamos o valor do saldo da balança comercial.

Calculando o PIB pelo lado da oferta

Tudo o que consumimos chega até nós porque alguém produziu e outro alguém levou até nós. Produção (indústria) e deslocamento (comércio e serviços) são os dois pilares da oferta de produtos e serviços. Os economistas, no entanto, tradicionalmente dividem a produção entre agropecuária e indústria propriamente dita. Então, temos três divisões do PIB pelo lado da oferta:

1. Agropecuária

Autoexplicativo. Incluímos aqui toda a produção da agricultura e da pecuária nacionais.

2. Indústria

Toda a produção industrial do país entra aqui. A produção de soja entra na agropecuária, mas a produção do óleo de soja entra na indústria.

3. Serviços

Aqui é todo um mundo, que vai dos transportes, passando pelas escolas e comércio e terminando no cabeleireiro. Lembrando que serviços públicos, como escolas e hospitais públicos, não entram nessa conta, pois não são "vendidos", não têm valor comercial. No PIB, só entra aquilo que tem algum valor comercial.

Além das três divisões anteriores, temos os impostos.

4. Impostos

Quando você paga por um produto ou serviço, uma parte desse dinheiro vai para remunerar a empresa ou o prestador de serviço e outra parte vai para o governo na forma de impostos. A parte que vai para a empresa é dividida entre as três categorias supracitadas, a depender da natureza do produto ou serviço produzido. A parte do governo é contabilizada nos impostos, de modo que a soma dessas duas parcelas (a parte do fornecedor mais a parte do governo) totaliza o montante gasto pelo consumidor.

Os impostos considerados aqui são somente aqueles que incidem na etapa final, ou seja, na venda para o consumidor final, como o ICMS. Os impostos das outras etapas estão embutidos no valor pago pelo vendedor da mercadoria ou serviço, então já **estão** embutidos no preço quando o produto chega para o fornecedor da mercadoria ou serviço.

O cálculo do PIB pelo lado da oferta é mais intuitivo do que pelo lado da demanda. Ele nos remete ao exemplo do pão, que vamos rever aqui, na **Figura 39**, adaptado à nomenclatura do PIB pelo lado da oferta.

Figura 39 – Cadeia de geração do PIB pela ótica da oferta

Fonte: elaboração do autor

Note como cada etapa da produção do pão corresponde a um valor agregado. O PIB calculado pelo lado da oferta nada mais faz do que separar o PIB em cada uma dessas etapas.

Alguém poderia se perguntar: mas os impostos agregam valor??? Bem, de alguma forma sim, se considerarmos que financiam atividades que têm valor, mesmo que sejam gratuitas. É uma forma de dar valor a essas atividades. No entanto, a explicação técnica está em que as pessoas estão dispostas a pagar R$ 300 pelo pão, o que embute os impostos sobre a venda do pão. Dessa forma, os impostos devem ser considerados para fechar a conta do PIB.

Podemos resumir o que vimos até o momento na **Figura 40**.

Figura 40 – PIB pelo lado da demanda e pelo lado da oferta

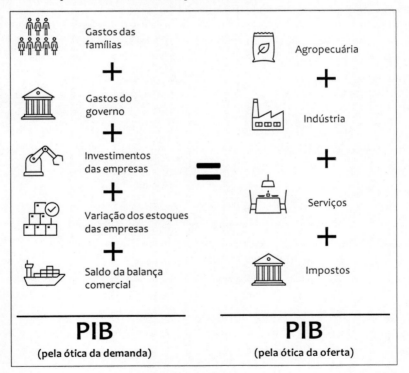

Fonte: elaboração do autor

Observe como temos uma identidade: o PIB pelo lado da demanda deve ser igual ao PIB pelo lado da oferta. Trata-se apenas de ver a mesma produção de valor sob duas óticas diferentes.

Agora que vimos o que significa e como é calculado o PIB, vamos a um exemplo prático.

O PIB em números

Como vimos no início deste capítulo, em 2022 o PIB brasileiro somou R$ 9.915.316.432.886,14. Esse foi o montante do valor gerado por todos os agentes econômicos localizados no Brasil, medido em reais.

Na **Figura 41**, vamos ver como essa montanha de dinheiro se dividiu entre aqueles itens de demanda e oferta (os valores estão expressos em bilhões de reais).

Figura 41 – PIB 2022: oferta e demanda (em R$ bilhões)

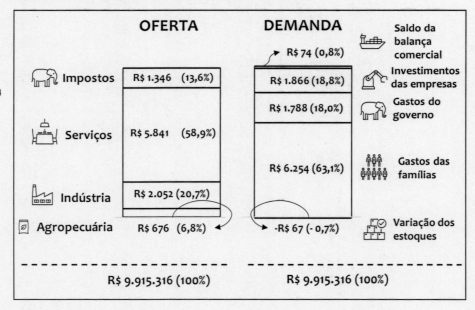

Fonte: IBGE

Vamos observar algumas coisas interessantes. Em primeiro lugar, pelo lado da oferta, os serviços representam quase dois terços do PIB. Somos uma economia preponderantemente de serviços, como é o perfil das economias mais desenvolvidas do mundo. Apesar de a agropecuária representar uma boa parte da nossa balança comercial e ser considerada a "salvação da lavoura" brasileira, o setor em si representa bem pouco do PIB nacional. É natural que seja assim em uma economia diversificada como a brasileira, pois uma boa parte do valor agregado aos produtos finais, comprados pelos consumidores, se dá nas etapas posteriores da produção e da distribuição, correspondentes à indústria e aos serviços. Lembre-se sempre que o PIB nada mais é do que o valor agregado, e as pessoas pagam muito mais por um aspargo servido em um prato de um restaurante chique do que o atacadista paga pelo aspargo colhido na horta.

Explorando um pouco mais essa questão, de vez em quando são publicadas reportagens afirmando que a agropecuária é responsável por algo como 25% do PIB. Como vimos, essa participação é de pouco menos de 7% do PIB. A que se deve essa diferença? Quem fez essa conta provavelmente considerou dentro do PIB agropecuário algumas atividades que o IBGE contabiliza dentro da indústria e dos serviços. Por exemplo, sabemos que a produção de farelo e óleo de soja são contabilizados dentro do PIB industrial, mas, como são atividades de alguma forma relacionadas com a agricultura, quem faz a conta considera o PIB gerado por essas atividades dentro do PIB agropecuário. Da mesma forma, a produção de sementes, implementos agrícolas, venda de terras e uma grande lista de *et cetera* poderia ser considerado como "PIB agropecuário". O problema desse tipo de conta é que acaba causando dupla contagem do PIB. Por exemplo, da mesma maneira que a produção de óleo de soja pode ser considerada dentro do "PIB agropecuário", a plantação de soja também poderia ser considerada dentro do "PIB industrial". Afinal, sem a produção de óleo, a plantação de soja não faria sentido econômico. Teríamos, então, dois PIBs que se sobrepõem, com o total ultrapassando 100%. Assim, o cálculo de um "PIB agropecuário", que considera toda a sua esfera de influência, até faz sentido do ponto de vista de propaganda, mas não faz sentido do ponto de vista da classificação usada pelo IBGE e consagrada na literatura econômica.

Pelo lado da demanda, o grosso do PIB é representado pelos gastos das famílias. São os indivíduos, que compram mercadorias e serviços, que consomem quase dois terços do PIB. Em seguida vêm os gastos do governo (um quinto de todo o consumo nacional) e o investimento das empresas, ou a formação bruta do capital fixo. O saldo da balança comercial é irrisório para a composição do PIB. Por fim, a variação negativa dos estoques significa que os estoques diminuíram no período, indicando que a produção (oferta) foi menor do que o consumo (demanda), e algumas mercadorias no estoque das empresas foram consumidas. Então, a variação foi negativa e subtraiu do PIB total pelo lado da demanda.

No início deste capítulo, uma manchete estampava o crescimento de 2,9% do PIB em 2022. Isso significa que o PIB de 2022, de R$ 9.915.316 milhões, foi 2,9% maior que o PIB de 2021. No entanto, se verificarmos, no site do IBGE, o valor do PIB de 2021, veremos o valor de R$ 8.898.727 milhões. Fazendo a conta, temos um crescimento do PIB de 2021 para 2022 de 11,4%, e não de 2,9%. Por que essa diferença? A resposta é simples: inflação.

PIB nominal *vs.* PIB real

Quando vemos a variação do PIB que estampa as manchetes dos jornais, estamos nos referindo à variação **real** do PIB, ou seja, a variação do PIB **acima** da inflação. Como o PIB é medido em reais, seu valor é afetado pela inflação. Uma bola que é vendida por R$ 10,00 em um ano e R$ 11,00 no ano seguinte continua sendo uma bola. Para efeito de cálculo do PIB, a venda da bola gerou R$ 10,00 em um ano e R$ 11,00 no ano seguinte. Mas não houve aumento de bolas vendidas, foi vendida apenas uma bola nos dois anos. Exatamente a mesma bola. Então, nominalmente, o PIB cresceu 10% (de R$ 10,00 para R$ 11,00). Mas, em termos reais, descontando-se a inflação da bola, o PIB não cresceu nada, continua sendo apenas uma bola vendida. Portanto, o crescimento real do PIB (aquele crescimento do número de mercadorias vendidas, independentemente do seu preço) foi, no caso, zero.

Pode ser que a bola tenha recebido alguma inovação tecnológica e, por isso, esteja sendo vendida por um preço maior. Nesse caso, já não é a mesma bola, mas uma mercadoria diferente, que pode ser vendida por um preço mais alto, pois tem maior valor agregado.

Então, para o cálculo do PIB real, a comparação se dará usando o preço da bola no período anterior, como se esse preço não tivesse aumentado. Dizemos, então, que o PIB real é calculado a **preços constantes**, ou seja, usa-se o mesmo preço do período anterior, de modo a isolar a variação da quantidade de produtos ou serviços produzidos.

A diferença entre o PIB nominal e o PIB real é o que chamamos de **deflator implícito do PIB**.

Voltemos ao nosso exemplo. Comecemos usando os valores correntes do PIB, ou seja, aqueles valores expressos em reais de cada época:

PIB 2021 em dinheiro de 2021: R$ 8.898.727 milhões

PIB 2022 em dinheiro de 2022: R$ 9.915.316 milhões

Se dividirmos R$ 9.915.316 por R$ 8.898.727, obtemos um crescimento de 11,4%. Esse foi o crescimento nominal do PIB.

Agora, vamos usar os valores em dinheiro de 2022, ou seja, a preços constantes de 2022. Temos então:

PIB 2021 em dinheiro de 2022: R$ 9.632.818 milhões

PIB 2022 em dinheiro de 2022: R$ 9.915.316 milhões

Se dividirmos R$ 9.915.316 por R$ 9.632.818, obtemos a variação real do PIB, de 2,9%. Qual foi o deflator implícito do PIB? Basta compararmos os dois valores de 2021, o corrigido para os preços de 2022 e o calculado com os valores da época (chamado de **valor corrente**):

PIB 2021 em dinheiro de 2021: R$ 8.898.727 milhões

PIB 2021 em dinheiro de 2022: R$ 9.632.818 milhões

Temos então: R$ 9.632.818 dividido por R$ 8.898.727 resulta em 8,2%, que foi o deflator implícito do PIB em 2022. Como vimos no Capítulo 2, essa é a medida de inflação que realmente considera todos os preços da economia.

O PIB *per capita*

Vamos fazer o seguinte experimento mental. Imagine que você pegue um avião, mas não saiba o seu destino. Você também não tem relógio, de modo que não consegue ter certeza de quanto durou a viagem. O avião pousa, e você desembarca em um país desconhecido. Você anda pelas ruas, e sua missão é identificar se aquele país é mais rico ou mais pobre do que o Brasil.

Em primeiro lugar, você poderia perguntar: o que é ser "mais rico" ou "mais pobre"? O que faz um país "ser rico" e outro "ser pobre"? Talvez não tenhamos uma régua exata, mas sabemos quando um país é rico ou pobre. Basta andar pelas ruas. Claro que toda cidade, mesmo em países mais pobres, tem os seus bairros mais ricos, com casas boas e ruas arborizadas. Todo país tem a sua elite, que costuma se tratar bem. Por isso, para que esse experimento funcione, é necessário andar pelas partes mais pobres das cidades e, também, pelas cidades mais pobres do país visitado. O que encontraremos nas partes mais pobres de países como Brasil, México ou Argentina? E, por outro lado, o que encontraremos nas partes mais pobres de países como Alemanha, Canadá ou Japão? Além disso, qual o tamanho dessas partes mais pobres em relação ao todo? Não tenho dúvida de que, mesmo não sabendo em que país se está, qualquer um seria capaz de identificar se se trata de um país rico ou pobre.

Essa "sensação" de riqueza ou pobreza tem um correspondente muito objetivo, que mede a riqueza de um país: o PIB/capita (lê-se "pib *per capita*").

O PIB *per capita* (ou o PIB por cabeça) é simplesmente o tamanho do PIB de um determinado país dividido pelo tamanho de sua população. A ideia é medir quanto cada habitante daquele país produz. Quanto maior o PIB/capita, mais rico é considerado um país.

Funciona um pouco como a comparação entre uma casa rica e uma casa pobre. Imagine uma casa em que vive uma família com 6 pessoas, e a renda combinada dos seus moradores soma R$ 30.000 por mês. A renda *per capita* dessa casa é de R$ 5.000 por mês. Já em uma outra casa, 4 pessoas vivem de salários e outras rendas que somam R$ 5.000 por mês. Nessa segunda casa, a renda *per capita* é de R$ 1.250 por mês. Finalmente, em uma terceira casa, os salários somam R$ 500 para sustentar duas pessoas, totalizando uma renda *per capita* de R$ 250/mês. Resumindo, temos:

- Casa 1: 6 pessoas com renda/capita de R$ 5.000/mês. Renda total: R$ 30.000/mês;
- Casa 2: 4 pessoas com renda/capita de R$ 1.250/mês. Renda total: R$ 5.000/mês;
- Casa 3: 2 pessoas com renda/capita de R$ 250/mês. Renda total: R$ 500/mês.

Temos então três casas, uma rica, outra remediada e outra pobre. Essas proporções não foram aleatórias. Elas representam a renda/capita e a população de três países: a casa 1 representa os Estados Unidos, a casa 2 representa o Brasil e a casa 3 representa a Etiópia. As proporções de renda total, renda/capita e população desses três países **é aproximadamente a mesma das três casas do exemplo.**

Para entender o que exatamente significa essa diferença, observe as duas cenas na **Figura 42**. Em ambas as imagens, vemos homens cultivando a terra. Mas existe uma diferença imensa: na primeira, o homem dirige um trator, enquanto, na segunda, o homem usa uma enxada. O primeiro homem consegue cultivar uma área muito maior de terra do que o segundo no mesmo período de tempo. Em outras palavras, o homem do trator é muito mais produtivo, produz muito mais, do que o homem da enxada. No final da jornada, o homem do trator terá gerado muito mais renda (valor) do que o homem da enxada.

Figura 42 – Diferença de produtividade

Fonte: 123rf.com

Isso é, basicamente, o que explica a diferença entre as rendas/capita dos países e de regiões dentro de um mesmo país. Em países ricos, as pessoas são mais produtivas do que em países pobres. Ou seja, conseguem produzir mais no mesmo período de tempo. Essa produção é medida em dinheiro, mas não confunda: estamos falando de bens e serviços concretos, que são vendidos por uma certa quantidade de dinheiro. Assim, o dinheiro é somente uma forma de achar um denominador comum entre todos esses bens e serviços produzidos. Mas o que importa é que, em países mais ricos, menos pessoas são necessárias para produzir o mesmo que é produzido em países mais pobres. Essa é a explicação da diferença entre as rendas/capita. Isso é o que diferencia países ricos de países pobres.

O trator substitui o trabalho de muitos homens. Somente com enxadas, são necessários muitos homens para fazer o trabalho que apenas um homem faz com um trator. Poderíamos, então, esperar que, em países onde as máquinas substituem o homem, o desemprego fosse muito maior. No entanto, o grande paradoxo é que, apesar disso, em países mais ricos, onde a máquina substitui o homem em larga escala, o desemprego é normalmente menor do que em países mais pobres.

E a máquina não é a única forma de economizar mão de obra. A organização do trabalho também tem um grande papel na produtividade. Certa vez, levando uma comitiva do Japão para uma reunião em um grande banco, estávamos aguardando o horário em uma cafeteria no próprio prédio. Pedimos dois cafés e ficamos esperando. Havia quatro pessoas trabalhando na lanchonete, e que estavam claramente confusas no processo de tomada dos pedidos, preparo e cobrança. O meu convidado japonês, depois de alguns minutos observando os quatro funcionários, fez o seguinte comentário: "eles não foram treinados para esse trabalho". Corroborando a observação, o café demorou incríveis 15 minutos para ser servido, e veio frio. Provavelmente, três pessoas com boa formação e bem treinadas poderiam fazer o trabalho dessas quatro com melhor qualidade.

No Brasil e em países mais pobres existem empregos que, em países mais ricos, não existem ou são muito raros. Nessa categoria incluem-se frentistas de postos de gasolina, cobradores de ônibus e empregadas domésticas. São empregos ou que podem ser substituídos por máquinas ou que necessitam de pessoas de baixa formação que topam receber os baixos salários compatíveis com o baixo valor adicionado que proporcionam. Em países de renda mais alta **é mais raro encontrar** essas pessoas.

É claro que os empregos destruídos pela mecanização e pela organização do trabalho precisam ser substituídos por outros mais produtivos, sob pena de se aumentar o desemprego. Esse é um processo que não ocorre do dia para a noite, mas é essencial que ocorra para que a renda/capita de um país cresça.

A comparação do PIB/capita entre os países: o conceito de Paridade do Poder de Compra

O problema de se comparar o PIB de diferentes países **é** que cada país mede o seu PIB na sua própria moeda. Desse modo, a comparação fica prejudicada, quando não impossível. Vamos usar como exemplo três países: Brasil, Chile e Japão. Em 2022, o PIB desses três países foi aproximadamente o seguinte:

- Brasil: 10 trilhões de reais
- Chile: 263 trilhões de pesos
- Japão: 557 trilhões de ienes

Então, como fazer a comparação? A solução para esse problema é encontrar uma régua comum a todas as moedas, ou seja, calcular o PIB de todos os países em uma única moeda, utilizando o câmbio entre as diversas moedas e essa moeda única. Poderia ser qualquer moeda, mas o mais comum é que utilizemos o dólar norte-americano como esse denominador comum.

Em dólares **médios de 2022**, teríamos os seguintes PIBs:

- Brasil: 10 trilhões de reais / 5,15 = US$ 1,9 trilhões
- Chile: 263 trilhões de pesos / 873 = US$ 0,3 trilhões
- Japão: 557 trilhões de ienes / 132 = US$ 4,2 trilhões

Usamos o dólar médio do ano de 2022 porque o PIB é a soma de toda a produção durante o ano. Então, para transformar o PIB em outra moeda, devemos usar o câmbio médio praticado durante o ano.

Note que esses números em dólares nos dão uma base muito melhor para comparar os PIBs dos diversos países entre si. Podemos observar que o Brasil é um país que produziu, em 2021, cerca de seis vezes mais bens e serviços que o Chile, e o Japão é um país que produziu, no mesmo ano, pouco mais de duas vezes mais bens e serviços que o Brasil, medidos na mesma moeda. Essa conclusão seria a mesma qualquer que fosse a moeda utilizada. Usamos o dólar norte-americano por uma questão de costume, mas poderíamos usar o real. Teríamos, então:

- Brasil: R$ 10 trilhões
- Chile: R$ 1,5 trilhões
- Japão: R$ 22 trilhões

Observe como as relações se mantêm, independentemente da moeda utilizada. Isso demonstra que a moeda é apenas uma forma de representar uma realidade econômica. No caso, a realidade econômica é que a economia do Brasil é aproximadamente seis vezes maior que a economia do Chile, e a economia do Japão é cerca de duas vezes maior que a economia brasileira, independentemente da moeda utilizada para fazer essa comparação.

Vejamos agora o cálculo do PIB/capita. Para tanto, precisamos saber a população de cada país em 2022:

- Brasil: 214 milhões de habitantes
- Chile: 20 milhões de habitantes
- Japão: 125 milhões de habitantes

Para calcular o PIB/capita, basta dividir o PIB pelo número de habitantes. Temos então:

- Brasil: 10 trilhões de reais / 214 milhões de habitantes = 47 mil reais/habitante
- Chile: 263 trilhões de pesos / 20 milhões de habitantes = 13 milhões de pesos/habitante
- Japão: 557 trilhões de ienes / 125 milhões de habitantes = 4,4 milhões de ienes/habitante

Observe como, novamente, chegamos a **números incomparáveis entre si. Precisamos, então, a exemplo do que fizemos com o PIB, usar a mesma moeda como base para o cálculo. No caso, o dólar norte-americano:**

- Brasil: 47 mil reais/habitante / 5,15 = US$ 9 mil/habitante
- Chile: 13 milhões de pesos/habitante / 873 = US$ 15 mil/habitante
- Japão: 4,4 milhões de ienes/habitante / 132 = US$ 33 mil/habitante

Note como o PIB/capita do Brasil é menor do que o do Chile, apesar de o PIB total ser maior. Isso acontece porque a população do Brasil é muito maior do que a população do Chile. Na **Figura 43**, podemos observar, de uma maneira gráfica, o que isso significa.

Figura 43 – Representação da renda/capita de Brasil, Chile e Japão

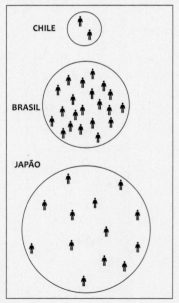

Fonte: elaboração do autor

Nesse desenho, o tamanho de cada círculo é proporcional ao PIB de cada país e o número de pessoas dentro de cada círculo é proporcional às suas respectivas **populações**. Observe como, no caso do Brasil, as pessoas estão mais "apertadas" dentro do círculo, enquanto no Chile esse aperto é menor, e no Japão é ainda menor. Esse "aperto" pode ser interpretado de duas maneiras:

1. Pelo lado da oferta: no Brasil, muito mais pessoas produzem um PIB menor que o Japão consegue produzir com menos pessoas. Isso significa que os japoneses são mais produtivos do que os brasileiros. Mais exatamente, 3,7 vezes mais produtivos, de acordo com a relação entre os PIB/capita entre os dois países. O mesmo ocorre, em menor escala, entre Brasil e Chile.

2. Pelo lado da demanda: no Brasil, muito mais pessoas dependem de um PIB menor para sobreviver do que os japoneses têm à sua disposição. Isso significa que os japoneses são mais ricos do que os brasileiros. Mais exatamente, 3,7 vezes mais ricos. O mesmo ocorre, em escala menor, entre Brasil e Chile.

Note como essas duas interpretações são os dois lados da mesma moeda. Identificamos produtividade com riqueza. A única maneira de um povo tornar-se mais rico é sendo mais produtivo, agregando mais valor com os mesmos meios. Essa é uma identidade matemática, não há discussão a esse respeito. O problema é como atingir esse objetivo. Há muitas teorias, e discutiremos esse assunto no Capítulo 8.

Vamos avançar um pouco mais. Um problema de se usar o câmbio para calcular o PIB/capita dos países **é** que o câmbio reflete apenas parcialmente o real poder de compra dos habitantes de um país. Sim, **é verdade que** o câmbio reflete a capacidade dos cidadãos de um país de comprarem bens de outros países. Quanto mais valorizada for a moeda de um país em relação às moedas de outros países, maior será o poder de compra de bens importados das pessoas desse país. Mas grande parte dos produtos que compramos não são importados. Portanto, precisamos de alguma outra medida que considere o poder de compra das pessoas de um país independentemente do câmbio. Essa medida é o câmbio *"Purchase Power Parity"*, ou Paridade de Poder de Compra. De agora em diante, chamaremos esse câmbio de *Purchase Power Parity* (PPP).

O câmbio PPP procura medir o poder relativo de compra entre pessoas de diferentes países. Vamos a um exemplo simples. Digamos que o câmbio do real para o dólar seja de R$ 5,00 para cada dólar. Agora, digamos que cidadãos dos Estados Unidos e do Brasil queiram comprar uma camiseta simples. Essa camiseta custa, nos EUA, US$ 1,00, enquanto no Brasil custa R$ 4,00. Portanto, o câmbio dessa camiseta específica é R$ 4,00 para cada dólar, e não R$ 5,00, que é o câmbio oficial. Em outras palavras, se um cidadão brasileiro quiser comprar essa camiseta no Brasil, ele precisa somente de US$ 0,80 pelo câmbio oficial, e não US$ 1,00 como o seu amigo norte-americano. Mesmo que o brasileiro seja 20% mais pobre que sua contraparte norte-americana, ainda assim ele poderá comprar a mesma camiseta. Isso é o que chamamos de "poder de compra", ou seja, o poder de comprar as mesmas mercadorias em diferentes países.

O câmbio oficial, muitas vezes, não reflete esse poder de compra. A *Economist*, revista britânica de negócios, calcula o Índice Big Mac[23], que procura justamente refletir o PPP por meio de um único produto, o sanduíche Big Mac, do McDonald's. A ideia é que a receita do Big Mac é absolutamente uniforme em todos os países, o que permite comparar os custos de uma longa cadeia de produção e serviços, refletida no preço final do produto em cada país. O câmbio do Big Mac, assim como o câmbio da camiseta do exemplo anterior, reflete o PPP dos cidadãos de cada país.

Vejamos como o Índice Big Mac se sai para os três países anteriores. De acordo com a *Economist*, um Big Mac tinha os seguintes preços em dezembro de 2022:

- Brasil: 22,90 reais
- Chile: 3.800 pesos
- Japão: 410 ienes

Esses preços em si, a exemplo do PIB, não significam muita coisa. É preciso expressar esses preços em uma única moeda, no caso, o dólar norte-americano. Mas não podemos usar o câmbio oficial para fazer essa conversão, porque cairíamos no mesmo problema. Precisamos usar o Big Mac como "câmbio", para manter a proporção do poder de compra do cidadão de cada país em relação ao sanduíche do McDonalds. Para tanto, precisamos saber que o preço do Big Mac nos EUA era de US$ 5,36 em dezembro de 2022. Assim, podemos calcular o câmbio "Big Mac" de cada país:

- Brasil: 22,90 / 5,36 = 4,27 (contra 5,40 do câmbio oficial)
- Chile: 3.800 / 5,36 = 709 (contra 873 do câmbio oficial)
- Japão: 410 / 5,36 = 76 (contra 132 do câmbio oficial)

---

[23] https://www.economist.com/big-mac-index

Agora, podemos usar essas taxas de "câmbio Big Mac" para recalcular o PIB/capita desses países:

- Brasil: 47 mil reais/habitante / 4,27 = 11 mil "dólares Big Mac"
- Chile: 13 milhões de pesos/habitante / 709 = 18 mil "dólares Big Mac"
- Japão: 4,4 milhões de ienes/habitante / 76 = 58 mil "dólares Big Mac"

Para melhor comparar os resultados, vamos colocá-los na **Tabela 21**.

Tabela 21 – Renda/capita oficial *vs.* Big Mac

País	PIB/capita em dólares oficiais	PIB/capita em "dólares Big Mac"
Brasil	9 mil	11 mil
Chile	15 mil	18 mil
Japão	33 mil	58 mil

Fonte: FMI/Economist

Tomando o Brasil como base, teríamos as proporções mostradas na **Tabela 22**.

Tabela 22 – Renda/capita como proporção do Brasil

País	PIB/capita em dólares oficiais em função do Brasil	PIB/capita em dólares Big Mac em função do Brasil
Brasil	1	1
Chile	1,7	1,6
Japão	3,7	5,3

Fonte: FMI/Economist

Observe como a relação do PIB/capita entre Brasil, Chile e Japão muda, a depender do câmbio utilizado. Por exemplo, no câmbio oficial, o PIB/capita brasileiro é 3,7 vezes menor que o PIB/capita japonês. Já quando usamos o câmbio "Big Mac", essa diferença aumenta ainda mais, para 5,3 vezes. Isso significa que o japonês médio consegue comer 5,3 vezes mais Big Macs do que o brasileiro médio com a sua renda.

O Big Mac, apesar de ser uma tentativa válida para medir esse poder de compra real dos cidadãos de diversos países, está longe de representar a cesta de consumo de cada país. Por isso, o FMI calcula o dólar *Purchase Power Parity* (PPP), que considera a cesta de consumo como um todo, e não apenas um item. Na **Tabela 23**, podemos ver os PIBs/capita considerando também o câmbio PPP, enquanto na **Tabela 24** temos os valores em relação ao Brasil.

Tabela 23 – Renda/capita oficial *vs.* Big Mac *vs.* PPP

País	PIB/capita em dólares oficiais	PIB/capita em dólares "Big Mac"	PIB/capita em dólares PPP
Brasil	9 mil	11 mil	15 mil
Chile	15 mil	18 mil	25 mil
Japão	33 mil	58 mil	42 mil

Fonte: FMI/Economist

Tabela 24 – Renda/capita como proporção do Brasil

País	PIB/capita em dólares oficiais em função do Brasil	PIB/capita em dólares Big Mac em função do Brasil	PIB/capita em dólares PPP em função do Brasil
Brasil	1	1	1
Chile	1,7	1,6	1,7
Japão	3,7	5,3	2,8

Fonte: FMI/Economist

A diferença mais saliente está no PIB do Japão, que diminui muito em relação aos PIBs de Chile e Brasil quando usamos o conceito PPP. Isso significa, grosso modo, que os japoneses têm uma renda *per capita* maior que Brasil e Chile, mas não tão maior quando consideramos o que o japonês pode comprar em seu próprio país, em relação ao brasileiro e ao chileno em seus respectivos países. O japonês pode comprar mais Big Macs, mas, provavelmente, o seu custo de vida, considerando moradia, saúde, educação etc., é maior do que o custo de vida aqui. Claro que continua sendo mais rico, mas a diferença de riqueza cai praticamente pela metade em relação ao poder dos japoneses de comprar Big Macs.

Do ponto de vista conceitual, medimos o PIB em dólares oficiais quando queremos comparar países. Afinal, o que importa, para entender o tamanho da economia de um país, é como se compara com as economias de outros países. O poder econômico de um país é proporcional ao tamanho de seu PIB, medido em uma base de comparação comum. Não se trata do poder de compra do cidadão em seu próprio país, mas de quanto um país consegue competir na arena internacional.

Já o cálculo da renda *per capita* deve ser feito com o dólar PPP. A renda *per capita* é uma medida de bem-estar do povo, e o bem-estar depende da capacidade de consumo. Essa capacidade de consumo é medida pela quantidade de bens e serviços que podem ser consumidos. Para comparar essa capacidade entre os países, precisamos usar uma medida que considere o custo da cesta de consumo em cada país. É exatamente isso que o dólar PPP faz. Ao corrigir o dólar oficial pela cesta de consumo que os cidadãos de cada país podem consumir com a sua renda, o dólar PPP permite comparar, de maneira mais precisa, a renda *per capita* de diferentes países.

O IDH e a medida do bem-estar

No item anterior, tomamos o PIB/capita como uma medida de bem-estar do povo de um país. Essa é uma afirmação problemática e muito contestada. Aqueles que a contestam afirmam que a renda produzida em um país estaria longe de ser sinônimo de bem-estar. Pode haver alguma correlação, mas não explica tudo. Por exemplo, países com menor renda/capita, mas com políticas públicas mais eficientes poderiam, hipoteticamente, prover maior bem-estar para o seu povo do que países mais ricos, mas com políticas públicas menos eficientes.

O **Índice de Desenvolvimento Humano** (IDH) é uma tentativa de "corrigir" a renda/capita, de modo a considerar outros elementos de bem-estar do povo. O IDH considera a renda/capita, mas usa também outras duas medidas: a expectativa de vida ao nascer e os anos de escolaridade. A primeira fornece uma noção da saúde da população, enquanto a segunda é uma medida do acesso à educação, duas necessidades básicas e que, em certa medida, nos permitem inferir sobre o sucesso futuro do país. Os três indicadores (renda/capita, expectativa de vida e escolaridade) têm pesos iguais no índice.

Vejamos o IDH dos três países vistos anteriormente, comparado com a renda/capita, na **Tabela 25**.

Tabela 25 – IDH *vs.* renda/capita

País	IDH 2021	Expectativa de vida (anos)	Número esperado de anos na escola	Número médio de anos na escola	Renda/capita em dólares PPP (2021)
Brasil	0,754	72,8	15,6	8,1	15 mil
Chile	0,855	78,9	16,7	10,9	25 mil
Japão	0,925	84,8	15,2	13,4	42 mil

Fonte: ONU

Observe como, grosso modo, o IDH e seus componentes acabam seguindo o mesmo padrão: países com maior renda/capita tendem a ter melhores indicadores sociais e, por consequência, melhores IDHs. Para saber se se trata de uma lei geral, vamos ver, no **Gráfico 67**, a correlação entre renda/capita e IDH de todos os países da amostra. O gráfico foi montado não com o IDH puro, mas expurgando a parcela da própria renda/capita. Assim, podemos observar a relação entre a renda/capita e os outros dois fatores do IDH (saúde e educação), de modo a verificar se um leva aos outros dois.

Gráfico 67 – Correlação entre IDH (ex-renda/capita) e renda/capita

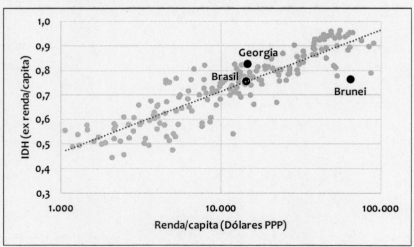

Fonte: ONU
Índice de 2021.
Cálculo do IDH ex-renda/capita feito pelo autor.

Em primeiro lugar, observe como, de fato, há uma relação entre o IDH e a renda/capita. Destacamos três países: Brasil, Georgia e Brunei. A Georgia é uma ex-república soviética, enquanto o Brunei é um pequeníssimo país na ilha de Bornéu, localizada no sudeste asiático. Brunei e Brasil têm IDHs (expurgando a renda/capita) bastante próximos: 0,764 para Brunei, 0,756 para o Brasil. Portanto, ambos os países têm números muito semelhantes de expectativa de vida ao nascer e anos de escolaridade da população. No entanto, a renda/capita do Brunei é de 64 mil dólares PPP, enquanto a do Brasil é de apenas 14 mil dólares PPP. Ou seja, com renda/capita 4,5 vezes menor do que a do Brunei, o Brasil consegue entregar o mesmo bem-estar para a sua população, segundo os critérios do IDH. Isso acontece porque a fortuna de Brunei é baseada na exportação de petróleo, cuja receita permanece nas mãos de poucos.

Por outro lado, comparando-se o Brasil com a Geórgia, observamos que ambos têm renda/capita muito próximas. No entanto, apesar disso, a Geórgia entrega um IDH (expurgando a renda/capita) de 0,827, bem superior aos 0,756 do Brasil. Isso significa que a Geórgia consegue se organizar melhor que o Brasil para fazer mais com o mesmo dinheiro, segundo os critérios do IDH.

Na **Tabela 26**, podemos observar como estão os números do IDH para esses três países.

Tabela 26 – IDH de alguns países selecionados

País	IDH original	IDH ex-renda/capita
Brasil	0,754	0,756
Brunei	0,829	0,764
Geórgia	0,802	0,827

Fonte: ONU/**cálculo** do autor

Note como a renda/capita pouco ajuda o IDH do Brasil, enquanto em Brunei a renda/capita faz o país galgar vários degraus no IDH, enquanto na Geórgia ocorre o inverso. O Brasil, de modo geral, encontra-se próximo da média dos países na eficiência de geração de educação e saúde, ajustado pela renda/capita.

A Apple vale mais do que o Brasil?

No início de 2022, a Apple atingiu US$ 3 trilhões em valor de mercado, o que levou um jornal a estampar a manchete da **Figura 44**:

Figura 44 – A Apple é manchete

Apple é avaliada em US$ 3 trilhões, mais do que o dobro do PIB do Brasil

Fonte: O Estado de São Paulo

Isso nos leva a uma curiosa lista, misturando valor de mercado de empresas e PIB de países, conforme podemos observar na **Tabela 27**.

Tabela 27 – Lista de países e empresas segundo seus respectivos tamanhos

País/Empresa	PIB/Valor de Mercado (US$ trilhões)
EUA	23,00
China	17,46
Japão	4,94
Alemanha	4,23
Reino Unido	3,19
Índia	3,18
França	2,94
Apple	2,90
Microsoft	2,52
Itália	2,10
Canadá	1,99
Google	1,92
Coreia do Sul	1,80
Rússia	1,78
Amazon	1,70
Austrália	1,63
Brasil	1,61
Irã	1,43

País/Empresa	PIB/Valor de Mercado (US$ trilhões)
Espanha	1,43
México	1,30
Indonésia	1,19
Tesla	1,04
Holanda	1,02
Facebook	0,92
Arábia Saudita	0,83

Fonte: FMI/Google

Valor de mercado em 31/12/2021 / PIB de 2021

Observe como as maiores empresas do mundo são do tamanho de países respeitáveis. Mas será que é isso mesmo? Será que Apple, Microsoft, Google e Amazon valem mais do que o Brasil? Para responder a essa questão, precisamos entender o que significa "valer mais".

Vimos que o PIB é a soma de toda a produção de um país em um determinado período. Essa produção é medida por meio da soma do valor agregado em cada etapa da produção. Relembrando o exemplo do pão, o PIB é a soma do valor agregado do agricultor que produz o trigo, do moinho que produz a farinha e, finalmente, do padeiro que produz o pão. Em cada etapa da produção, cada agente econômico agrega um pouco de valor ao produto, até chegar no pão que é consumido pelas famílias. Esse valor agregado é, grosso modo, o lucro de cada um dos produtores ao longo da cadeia de produção.

Pois bem. A Apple (assim como qualquer empresa) é apenas um elo nessa cadeia de produção de valor agregado. O PIB de um país é a soma de todos os valores agregados por todas as empresas daquele país. A Apple contribui para o PIB dos EUA na medida do seu valor agregado para a economia americana. E esse valor agregado é mais precisamente expresso pelo seu **lucro** em um determinado ano. Portanto, o procedimento mais adequado, do ponto de vista conceitual, é comparar o PIB de um país com o lucro da Apple ou de qualquer outra empresa.

Para entender esse conceito, vamos comparar uma empresa com um recipiente de água, como na **Figura 45**.

Figura 45 – Representação de uma empresa

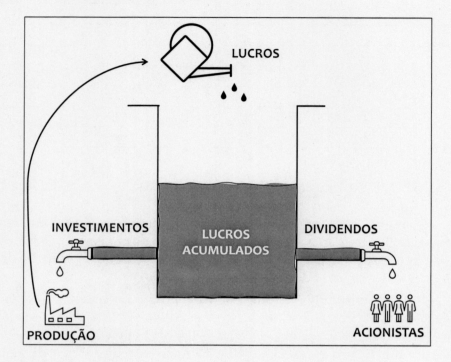

Fonte: elaboração do autor

Esse recipiente vai se enchendo de água ao longo do tempo. Essa água é o lucro que vai se acumulando ao longo do tempo. Esse lucro pode ser distribuído aos acionistas na forma de dividendos ou pode ser reinvestido em atividades produtivas, que gerarão mais lucro no futuro. O valor de uma empresa é justamente a soma dos lucros acumulados ao longo do tempo, a quantidade de água que vai se acumulando no recipiente. Na verdade, para ser mais exato, **o valor de mercado de uma empresa é a soma de todos os lucros que a empresa vai produzir no futuro**, trazidos a valor presente. Esses lucros acumulados da **Figura 40** correspondem apenas ao valor contábil da empresa, aquele que está contabilizado nos livros. O que importa, para quem está investindo, é a capacidade de a empresa gerar lucros no futuro.

Portanto, o valor de mercado de uma empresa é a soma dos lucros dessa empresa ao longo de toda a sua vida. Para comparar com um país, seria necessário somar todos os PIBs daquele país até a eternidade. Lembre-se de que o PIB é a soma de todo o valor agregado produzido em um país por todas as empresas daquele país. Ou seja, grosso modo, a soma de todo o lucro gerado. Ao comparar o valor de mercado de uma empresa com o PIB de um país em um determinado ano, estamos comparando a soma de todo o valor agregado da empresa até a eternidade com o valor agregado do país em apenas um ano.

A comparação correta poderia se dar de duas formas:

1. Comparação entre o lucro da Apple em um determinado ano com o PIB de um país em um determinado ano. Nesse caso, o lucro da Apple em 2021 foi de US$ 124 bilhões. Um belo lucro, mas muito distante dos 3 trilhões que foram usados para comparar com os PIBs dos países. A Apple, nesse caso, poderia ser comparada com o PIB de países como Equador (US$ 106 bilhões), República Eslovaca (US$ 115 bilhões) ou Marrocos (US$ 131 bilhões). Não deixa de ser notável que o lucro gerado por uma empresa seja comparável ao PIB de países inteiros. Mas são países bem menores do que aqueles que foram usados na comparação indevida inicial.

2. Comparação entre o valor de mercado da Apple com toda a riqueza de um país, o que inclui o valor de todas as suas empresas, a sua infraestrutura, as suas terras, enfim, todo o seu patrimônio acumulado. O valor de mercado é o patrimônio presente e futuro de uma empresa e, no mínimo, deve ser comparado com o patrimônio acumulado de um país. Não temos uma estimativa segura do tamanho do patrimônio de qualquer país, de modo que fica difícil fazer a comparação com o valor de mercado de qualquer empresa.

Portanto, a comparação do valor de mercado de qualquer empresa com o PIB de países é conceitualmente indevida. Não caia nessa!

O crescimento do PIB

Considerando que há uma relação direta entre PIB/capita e bem-estar da população, é natural que um dos principais problemas econômicos com que os governos se defrontem seja como fazer o PIB crescer. Antes de enfrentar esse problema, vamos entender a lógica por trás do crescimento do PIB.

Como vimos, o PIB é formado basicamente pelos valores agregados aos produtos e serviços ao longo de toda a cadeia de produção. Na **Figura 46**, vamos lembrar o exemplo do pão, mas agora agregando a mão de obra e o capital empregados em cada etapa.

Figura 46 – Capital e Trabalho

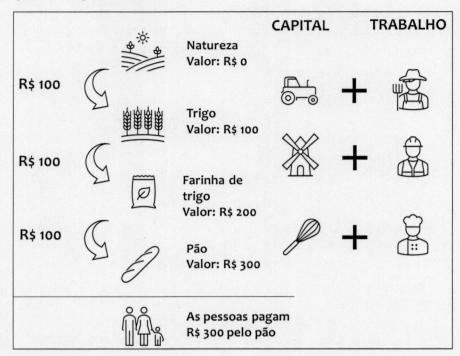

Fonte: elaboração do autor

Observe como, em cada etapa da produção, temos a concorrência de dois fatores: o capital e o trabalho. No caso da produção do trigo, temos o agricultor e o maquinário; no caso da produção da farinha de trigo, temos o operário e o moinho; e no caso da produção do pão, temos o padeiro e os seus instrumentos de trabalho.

E como o PIB cresce? Simples: quanto mais capital e mais mão de obra temos à disposição, maior o valor agregado em cada etapa da produção.

Uma economia pode crescer a taxas altas quando incorpora à sua produção um contingente de mão de obra que antes estava desempregada. O crescimento chinês nos anos 1990-2000, por exemplo, pode ser creditado, em parte, à incorporação de um imenso contingente de mão de obra que antes estava desempregada ou em atividades de pouco valor agregado, como a agricultura de subsistência.

Uma economia pode crescer também quando consegue mobilizar capitais. Ou seja, quando há condições propícias para que os donos do capital o empreguem na produção. Essas condições incluem, por exemplo, segurança jurídica, estabilidade política, burocracia leve, inovações financeiras que facilitem o acesso ao capital. A Inglaterra no século XIX e os Estados Unidos no século XX são exemplos de economias que conseguiram mobilizar capitais suficientes para acelerar os seus respectivos crescimentos econômicos.

Mas há uma terceira maneira de acelerar o crescimento econômico. Trata-se do que chamamos de "produtividade". Produtividade é usar os mesmos recursos de modo mais produtivo. Ou seja, produzir mais com os mesmos recursos.

No caso da mão de obra, operários qualificados produzem mais do que os não qualificados. Na China, não somente houve a incorporação de mão de obra na força de trabalho, mas essa mão de obra foi empregada em postos mais produtivos. Para que isso fosse possível, foi necessário levar a cabo um imenso esforço de treinamento, o que aumentou a produtividade dessa mão de obra.

O mesmo podemos dizer do capital. Aumentamos a produtividade do capital quando organizamos melhor a produção por meio de técnicas administrativas, ou quando empregamos máquinas que produzem mais rapidamente a mesma quantidade de produto. Inovações tecnológicas ou administrativas aumentam a produção da mesma quantidade de mão de obra e de capital. Por exemplo, quando Henry Ford inventou a linha de produção de automóveis, conseguiu produzir um número maior de carros com a mesma quantidade de operários. Os empregados de suas fábricas tornaram-se mais produtivos com uma simples mudança na forma de organizar a produção. Isso é aumento de produtividade.

Portanto, o PIB pode crescer de duas maneiras. A primeira é pela mobilização de mais capital e de mais mão de obra, conforme podemos ver na **Figura 47**.

Figura 47 – Crescimento do PIB por meio do aumento de capital e mão de obra

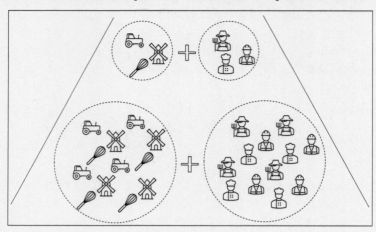

Fonte: elaboração do autor

Mas o PIB pode crescer também pelo aumento da produtividade do capital e do trabalho, conforme podemos ver representado na **Figura 48**. Observe como não houve aumento do maquinário ou das pessoas empregadas, mas de alguma maneira esse maquinário e essas pessoas tornaram-se mais produtivas, seja por mudanças tecnológicas, seja por novas técnicas administrativas, seja pelo treinamento da mão de obra.

Figura 48 – Crescimento do PIB por meio do aumento da produtividade

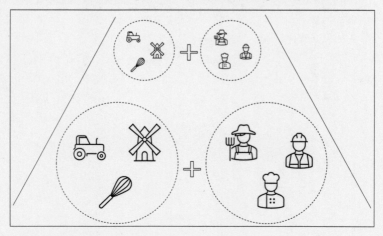

Fonte: elaboração do autor

Uma observação importante: note como não abordamos o lado da demanda, mas somente o lado da oferta quando falamos sobre crescimento econômico. Mas, como vimos anteriormente, o PIB tem dois lados, a oferta e a demanda. Vamos lembrar essa identidade na **Figura 49**, repetida da seção **O que é o PIB?**.

Figura 49 – PIB pelo lado da demanda e pelo lado da oferta

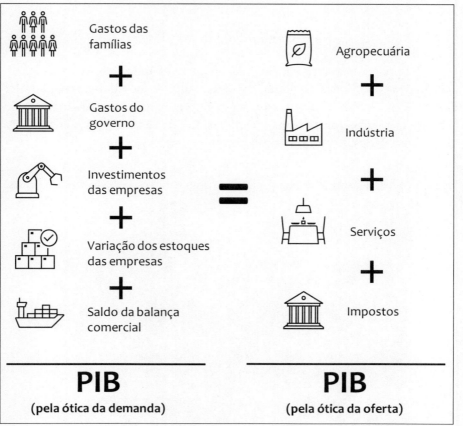

Fonte: elaboração do autor

Então, obviamente, se a oferta cresce, a demanda precisa crescer igualmente. Ou melhor, essa identidade exige que, para que a oferta cresça, a demanda cresça no mesmo volume. A demanda pode crescer pelo aumento dos gastos das famílias, dos investimentos das empresas ou dos gastos do governo. Mas, se esses consumidores não consumirem mais, só restam outras duas possibilidades: aumento dos estoques de mercadorias produzidas, mas não vendidas, e exportação para os consumidores de outros países. A China, por exemplo, passou muitos anos exportando um grande montante de sua produção. Foi com base principalmente na exportação que a economia chinesa conseguiu crescer, até que, aos poucos, o seu mercado interno foi sendo capaz de absorver fatias cada vez maiores de sua própria produção.

Voltaremos a discutir a questão do crescimento econômico no Capítulo 8.

Desigualdade de renda

Se existe um assunto que levanta discussões apaixonadas é o da distribuição de renda. A desigualdade tornou-se um tópico quente em qualquer debate econômico. Não vou aqui entrar no mérito da discussão, por não ser esse o objetivo deste livro. Aqui, desenvolveremos apenas o conceito de desigualdade de renda, e como podemos quantificá-la.

Figura 50 – A desigualdade, em maior ou menor grau, é uma realidade em todos os países

Fonte: 123rf.com

A desigualdade é um conceito intuitivo. Conseguimos distinguir perfeitamente uma pessoa rica de uma pobre.

No entanto, existem nuances importantes, que devem ser consideradas quando discutimos o assunto.

A primeira é a diferença entre **renda** e **patrimônio**. Renda é o dinheiro que a pessoa recebe periodicamente. Patrimônio é a soma de todo o dinheiro que a pessoa já recebeu no passado e que não foi gasto com consumo.

Essa diferença é importante porque o padrão de vida pode não ser condizente com a riqueza da pessoa. Dois casos clássicos ilustram essa dicotomia.

O primeiro refere-se ao herdeiro que recebeu um patrimônio em imóveis ou outros ativos de difícil venda. Nesse caso, o patrimônio é grande, mas o padrão de vida será baixo. Moramos e nos alimentamos com o dinheiro da renda, não do patrimônio. A não ser que esse patrimônio gere renda, seja por meio de aluguel, seja por meio da sua venda, o indivíduo viverá como um mendigo dentro de um palácio.

O segundo caso refere-se ao sujeito que vive endividado para manter um padrão de vida mais elevado do que a sua renda permite. O seu patrimônio pode ser até negativo, pois as dívidas subtraem do valor do patrimônio, mas a renda obtida por meio das dívidas lhe permite ter um padrão de vida superior àquele que sua renda e seu patrimônio indicariam.

Quando falamos de distribuição de renda, estamos nos referindo à renda, não ao patrimônio, apesar de, muitas vezes, os dois conceitos se confundirem. Por exemplo, o tão falado "imposto sobre grandes fortunas", sempre indicado como um antídoto para melhorar a distribuição de renda no país, incide sobre o patrimônio, não sobre a renda. Esse tipo de imposto até pode melhorar a distribuição de renda, mas somente se for distribuído diretamente para as pessoas com renda mais baixa, porque ele não subtrai um centavo da renda dos mais ricos, dado que incide sobre o patrimônio, não sobre a renda. Para diminuir a renda dos mais ricos, o instrumento mais adequado seria o imposto de renda.

Uma outra nuance importante é o nível de bem-estar geral da população, que não necessariamente está ligado à renda pessoal. Em países onde o Estado provê serviços públicos, esses serviços não contam para o cálculo da renda das pessoas, ainda que ajudem a aumentar o seu bem-estar. No final das contas, o que importa é o bem-estar, não a renda em si. Por isso, considerar apenas a distribuição de renda pode distorcer as conclusões. O Estado de Bem-Estar Social não é captado pelas medidas clássicas de distribuição de renda, ainda que, efetivamente, sirva para distribuir o bem-estar que a renda compra.

A medida mais comum de distribuição de renda é o Índice de Gini, que foi desenvolvido pelo estatístico italiano Corrado Gini em 1912. Trata-se de um índice de fácil entendimento, mas com cálculo um pouco trabalhoso. Vamos, primeiramente, ao conceito. Digamos que um país, que chamaremos de **Igualistão**, tenha uma renda total de R$ 1.000, distribuída perfeitamente entre todos os estratos da população, como podemos observar na **Tabela 28**.

Tabela 28 – Distribuição de renda no Igualistão

Estrato da população	População acumulada	Renda de cada estrato	Renda acumulada
10% mais pobres	10%	R$ 100	R$ 100
10% seguintes	20%	R$ 100	R$ 200
10% seguintes	30%	R$ 100	R$ 300
10% seguintes	40%	R$ 100	R$ 400
10% seguintes	50%	R$ 100	R$ 500
10% seguintes	60%	R$ 100	R$ 600
10% seguintes	70%	R$ 100	R$ 700
10% seguintes	80%	R$ 100	R$ 800
10% seguintes	90%	R$ 100	R$ 900
10% mais ricos	100%	R$ 100	R$ 1.000

Fonte: elaboração do autor

Note como todos os estratos da população do Igualistão recebem a mesma fatia da renda do país. Isso pode ser representado em um gráfico, conforme o **Gráfico 68**.

Gráfico 68 – Distribuição de renda no Igualistão

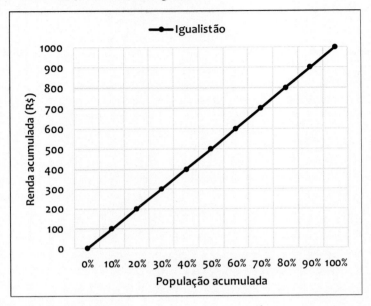

Fonte: elaboração do autor

Observe como temos uma linha reta na diagonal. Isso significa que cada fatia da população recebe uma fatia de renda exatamente proporcional à sua participação na população total. Por exemplo, os 40% mais pobres recebem 40% da renda do país, os 70% mais pobres recebem 70% da renda, e assim por diante. Na verdade, nesse caso, nem há que se dizer "10% mais pobres" ou "10% mais ricos", pois todos recebem a mesma renda.

Agora, vamos ver, **na Tabela 29**, a distribuição de renda em um outro país, o **Concentraquistão**.

Tabela 29 – Distribuição de renda no Concentraquistão

Estrato da população	População acumulada	Renda de cada estrato	Renda acumulada
10% mais pobres	10%	R$ 0	R$ 0
10% seguintes	20%	R$ 0	R$ 0
10% seguintes	30%	R$ 0	R$ 0
10% seguintes	40%	R$ 0	R$ 0
10% seguintes	50%	R$ 0	R$ 0

Estrato da população	População acumulada	Renda de cada estrato	Renda acumulada
10% seguintes	60%	R$ 0	R$ 0
10% seguintes	70%	R$ 0	R$ 0
10% seguintes	80%	R$ 0	R$ 0
10% seguintes	90%	R$ 0	R$ 0
10% mais ricos	100%	R$ 1.000	R$ 1.000

Fonte: elaboração do autor

Observe como se trata de um país com uma altíssima concentração de renda: os 10% mais ricos ficam com toda a renda produzida no país, enquanto os 90% restantes ficam com zero. Podemos adicionar o Concentraquistão no gráfico anterior para termos uma ideia gráfica do que isso significa (**Gráfico 69**). Note como a linha cinza, do Concentraquistão, se mantém em zero durante praticamente todo o tempo, até que abruptamente se encontra com a linha preta quando completa 100% da população. Igualistão e Concentraquistão **são dois exemplos extremos de concentração de renda. O primeiro tem índice de Gini** de zero, enquanto o segundo tem índice de Gini de 1.

Gráfico 69 – Distribuição de renda no Igualistão e no Concentraquistão

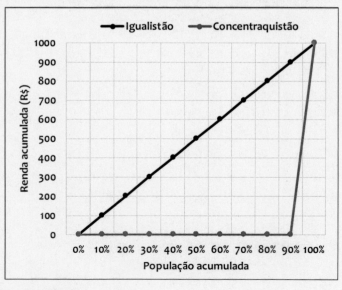

Fonte: elaboração do autor

O índice de Gini varia de zero a 1: quanto mais próximo de zero, menor a concentração de renda, quanto mais próximo de 1, maior a concentração de renda. Para os que se interessam, no final deste capítulo mostramos os detalhes desse cálculo.

Vejamos um terceiro país, o Brasil, na **Tabela 30**. A distribuição de renda da **Tabela 30 não é exatamente a do Brasil. Ela foi construída para chegarmos a um índice de Gini** de 0,529, que é o índice calculado pelo Banco Mundial para o Brasil em 2021.

Tabela 30 – Distribuição de renda no Brasil

Estrato da população	População acumulada	Renda de cada estrato	Renda acumulada
10% mais pobres	10%	R$ 5	R$ 5
10% seguintes	20%	R$ 10	R$ 15
10% seguintes	30%	R$ 20	R$ 35
10% seguintes	40%	R$ 35	R$ 70
10% seguintes	50%	R$ 70	R$ 140
10% seguintes	60%	R$ 85	R$ 225
10% seguintes	70%	R$ 135	R$ 360
10% seguintes	80%	R$ 170	R$ 530
10% seguintes	90%	R$ 210	R$ 740
10% mais ricos	100%	R$ 260	R$ 1.000

Fonte: elaboração do autor

Assim, essa distribuição poderia ser a do Brasil, considerando somente o índice de Gini. Observe alguns fatos que tornam o nosso país extremamente desigual. Por exemplo, a renda dos 10% mais ricos é 52 vezes maior que a renda dos 10% mais pobres. A metade mais pobre da população recebe apenas 14% da renda do país. Mas não é só isso. A renda é tremendamente desigual também entre os mais pobres. O 4º decil da população recebe R$ 35, que é a soma dos três decis anteriores. E o 5º decil recebe o equivalente à soma dos quatro decis anteriores. Um índice de Gini de 0,529 está a meio caminho entre a distribuição mais perfeita e a mais imperfeita, como podemos ver no **Gráfico 70**.

Gráfico 70 – Distribuição de renda no Igualistão, no Concentraquistão e no Brasil

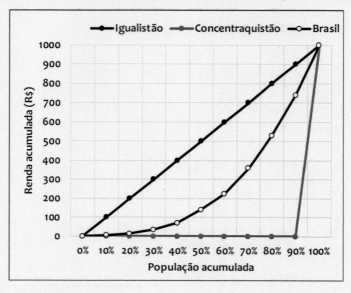

Fonte: elaboração do autor

Segundo o mesmo Banco Mundial, o país com a melhor distribuição de renda no mundo em 2021 era a Eslovênia, com um índice de Gini de 0,240. A distribuição de renda da Eslovênia poderia ser a que temos na **Tabela 31**.

Tabela 31 – Distribuição de renda na Eslovênia

Estrato da população	População acumulada	Renda de cada estrato	Renda acumulada
10% mais pobres	10%	R$ 40	R$ 40
10% seguintes	20%	R$ 55	R$ 95
10% seguintes	30%	R$ 65	R$ 160
10% seguintes	40%	R$ 80	R$ 240
10% seguintes	50%	R$ 95	R$ 335
10% seguintes	60%	R$ 105	R$ 440
10% seguintes	70%	R$ 125	R$ 565
10% seguintes	80%	R$ 135	R$ 700
10% seguintes	90%	R$ 145	R$ 845
10% mais ricos	100%	R$ 155	R$ 1.000

Fonte: elaboração do autor

Observe como, na Eslovênia, os 10% mais ricos recebem apenas 4 vezes mais renda do que os 10% mais pobres. E os 50% mais pobres recebem 33% da renda do país, contra 14% no Brasil. O **Gráfico 71** ilustra essa melhor distribuição de renda.

Gráfico 71 – Distribuição de renda no Igualistão, no Concentraquistão, no Brasil e na Eslovênia

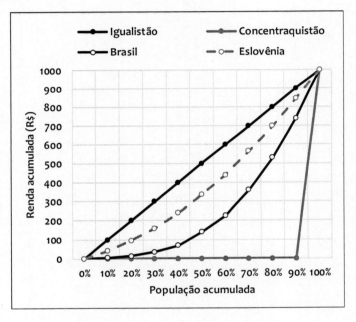

Fonte: elaboração do autor

Observe como para os 20% ou 30% mais pobres da população, a renda recebida pelos brasileiros é muito parecida com a renda recebida pelos cidadãos do Concentraquistão, ao passo que a renda recebida pelos eslovenos mais pobres está muito mais próxima da renda recebida pelo povo do Igualistão.

O índice de Gini do Brasil é um dos piores do mundo, mas melhorou um pouco nos últimos anos. Em 1995, primeiro ano do Plano Real, o índice de Gini brasileiro era de 0,596, ao passo que em 2021 era de 0,529. Um avanço, sem dúvida, mas ainda estamos muito longe dos países mais igualitários do mundo.

Para encerrar este capítulo sobre (des)igualdade de renda, vamos a uma provocação. Comparemos o Brasil com Bangladesh. Esse país da Ásia é um dos mais pobres do mundo, com uma renda *per capita* de US$ 5.100 em 2019 (conceito PPP). A renda *per capita* do Brasil no mesmo ano foi de US$ 14.800, quase três vezes mais. No entanto, segundo o Banco Mundial, Bangladesh é um país razoavelmente igualitário, com um índice de Gini de 0,324. Vejamos, na **Tabela 32**, a distribuição de renda do Brasil e de Bangladesh. Dessa vez, no entanto, ao invés de assumir que esses países têm uma renda genérica de R$ 1.000, vamos adotar a renda *per capita* real de cada um deles.

Tabela 32 – Distribuição de renda no Brasil e em Bangladesh

Estrato da população	Renda de cada estrato (em US$ PPP)	
	Brasil	**Bangladesh**
10% mais pobres	74	64
10% seguintes	148	128
10% seguintes	296	268
10% seguintes	518	485
10% seguintes	1.036	510
10% seguintes	1.258	587
10% seguintes	1.998	612
10% seguintes	2.516	791
10% seguintes	3.108	816
10% mais ricos	3.848	842
Total	**14.800**	**5.100**

Fonte: elaboração do autor (FMI para a renda/capita PPP)

Note como a última linha indica a renda *per capita* de cada país pelo conceito PPP. Assim, temos uma aproximação do poder de compra de cada faixa de renda da população. Em primeiro lugar, podemos observar que a desigualdade de renda do Brasil **é bem maior do que** a de Bangladesh: enquanto os 10% mais ricos no Brasil têm uma renda 52 vezes superior **à dos** 10% mais pobres, em Bangladesh essa relação é de somente 13 vezes. Além disso, enquanto no Brasil os 50% mais pobres acumulam somente 14% da renda, essa proporção é de 28% em Bangladesh, o dobro. Então, não resta dúvida de que Bangladesh é um país mais igualitário do que o Brasil.

No entanto, note que, apesar de a distância entre ricos e pobres ser menor em Bangladesh, a população de Bangladesh tem renda menor que a do Brasil em todas as faixas de renda, incluindo os mais pobres. O problema, portanto, não está somente na distribuição de renda. Para que os pobres melhorem a sua condição, além de melhorar a distribuição de renda, é necessário que o PIB *per capita* também cresça. A distribuição, de maneira isolada, não resolve o problema de renda da população mais pobre.

Obviamente, com o mesmo PIB *per capita* atual, os pobres estariam em melhores condições se a distribuição de renda do Brasil fosse melhor. Por exemplo, a Geórgia, uma das ex-repúblicas soviéticas, que tem uma renda *per capita* PPP semelhante à do Brasil, apresenta um índice de Gini de 0,342. Assim, os mais pobres da Geórgia **têm condições de vida melhores do que os** mais pobres do Brasil, enquanto os mais ricos da Geórgia **têm condições de vida piores do que os mais ricos do Brasil**, como podemos observar na **Tabela 33**.

Tabela 33 – Distribuição de renda no Brasil e na Geórgia

Estrato da população	Renda de cada estrato (em US$ PPP)	
	Brasil	**Geórgia**
10% mais pobres	74	150
10% seguintes	148	450
10% seguintes	296	825
10% seguintes	518	1.125
10% seguintes	1.036	1.500
10% seguintes	1.258	1.650
10% seguintes	1.998	1.950
10% seguintes	2.516	2.250
10% seguintes	3.108	2.475
10% mais ricos	3.848	2.625
Total	**14.800**	**15.000**

Fonte: elaboração do autor (FMI para a renda/capita PPP)

Note que os estratos mais pobres da Georgia possuem cerca do dobro da renda dos mais pobres do Brasil, enquanto os 10% mais ricos do Brasil são 50% mais ricos do que os 10% mais ricos da Georgia. Esse é o efeito da maior concentração de renda.

Extra: o cálculo do índice de Gini

Para os que se interessam por demonstrações, aqui vai a receita de bolo para calcular o índice de Gini. Vamos usar como exemplo a distribuição de renda do Brasil e repetir aqui a tabela de sua distribuição de renda (Tabela 34).

Tabela 34 – Distribuição de renda no Brasil

Estrato da população	Renda de cada estrato
10% mais pobres	74
10% seguintes	148
10% seguintes	296
10% seguintes	518
10% seguintes	1.036
10% seguintes	1.258
10% seguintes	1.998
10% seguintes	2.516
10% seguintes	3.108
10% mais ricos	3.848
Total	14.800

Fonte: elaboração do autor (FMI para a renda/capita PPP)

Temos que calcular duas colunas adicionais: os acumulados dos estratos da população e os acumulados das rendas de cada estrato. O resultado está na **Tabela 35**.

Tabela 35 – Distribuição de renda no Brasil com acumulado dos estratos e rendas

Estrato da população	Renda de cada estrato	Acumulado dos estratos	Acumulado das rendas
10% mais pobres	74	10%	74
10% seguintes	148	20%	222
10% seguintes	296	30%	518
10% seguintes	518	40%	1.036
10% seguintes	1.036	50%	2.072

Estrato da população	Renda de cada estrato	Acumulado dos estratos	Acumulado das rendas
10% seguintes	1.258	60%	3.330
10% seguintes	1.998	70%	5.328
10% seguintes	2.516	80%	7.844
10% seguintes	3.108	90%	10.952
10% mais ricos	3.848	100%	14.800
Total	**14.800**		

Fonte: elaboração do autor (FMI para a renda/capita PPP)

Em seguida, na **Tabela 36**, vamos calcular quanto cada um desses acumulados representa do total.

Tabela 36 – Distribuição de renda no Brasil com acumulado dos estratos e rendas e a participação de cada estrato e renda

Estrato da população	Renda de cada estrato	Acumulado dos estratos	Acumulado das rendas	Participação dos estratos	Participação das rendas
10% mais pobres	74	10%	74	10%/100% = 10%	74/14.800 = 0,5%
10% seguintes	148	20%	222	20%	1,5%
10% seguintes	296	30%	518	30%	3,5%
10% seguintes	518	40%	1.036	40%	7,0%
10% seguintes	1.036	50%	2.072	50%	14,0%
10% seguintes	1.258	60%	3.330	60%	22,5%
10% seguintes	1.998	70%	5.328	70%	36,0%
10% seguintes	2.516	80%	7.844	80%	53,0%
10% seguintes	3.108	90%	10.952	90%	74,0%
10% mais ricos	3.848	100%	14.800	100%	100%
Total	**14.800**				

Fonte: elaboração do autor (FMI para a renda/capita PPP)

Agora, na **Tabela 37**, somamos as colunas de participação, mas só até a penúltima linha.

MARCELO GUTERMAN

Tabela 37 – Distribuição de renda no Brasil com acumulado dos estratos e rendas, a participação de cada estrato e renda e a soma dessas participações até a penúltima linha

Estrato da população	Renda de cada estrato	Acumulado dos estratos	Acumulado das rendas	Participação dos estratos	Participação das rendas
10% mais pobres	74	10%	74	10%/100% = 10%	74/14.800 = 0,5%
10% seguintes	148	20%	222	20%	1,5%
10% seguintes	296	30%	518	30%	3,5%
10% seguintes	518	40%	1.036	40%	7,0%
10% seguintes	1.036	50%	2.072	50%	14,0%
10% seguintes	1.258	60%	3.330	60%	22,5%
10% seguintes	1.998	70%	5.328	70%	36,0%
10% seguintes	2.516	80%	7.844	80%	53,0%
10% seguintes	3.108	90%	10.952	90%	74,0%
Soma das células hachuradas →				450%	212%
10% mais ricos	3.848	100%	14.800	100%	100%
Total	14.800				

Fonte: elaboração do autor (FMI para a renda/capita PPP)

Agora, é só fazer o seguinte cálculo:

$$\text{Índice de Gini}: 1 - \frac{212}{450} = 0,529$$

Observe que o que fizemos foi simplesmente calcular uma aproximação da área debaixo de cada uma das curvas dos gráficos de distribuição de renda, e depois calcular a proporção entre elas. Quanto mais igualitária for a distribuição de renda, mais o gráfico se aproximará da linha reta, e mais próxima de 1 será a proporção entre as curvas. Calculamos (1 – proporção) para que o Gini de distribuições mais igualitárias se aproxime de zero.

CAPÍTULO 8

OS DEBATES ECONÔMICOS DO NOSSO TEMPO

Neste último capítulo, vou reunir alguns de meus artigos sobre temas perenes do debate econômico. O que descrevemos até aqui foram conceitos básicos, que servem como instrumentos para entender melhor, e até se posicionar, nos temas que dominam o debate econômico. Neste capítulo, compartilharei minha opinião pessoal sobre temas controversos.

Não preciso dizer que, por tratar-se de opinião pessoal, o querido leitor pode não concordar. Não busco concordância, mas diálogo em bases racionais. Podemos discutir a melhor forma de viajar para o espaço, mas devemos partir do pressuposto de que a Terra é uma esfera que orbita em torno de uma estrela. Caso contrário, torna-se um diálogo de loucos.

O papel do Estado na economia
(artigo originalmente escrito em 20/11/2021)

As grandes linhas de pensamento econômico se definem pelo papel que atribuem ao Estado na economia. O Estado é a forma que os seres humanos encontraram para resolver os seus problemas comuns. Trata-se de uma instância superior, com poderes especiais, exercidos por pessoas que chegam ao poder de acordo com regras estabelecidas de comum acordo ou por meio da força bruta. As relações econômicas entre os seres humanos são dos maiores problemas em que o Estado é chamado a intervir.

A potencial ação do Estado na economia encontra-se em um continuum, onde costumo identificar quatro pontos de referência, ilustrados pela **Figura 51**.

Figura 51 – Continuum da ação do Estado na economia

Fonte: elaboração do autor

Marx previu que a **Centralização** de tudo no Estado seria um estágio intermediário necessário para que o proletariado finalmente tomasse o poder. Uma vez que todos os meios de produção pertencessem ao Estado, este, em determinado momento, não seria mais necessário, pois o Estado nada mais seria do que a encarnação do proletariado. O que se viu é que nunca se passou para a fase seguinte do jogo.

Isso nos leva ao outro extremo, o **Anarquismo**. Etimologicamente, anarquia significa ausência de hierarquia, ou de governo. Como disse Bakunin, um dos principais teóricos anarquistas, *"quem diz Estado, diz necessariamente dominação e, em consequência, escravidão; um Estado sem escravidão, declarada ou disfarçada, é inconcebível; eis porque somos inimigos do Estado"*. Mas, como costuma acontecer, os extremos se tocam. Os anarquistas estiveram associados aos principais movimentos sindicais do início do século XX, lado a lado com os comunistas, propondo o fim do capitalismo como meio de exploração do homem pelo homem. No Estado capitalista, uma minoria usa os instrumentos de poder para oprimir a maioria. Para comunistas e anarquistas, o problema está no Estado. Ambos propõem o fim do Estado, mas somente os comunistas têm um *roadmap* que lhes permite tomar o poder. Como vimos, o plano comunista de eliminar o Estado não foi em frente, muito pelo contrário. No caso do anarquismo, como eliminar o Estado completamente não é em si um plano factível, nunca se constituíram em uma força política relevante.

O que nos interessa, pelas suas consequências práticas, é o que vai no meio. Temos duas formas intermediárias de intervenção do Estado no domínio econômico: o Nivelamento e a Coordenação.

No **Nivelamento**, o Estado serve apenas para nivelar o campo de jogo entre os diversos agentes da sociedade. Temos duas dimensões desse nivelamento:

- Leis e *enforcement* da lei (força policial e sistema judiciário), que permitem que os agentes econômicos possam ter segurança sobre quais são as regras do jogo, e que essas regras serão obedecidas por todos.

- Mitigação do *gap* de renda, de modo que as pessoas que tiveram o azar de nascer em famílias desfavorecidas economicamente têm no Estado um suporte para preencher esse *gap* em relação aos nascidos em famílias mais favorecidas. Esse suporte se traduz em educação, saúde, saneamento básico, enfim, investimentos na capacitação do capital humano. Estão também nessa categoria as diversas bolsas-auxílio, que colocam dinheiro no bolso dos mais pobres.

Por fim, a **Coordenação**. Nesse ponto, ao Estado se lhe confere o poder de coordenar os agentes privados, de acordo com planos concebidos com a técnica mais apurada. Não se trata de centralização, os meios de produção continuam privados, mas a atuação dos agentes privados é condicionada e dirigida por regras discricionárias do Estado.

Com a queda dos principais regimes comunistas no início da década de 1990, sobraram poucos exemplos de Estados puramente centralizados. Talvez Coreia do Norte. Até Cuba permitiu a existência de empresas privadas, ainda que de maneira bastante controlada. Então, a maior parte dos regimes econômicos do mundo, hoje, oscila entre o modelo de Coordenação e o modelo de Nivelamento, com algumas pitadas de Centralização, como a China.

Para quem quer ter uma noção histórica sobre as idas e vindas entre os modelos de Coordenação e Nivelamento, sugiro o excelente livro *Keynes vs. Hayek*[24], que conta a história de dois dos economistas mais influentes do século XX. Keynes é o papa da intervenção estatal na economia, enquanto Hayek defendia a soberania das decisões individuais e empresariais de investimento e consumo como a única forma de criar riqueza permanente.

Keynes foi o criador da macroeconomia, ou seja, a explicação do comportamento dos grandes agregados monetários, do câmbio, da taxa de juros, enfim, de tudo o que afeta a economia de um país de maneira global. O economista inglês formula suas teorias olhando o mundo desde cima, do ponto de vista do Estado. Por isso, é o Estado que tem a chave do crescimento e da estabilidade econômica.

---

[24] Keynes x Hayek: As Origens e a Herança do Maior Duelo Econômico da História – Nicolas Wapshott – Editora Record – 1ª edição – 2016.

Keynes foi um crítico acerbo das penalizações à Alemanha após a 1ª Guerra Mundial, e o Plano Marshall, que permitiu a reconstrução da Europa após a 2ª Guerra, deve muito à sua pregação em favor do investimento estatal. Apesar de o New Deal de Roosevelt ter se dado em linha com as teorias de Keynes, foi nos 30 anos após a 2ª Guerra que o keynesianismo atingiu seu apogeu. O papel do Estado era inquestionável, com montanhas de recursos estatais sendo investidos em infraestrutura e na corrida espacial. Até congelamento de preços houve, nos estertores desse ciclo, com Nixon.

Com a grande estagflação da década de 1970, o keynesianismo cai em desgraça, dando lugar a Hayek e seus discípulos, sendo o mais famoso Milton Friedman.

Hayek analisava a economia do ponto de vista das decisões das pessoas e das empresas. É o que chamamos de microeconomia. Seu ponto de vista é de baixo para cima, sendo o Estado apenas um mal necessário. Suas teorias eram extremamente obscuras, não contando com o charme das grandes explicações macroeconômicas de Keynes. Hayek ficou famoso não pelas suas teorias econômicas, mas por conta de um livrinho mais sociológico do que econômico, *O caminho da servidão*, em que desfia o seu ceticismo com relação ao dirigismo econômico, que inexoravelmente resultaria no fim da liberdade do indivíduo.

Keynes e Hayek representam o eterno debate sobre o papel do Estado na economia. Eu me coloco do lado daqueles que defendem que o Estado tem um papel a cumprir no Nivelamento de oportunidades, mas não na Coordenação dos agentes econômicos.

O falso debate

Uma das formas de se ganhar um debate é imputar ao seu adversário uma tese absurda, contrapor essa tese e afirmar que ganhou a discussão.

Esse artifício é muito comum no debate sobre o papel do Estado na economia. Por exemplo, costuma-se apontar para uma favela e dizer que aquilo é o resultado de um Estado mínimo. Aquela situação teria sido criada pela ausência do Estado, não pelo seu excesso. Outro exemplo: as grandes crises econômicas e financeiras. Acusa-se os que defendem um Estado mínimo de que sua convicção só vai até a página 2. Quando ocorre uma crise, todos saem correndo a pedir penico ao papai Estado.

Por que esse é um falso debate? Por que defender um determinado papel para o Estado não significa defender a ausência do Estado. Pelo contrário.

No primeiro exemplo, a ausência do Estado que cria a favela tem sua origem justamente no foco errado do papel do Estado. Enquanto se perde em políticas de *coordenação* da atividade econômica, as ações de *nivelamento* de oportunidades são fracas. Aliás, as políticas de *coordenação*, que normalmente são sequestradas pelos mais ricos, drenam os recursos escassos do Estado, sobrando pouco para as políticas de *nivelamento*. Veremos mais sobre isso quando abordarmos o caso específico do Brasil.

No caso da atuação dos governos nas grandes crises econômicas, não cabe reparo, ainda que sua intensidade possa ser discutida. Aqui estamos falando da suavização dos ciclos econômicos típicos da economia capitalista. A atuação dos bancos centrais e, em casos extremos, a edição de pacotes fiscais servem para minimizar a dor das oscilações econômicas. Ainda que se possa argumentar que essa não seja a forma ótima de fomentar o crescimento econômico (afinal, ao suavizar o ciclo, o Estado está prolongando a vida de negócios pouco produtivos), não é viável politicamente deixar que recessões se aprofundem sem limites. Então, a intervenção do Estado nos ciclos econômicos talvez seja o único caso em que algum nível de *coordenação* se justifique. No entanto, usar esse caso particular para justificar a *coordenação* estatal de toda atividade econômica vai uma distância galáctica.

O Brasil nesse debate

No momento em que escrevo este artigo, está sendo debatida no Congresso a extensão da isenção da contribuição patronal para o INSS de 17 setores econômicos escolhidos. A ideia é fomentar empregos, na medida em que esses 17 setores englobam as empresas que supostamente mais empregam no país.

Essa isenção é um exemplo perfeito do Estado como coordenador da atividade econômica. Discricionariamente, o Estado escolheu 17 setores econômicos, e os brindou com uma isenção de impostos. Por que não 10 setores? Ou 30? Será esse o melhor uso possível para o uso dos recursos escassos do Estado? Não haveria outras formas menos onerosas de criar empregos?

Temos um fetiche pelo Estado *coordenador*. São inúmeras as políticas discricionárias que beneficiam setores e corporações que têm melhor trânsito em Brasília. Em artigo recente na *Folha de São Paulo*[25], o economista

---

[25] Argumentos inconsistentes dão suporte a políticas públicas ruins, Marcos Mendes, Folha de São Paulo, 19/11/2021.

Marcos Mendes lista, além da isenção da folha de pagamentos, outras 5 políticas governamentais que elegem vencedores às custas do restante da sociedade: a inclusão dos caminhoneiros no regime MEI, o próprio regime MEI (apenas 16% dos participantes estão entre os 50% mais pobres), a Zona Franca de Manaus, o Rota 2030 e o programa Renovabio.

Poderíamos ficar aqui horas citando programas, regimes especiais, subsídios, enfim, instrumentos do Estado para coordenar a atividade econômica. O Brasil inclina-se firmemente para a *Coordenação*, com certas pitadas de *Centralização*. A maior empresa brasileira é uma estatal e, dos 5 maiores bancos, dois são estatais. Até pouco tempo atrás, era um banco estatal que dominava o mercado de capitais e os maiores fundos de pensão são ligados a empresas estatais.

Dá-se pouco peso para o *Nivelamento*: a educação pública é, de maneira geral, de qualidade sofrível, idem o atendimento de saúde e o saneamento básico. A exceção é o ensino superior público, de excelente qualidade, mas que atende principalmente aos filhos da classe média, contribuindo ainda mais para a concentração de renda. As cotas sociais são uma tentativa de desentortar o pepino depois de crescido. As várias bolsas-auxílio pagas para os mais pobres (um esforço de *nivelamento*) são uma fração do que é gasto com os esforços de *coordenação* via regimes especiais e subsídios.

A *Coordenação* pressupõe um Estado que consiga fazer uma leitura perfeita das consequências de todos os seus atos sobre a atividade dos agentes econômicos. Além disso, é necessária uma impessoalidade que, na prática, é impossível de alcançar. As bancadas no Congresso defendem seus interesses próprios antes do que os interesses da sociedade, sequestrando os recursos escassos do Estado em seu favor. Mesmo esforços meritórios de *Nivelamento*, como o investimento em educação ou no sistema de justiça, são muitas vezes sequestrados pelas corporações dos funcionários públicos, de forma que a eficiência do gasto fica muito aquém daquilo que poderia ser, caso houvesse real interesse em mitigar os efeitos da desigualdade de oportunidades.

O que precisa ser feito?

O Brasil entrou de cabeça na armadilha da renda média, buraco em que se enfiam países que não conseguem aumentar a sua produtividade a partir de um determinado ponto, sequestrados que se encontram pelo capitalismo de laços e pelas diversas corporações que se apoderam do Estado.

O próximo presidente da República (sim, é sempre o próximo) deveria focar políticas de *Nivelamento*, reduzindo as políticas de *Coordenação*. Ao facilitar horizontalmente a vida de todas as empresas, e não somente de algumas escolhidas, a própria dinâmica econômica se encarregará de escolher as vencedoras. E, ao proporcionar oportunidades iguais para indivíduos de origens diferentes, a meritocracia terá uma base saudável para que os melhores contribuam para o aumento da produtividade da economia.

Somente assim conseguiremos acumular o capital humano e o capital físico necessários para dar o salto de produtividade que nos permitirá atingir o próximo estágio de crescimento econômico e de renda *per capita*.

Por que alguns países crescem mais do que outros?
(artigo originalmente escrito em 19/11/2020)

O problema do crescimento econômico é um dos mais debatidos entre economistas. Políticas públicas são adotadas no mundo inteiro tendo como objetivo fomentar o crescimento econômico dos países. O que funciona? O que não funciona?

Como em todo debate econômico, a questão do crescimento econômico passa pelo papel do Estado. Simplificando muito, temos dois tipos de abordagens possíveis:

- O Estado atua como alocador primário de capital, ao incentivar setores e empresas específicas supostamente mais aptas a alavancar o crescimento, por meio de subsídios ou investimentos diretos.

- O Estado atua como nivelador de oportunidades e arbitrador de conflitos, deixando a decisão de alocação de capital nas mãos da iniciativa privada.

É muito difícil identificarmos um desses dois modelos de maneira pura. Normalmente, os países adotam algum posicionamento intermediário, pendendo mais para um lado do que para o outro. O paradigma da abordagem estatal é a China, enquanto o paradigma da abordagem privada são os Estados Unidos. Note que, mesmo no caso da China, não estamos falando de 100% de propriedade estatal dos meios de produção, como era o caso da União Soviética, por exemplo. Há empresas privadas na China, assim como existem empresas estatais nos Estados Unidos. A diferença está no papel que o Estado exerce como direcionador dos investimentos. Por mais que a propriedade seja privada, os empresários chineses são muito mais dependentes de decisões estatais do que suas contrapartes nos Estados Unidos.

Para ficar um pouco mais clara essa ideia, basta pensar no Brasil. Aqui, existem grandes empresas privadas, mas, a depender do governo de plantão, podemos ter políticas de subsídios e incentivos estatais que dirigem os investimentos privados. Além disso, grandes empresas estatais são importantes em alguns setores econômicos, como petróleo e financeiro. Por fim, decisões tomadas em Brasília afetam grandemente o dia a dia das empresas. Portanto, o Brasil encontra-se em algum lugar no meio do caminho entre as duas abordagens anteriores, em que temos China de um lado e Estados Unidos do outro.

Independentemente do modelo adotado, parece haver um padrão seguido por todos os países que conseguiram romper a barreira da pobreza e alcançar uma alta renda/capita. Esse padrão foi resumido de maneira bastante interessante e didática pelos professores Antonio Fatás e Ilian Mihov, do Insead, no artigo "The 4 I's of Economic Growth".

Os 4 "is" do crescimento econômico são:

- Condições Iniciais
- Inovação
- Investimento
- Instituições

Vejamos cada um desses pontos a seguir e como o Brasil se sai em cada um deles.

Condições Iniciais

Vamos começar definindo o conceito de **Fronteira Tecnológica**. A Fronteira Tecnológica é o máximo de produtividade que um país pode alcançar. Normalmente, assume-se que a economia dos Estados Unidos representa a Fronteira Tecnológica, ou seja, é o país com a maior produtividade do mundo.

Por definição, países mais pobres têm mais espaço para enriquecer do que países mais ricos. Isso acontece porque existem mais oportunidades para o investimento de capital e para a capacitação de mão de obra e há mais espaço para a implantação de inovações, o que, em tese, leva a uma produtividade maior. Assim, países mais pobres tendem a crescer a taxas maiores do que países mais ricos, simplesmente porque podem se beneficiar de tecnologias já desenvolvidas.

A forma clássica de se medir a distância de uma economia para a Fronteira Tecnológica é simplesmente comparar o seu PIB/capita em relação ao PIB/capita dos Estados Unidos. Essa comparação nos permite comparar justamente o quanto cada habitante daquele país é capaz de produzir em relação ao máximo teórico. No **Gráfico 72**, podemos observar o comportamento do PIB/capita de três países escolhidos em relação aos Estados Unidos.

Gráfico 72 – PIB/capita como proporção dos EUA (PPP)

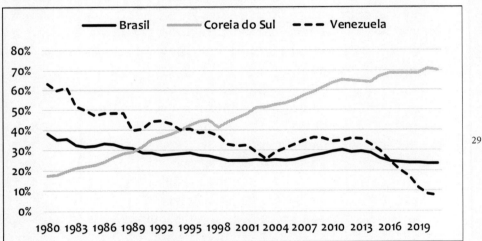

Fonte: FMI

Observe como temos três trajetórias diferentes. A Coreia do Sul tem uma trajetória de convergência, ou seja, seu PIB/capita vai se aproximando do dos Estados Unidos ao longo do tempo. A Venezuela, por sua vez, tem uma trajetória de divergência, seu PIB/capita vai se afastando da fronteira tecnológica ao longo do tempo. Já o Brasil tem uma trajetória, em geral, paralela, com exceção da década de 1980, em que a trajetória foi divergente. Ou seja, ao longo do tempo, a partir da década de 1980, o Brasil não conseguiu se aproximar do PIB/capita dos EUA, apesar de suas Condições Iniciais serem favoráveis, por estar distante da Fronteira Tecnológica.

A Fronteira Tecnológica marca o máximo de riqueza que pode ser criada com a tecnologia existente. Em tese, se toda essa tecnologia fosse aplicada imediatamente, o PIB/capita saltaria para a fronteira. Obviamente, não é assim tão fácil. Conforme veremos nos três itens a seguir, não basta estar distante da fronteira. É preciso caminhar até lá.

Inovação

Os autores começam por constatar que inovação é o fator que, antes de todos os outros, determina o crescimento do bem-estar econômico no longo prazo. Afinal, é a inovação que permite produzir mais com menos. Como vimos ao longo do Capítulo 7, crescimento econômico é função da criação de valor. É somente quando se produz bens e serviços que agregam valor para as pessoas que ocorre o milagre do crescimento econômico. Quando a roda foi inventada, o ser humano conseguiu deslocar coisas com muito menos esforço. A roda foi uma inovação que permitiu agregar valor (o deslocamento) com muito menos recursos.

A inovação não necessariamente envolve tecnologia de ponta. Chamamos de inovação qualquer rearranjo da produção que permita produzir mais com menos. A inovação é o que permite aumentar a produtividade dos fatores econômicos. Adam Smith dá o exemplo de uma fábrica de agulhas em comparação com a produção manual do mesmo produto. O mesmo número de homens produz milhares de vezes mais agulhas em uma fábrica do que se cada um fabricasse as agulhas individualmente. No processo produtivo estão envolvidas inovações tecnológicas do maquinário e da organização da produção.

Como o Brasil vem se saindo nesse quesito? O Brasil produz ou incorpora tecnologia que lhe permita se aproximar da Fronteira Tecnológica?

A julgar pelo imposto de importação que incide sobre produtos de tecnologia, a resposta é não. Ainda somos um país muito fechado comercialmente, e não conseguimos produzir tecnologia local e nem capacitar a nossa mão de obra de maneira suficiente para nos aproximarmos da Fronteira Tecnológica.

Uma forma, entre várias outras possíveis, de medir a criação e a absorção de tecnologia é por meio do número de patentes requeridas em um determinado país. No **Gráfico 73**, mostramos a evolução do número de patentes requeridas no Brasil e na Coreia do Sul, um país que, como vimos, se aproximou da fronteira tecnológica nos últimos 40 anos.

Gráfico 73 – Número de patentes

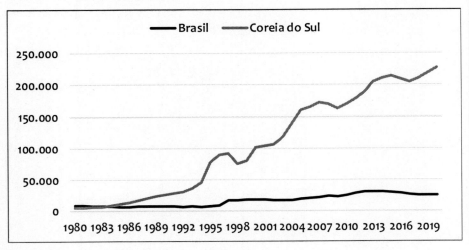

Fonte: World Intellectual Property Organization

Observe que, em 1980, havia menos patentes requeridas na Coreia do que no Brasil. Em 2020, último ano da série nesse gráfico, a Coreia tem 9,3 vezes mais patentes requeridas do que o Brasil por ano. Parece clara a distância entre os dois países no quesito Inovação. E esse tipo de comparação pode se estender para outros parâmetros importantes, como educação.

Investimentos

O segundo "i" é o que se refere a **investimento**. O investimento de hoje é a produção de amanhã. É o investimento que incorpora a tecnologia aos processos de produção.

Mas o que é investimento? Investimento é a poupança em movimento. Para poder investir, um país precisa antes ter poupado. Ou precisa atrair poupança de outros países, caso não tenha poupança doméstica suficiente. A poupança é o consumo adiado. As empresas, ao invés de distribuírem dividendos, poupam para investir em suas operações. As pessoas, ao invés de consumirem, guardam dinheiro. Esse dinheiro é usado para financiar o investimento das empresas.

O raciocínio "é preciso colocar dinheiro na mão do povo, para o povo ir até o mercado e comprar coisas e, assim, girar a roda da economia" é simplista. Sim, isso é verdade, desde que antes se tenha investido para produzir os bens a serem consumidos. Caso contrário, a única coisa gerada pelo consumo será inflação, não crescimento. O que gera crescimento econômico é o investimento, que somente existe se as pessoas poupam.

O **Gráfico 74** mostra o investimento de Brasil, Coreia do Sul e Estados Unidos em percentual do PIB nos últimos 40 anos.

Gráfico 74 – Taxa de Investimento (% do PIB)

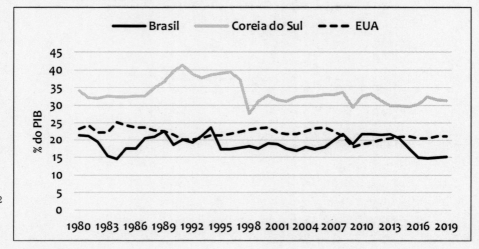

Fonte: FMI

Podemos observar que a Coreia tem mantido investimentos da ordem de 30% a 35% do PIB ao longo desse tempo, tendo chegado a quase 40% no início da década de 1990. Os Estados Unidos, por outro lado, investem algo como 20% a 25% do PIB, sendo raros os anos em que esse percentual fica abaixo de 20%. No Brasil é o inverso: são raros os anos em que os investimentos superam 20% do PIB. Isso aconteceu no início da década passada com os fortes aportes no BNDES, mas esse ritmo se provou de fôlego curto. Hoje investimos cerca de 15% do PIB, metade do investimento da Coreia e abaixo até dos Estados Unidos, que, não custa lembrar, já são ricos.

É óbvio que não iremos a lugar algum com esse nível de investimento. Para aumentar o volume de investimentos é preciso: 1) aumentar a poupança doméstica e 2) atrair a poupança externa. O governo brasileiro, hoje, contribui para a despoupança doméstica, dado o nosso déficit primário. Quanto à poupança externa, somente é atraída com um câmbio muito depreciado e taxas de juros muito altas, de modo a compensar o risco do investimento.

Para aumentar o volume de investimentos, é preciso mobilizar capitais, tanto domésticos quanto externos, para serem investidos. E como se faz isso? Tendo instituições que facilitem o investimento.

Instituições

Ninguém, em sã consciência, investe para perder dinheiro. É preciso remunerar o capital proporcionalmente ao seu risco. E o risco é inversamente proporcional à chance de receber o dinheiro de volta.

É nesse ponto que entram as instituições. Quanto mais difícil for fazer negócios, quanto mais arriscado for um ambiente político ou jurídico, maior será a taxa de retorno exigida pelo capital. É certo que, em uma economia situada longe da Fronteira Tecnológica, o retorno proporcionado pelos investimentos aceita o desaforo de instituições fracas: afinal, a taxa de retorno exigida pode ser alta para compensar as instituições mais fracas, pois o retorno do investimento é proporcional à distância da Fronteira Tecnológica. Mas é óbvio também que quanto melhores forem as instituições, menor a taxa de retorno exigida e, portanto, mais investimentos são viabilizados.

E o que são essas tais de "instituições"? São basicamente arranjos que aumentam a segurança e a eficiência dos investimentos. Dito de outra forma, diminuem o risco para os investidores. Insegurança jurídica, corrupção, burocracia, são todos fatores que aumentam o risco para o investidor, e são embutidos na taxa de retorno exigida para os investimentos.

O Banco Mundial elaborava, desde 2004, um ranking chamado "Doing Business". Nesse ranking, eram medidos os desempenhos de 10 elementos que facilitam os negócios em um país. Eram eles: 1) Começando um negócio, 2) Conseguindo licenças de construção, 3) Obtendo eletricidade, 4) Registrando propriedade, 5) Obtendo crédito, 6) Protegendo acionistas minoritários, 7) Pagando impostos, 8) Comercializando no exterior, 9) Fazendo valer contratos e 10) Resolvendo inadimplência.

Cada um desses elementos torna mais ou menos difícil realizar negócios em um país, e são uma boa medida das instituições necessárias para que o investimento tenha o retorno esperado.

No ranking de 2020 do Doing Business, o último produzido, o Brasil aparece em 124º lugar entre 190 países. Na **Tabela 38**, temos uma comparação do Brasil com a Coreia do Sul (5º lugar no mesmo ranking), em alguns itens de avaliação.

Tabela 38 – Doing Business (2020): Brasil *vs.* Coreia do Sul

	Item	Coreia	Brasil
Começando um negócio	Núm. Procedimentos	3	11
	Tempo (dias)	8	13,5
	Custo (% da renda/capita)	14,60%	3,60%
Permissão para construção	Núm. Procedimentos	10	19
	Tempo (dias)	27,5	384
	Custo (% do valor do imóvel)	4,40%	1,30%
Obtendo eletricidade	Núm. Procedimentos	3	5
	Tempo (dias)	13	132
	Custo (% da renda/capita)	34,3%	333,1%
Registro de propriedade	Núm. Procedimentos	7	14
	Tempo (dias)	5,5	24
	Custo (% do valor da propriedade)	5,1%	3,6%
Pagando Impostos	Núm. de pagamentos por ano	12	10
	Tempo (horas por ano)	174	1.501
Executando contratos	Tempo (dias)	290	731
	Custo (% do processo)	12,7%	20,7%

Fonte: Doing Business 2020

É possível perceber que, no geral, o empresário brasileiro precisa de mais tempo e necessita passar por mais procedimentos para que as coisas sejam feitas do que o empresário coreano. Podemos nos questionar se estamos melhorando com o tempo, ou se estamos estagnados. O **Gráfico 75** dá a resposta.

Gráfico 75 – Evolução do ranking Doing Business

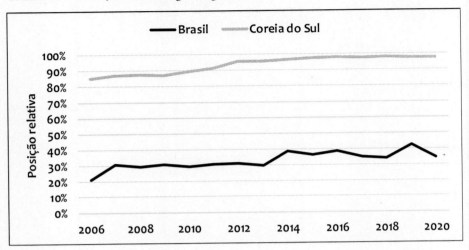

Fonte: Banco Mundial

Observe como houve, sim, uma evolução: o Brasil saiu da faixa de 30% do ranking para algo entre 35% e 40%. Mas, convenhamos, para um país que precisa desesperadamente atrair investimentos, estar abaixo da média não é lá muito animador. E a Coreia do Sul, que já tinha índice bastante positivo em 2006, melhorou ainda mais a sua posição relativa, ou seja, a sua competitividade em relação aos outros países, demostrando que sempre é possível evoluir.

Essa é apenas uma pequena amostra do que chamamos de Instituições, que incluem também segurança jurídica, estabilidade política e baixa corrupção.

Com relação à corrupção, o índice de Percepção de Corrupção (CPI na sigla em inglês), calculado pela Transparência Internacional, mede a percepção de corrupção por parte de empresários em relação ao setor público de cada país. A Transparência Internacional coleta dados do Banco Mundial, do Fórum Econômico Mundial (aquele que se encontra anualmente em Davos), de consultorias globais de risco e de *think tanks* globais.

Segundo a edição mais recente do CPI, de 2022, o Brasil tinha índice de 36 (o índice vai de 0 a 100), ranqueando em 94º lugar entre 198 países. A Coreia, por sua vez, tinha um índice de 63, ficando em 31º lugar. Vejamos, no Gráfico 76, a evolução desse índice desde 1998.

Note que Brasil e Coreia tinham praticamente o mesmo índice em 1998. Hoje, a Coreia do Sul tem mais de 20 pontos de diferença em relação ao Brasil. O que fizeram os coreanos para melhorar a percepção de corrupção nos últimos 20 anos?

Gráfico 76 – Índice de percepção de corrupção

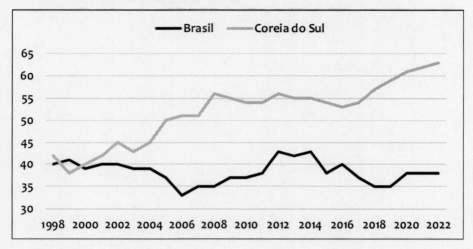

Fonte: Transparência Internacional

Concluindo

O crescimento econômico não pode ser um voo de galinha, obtido por meio de incentivos míopes ao consumo. O crescimento econômico deve ser semelhante ao voo de uma águia, que atinge grandes altitudes em um voo estável e majestoso. Para isso, são necessárias asas com grande envergadura, só obtidas com Inovação, Investimentos e Instituições, que permitam aumentar o crescimento potencial da economia.

Alguns poderão argumentar que o que funciona mesmo são os incentivos de um governo com um grande plano de desenvolvimento. No entanto, coincidência ou não, todos os países ricos possuem, em maior ou menor grau, as características definidas neste texto. E, por outro lado, usamos e abusamos, aqui no Brasil, de grandes planos de desenvolvimento ao longo das últimas décadas, que acabaram por resultar em mais dívida e em menos crescimento. Não estaria na hora de fazer o feijão com arroz e deixar de lado as grandes pirotecnias?

O que precisamos **é** de pequenas mudanças institucionais na direção correta, acumuladas ao longo dos anos. É preciso trabalhar com perseverança, com visão de longo prazo. Isso não combina com os populismos das soluções fáceis e erradas.

Saberemos, como sociedade, caminhar na direção correta com a velocidade adequada e, assim, vencer a estagnação das últimas quatro décadas?

Igualistão *vs.* Crescimenistão: onde você gostaria de viver?
(*artigo originalmente escrito em 18/11/2020*)

Estamos em uma era em que a distribuição de renda é o "zeitgeist" do debate econômico. A má distribuição das riquezas fere os espíritos mais sensíveis, e a falta de condições mínimas de subsistência de uma parcela significativa da população global clama por soluções.

Nesse cenário, falar de crescimento econômico soa quase que como uma heresia. Delfim Netto, quando era ministro da Fazenda de Médici, cunhou a frase que resume o pensamento que hoje merece a fogueira: "*é preciso fazer o bolo crescer para depois dividi-lo*". Essa frase veio em um contexto que nos é familiar: as críticas ao modelo econômico do Brasil ("o milagre econômico brasileiro" do início da década de 1970), que deixava uma parcela significativa da população de fora dos benefícios do crescimento acelerado.

Se discutir crescimento econômico já era pouco simpático na década de 1970, hoje temos o ambientalismo como o novo ingrediente que faz do crescimento econômico o grande vilão. Afinal, em um planeta à beira de uma catástrofe ecológica, com recursos cada vez mais escassos, o crescimento "a todo custo" ou "desordenado" trabalha para levar o mundo para o caos. Confesso que não consigo definir o que seja "a todo custo" ou "desordenado", mas são adjetivos frequentemente encontrados em discursos para qualificar o crescimento econômico nocivo.

Por outro lado, os que defendem a primazia do crescimento econômico afirmam que os mais pobres são também beneficiados no processo. Podemos resumir o raciocínio utilizando um exemplo fictício. Sejam dois países, o Igualistão e o Crescimenistão, ambos com o mesmo número de habitantes. O PIB do Igualistão é de 100 moedas, enquanto o PIB do Crescimenistão é de 300 moedas. Portanto, o PIB/capita do Crescimenistão é três vezes maior que o PIB/capita do Igualistão. No entanto, o índice de Gini do Igualistão é igual a zero, enquanto o índice de Gini do Crescimenistão é igual a 0,5.

Como vimos no Capítulo 7, o índice de Gini mede o grau de desigualdade de renda de um país. Gini igual a zero significa distribuição perfeita de renda. Ou seja, não existem mais ricos ou mais pobres, todos têm a mesma renda. Por outro lado, quanto mais próximo de 1 for o índice de Gini, mais desigual é a distribuição de renda. Um índice de 0,5 pode ser construído da seguinte forma: os 10% mais ricos da população possuem 55% da renda do país, enquanto os outros 90% da população vivem com os restantes 45% da renda do país, sendo que a renda desses 90% está igualmente distribuída entre si. Ou seja, os 10% mais ricos ganham mais do que a soma de todos os outros.

Com essas informações, podemos facilmente calcular a renda da população do Igualistão e do Crescimenistão. No Igualistão, os 10% mais ricos têm renda equivalente a 10% da renda do país (10 moedas), os 10% seguintes também têm renda de 10% da renda do país (10 moedas), e assim por diante. Ou seja, todos os habitantes do Igualistão têm a mesma renda. Desse modo, no final somamos as 100 moedas, que é a renda total do país.

Já no Crescimenistão, os 10% mais ricos representam 55% da renda do país, que é de 300 moedas. Portanto, a renda dos 10% mais ricos soma 165 moedas. Já os 90% restantes têm renda total de 145 moedas. Como todos ganham a mesma coisa, cada estrato de 10% ganha 15 moedas. Temos então que os 10% mais ricos ganham 165 moedas, os 10% seguintes ganham 15 moedas, os 10% seguintes também ganham 15 moedas, e assim por diante, até completar a renda total do país, que é de 300 moedas.

Note que os cidadãos mais ricos do Crescimenistão têm renda/capita 11 vezes maior que o restante da população. Uma bela desigualdade. No entanto, o país é tão mais rico que os mais pobres do Crescimenistão são 50% mais ricos que os cidadãos do Igualistão (15 moedas contra 10 moedas). Em outras palavras, mesmo em um país desigual, os mais pobres podem ter qualidade de vida superior aos de países mais igualitários. Basta que sejam mais ricos.

Obviamente, o ideal seria que tivéssemos o melhor dos dois mundos: a renda do Crescimenistão combinada com a igualdade do Igualistão. É possível? Sim. Não só é possível, como é o que normalmente acontece. No **Gráfico 77**, mostramos a relação entre índice de Gini e renda/capita (conceito PPP) de 140 países que possuem índice de Gini calculado pelo Banco Mundial pelo menos a partir de 2013.

Gráfico 77 – Índice de Gini *vs*. Renda/capita US$ PPP

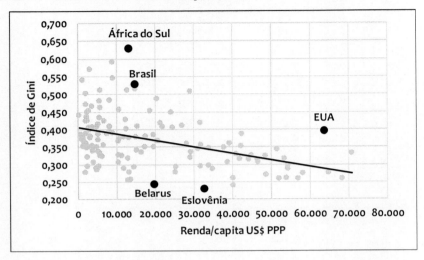

Fonte: FMI / Banco Mundial

Observe como a linha de tendência é levemente decrescente. Ou seja, quanto maior a renda/capita, menor tende a ser o índice de Gini. Em outras palavras, os países mais ricos tendem também a ser mais igualitários. Uma notável exceção são os Estados Unidos, que têm um Gini muito alto se considerarmos sua renda/capita. Voltaremos a esse ponto mais à frente.

Fosse para encontrar alguma correlação, poderíamos dizer que uma forma de aumentar a igualdade seria simplesmente enriquecer, dado que os países mais ricos tendem também a ser mais igualitários. No entanto, podemos observar que também países muito pobres possuem índices de Gini baixos. Ou seja, é possível ser pobre e igualitário também. Em outras palavras, aparentemente, a igualdade não tem a ver com o nível de renda do país para os países mais pobres. Para tentar inferir quais outros fatores poderiam afetar a distribuição de renda, montamos o ranking dos países mais desiguais (Gini mais alto) e países mais igualitários (Gini mais baixo), que podem ser vistos nas **Tabelas 39 e 40**.

Tabela 39 – Ranking dos países mais igualitários

Ranking	País	Renda/capita (US$ mil PPP)	Gini
1	Eslováquia	32,7	0,232
2	Eslovênia	40,2	0,240
3	Belarus	19,7	0,244
4	Ucrânia	13,1	0,256
5	Moldávia	13,8	0,257
6	Bélgica	52,1	0,260
7	Holanda	57,1	0,260
8	Islândia	54,0	0,261
9	Rep. Tcheca	40,2	0,262
10	Finlândia	48,8	0,271
11	Dinamarca	58,3	0,275
12	Noruega	64,8	0,277

Fonte: FMI/Banco Mundial

Tabela 40 – Ranking dos países mais desiguais

Ranking	País	Renda/capita (US$ mil PPP)	Gini
1	África do Sul	13,1	0,630
2	Namíbia	9,1	0,591
3	Zâmbia	3,2	0,571
4	Moçambique	1,2	0,540
5	Botswana	14,9	0,533
6	Brasil	14,9	0,529
7	Colômbia	14,9	0,515
8	Angola	5,9	0,513
9	Panamá	29,1	0,509
10	Zimbabwe	2,1	0,503
11	Costa Rica	20,5	0,487
12	Guatemala	8,3	0,483

Fonte: FMI/Banco Mundial

Observe que, entre os países mais igualitários, temos uma predominância de países do Leste Europeu e da Escandinávia. Mesmo países com renda mediana, como Moldávia e Ucrânia, apresentam Gini muito baixo. Será que o sistema socialista criou, de fato, igualdade nesses países? Ou será que a homogeneidade de suas populações levou naturalmente a uma igualdade maior de renda? Difícil dizer, sem termos acesso a uma série histórica mais longa. Mas o ranking dos países mais desiguais nos dará *insights* mais interessantes.

Podemos observar que, dos 10 países mais desiguais, 5 se encontram na África e 5 na América Latina. Sim, o Brasil faz parte desse ranking. Observe que Brasil, Botswana e África do Sul apresentam mais ou menos a mesma renda/capita de Moldávia e Ucrânia, mas uma desigualdade muito maior. Ou seja, o nível de riqueza não é suficiente para explicar a desigualdade. Por outro lado, se compararmos a renda/capita média dos países mais igualitários e dos países mais desiguais, verificaremos que, no caso dos 12 países mais igualitários, a média da renda/capita é de US$ 41,2 mil, enquanto a média dos países mais desiguais é de US$ 11,4 mil. Portanto, riqueza não é sinônimo de má distribuição de renda.

Será que o processo de colonização e o histórico de escravidão levaram às grandes desigualdades na África e na América Latina? A escravidão como fator de desigualdade também explicaria o alto índice de Gini nos EUA, muito acima da média dos países mais ricos. Além disso, é um país que recebe muitos imigrantes, o que torna sua população mais heterogênea em termos de condições iniciais, pelo menos em um primeiro momento.

Se isso é verdade, a forma de diminuir as desigualdades é tornando a população mais homogênea do ponto de vista das suas condições iniciais. E a forma de fazer isso de maneira estrutural é por meio da capacitação da mão de obra e do fomento de instituições que permitam o emprego dessa mão de obra capacitada. Não adianta de nada formar mão de obra e dificultar a vida das empresas que poderiam empregá-la. A mão de obra formada irá vazar para o exterior.

Por outro lado, se a preocupação não for com a igualdade, mas com as condições de vida dos mais pobres, o crescimento econômico talvez seja uma solução mais adequada. Como vimos anteriormente, os pobres do Crescimenistão vivem melhor que os pobres do Igualistão.

Vou além: em países como o Brasil, as políticas que visam melhorar as condições iniciais dos mais pobres e, assim, aumentar a homogeneidade da população são sequestradas pelas elites em seu próprio benefício. As escolas são sequestradas pelas corporações de funcionários públicos, as faculdades públicas atendem os filhos das elites, o sistema de aposentadorias (tanto privado quanto público) suga os poucos recursos que poderiam estar sendo investidos na melhoria das condições iniciais da população mais pobre, os incentivos fiscais atendem a empresas que poderiam andar com as próprias pernas etc.

Temos décadas de políticas empilhadas visando tirar o Brasil do vergonhoso ranking dos países mais desiguais do mundo. O último é o Fundeb permanente, que provavelmente será sequestrado para pagar salários dos professores sem relação com a eficiência do processo educativo. Desconfio que daqui a 20 anos vamos ainda fazer parte desse ranking.

Para países como o Brasil, sequestrado pelas elites, a forma mais eficaz de melhorar a vida dos mais pobres é enriquecendo. Focar a redução das desigualdades é insistir nas mesmas ações que fracassaram nas últimas décadas. Qualquer ação nesse sentido acaba beneficiando as elites em detrimento dos mais pobres. Sem contar que essas ações exigem uma carga tributária mais alta, que acaba por pesar justamente sobre os mais pobres, além de prejudicar o crescimento econômico potencial do país.

A qualidade das elites brasileiras
(artigo originalmente escrito em 20/12/2020)

Existe consenso no *mainstream* do pensamento econômico de que a qualidade das instituições determina a probabilidade de sucesso de um país. Por instituições, entendemos coisas como as leis e o enforcement das leis, a estabilidade do sistema político, a qualidade e independência das agências governamentais e a facilidade para se empreender, por exemplo.

Muitas vezes nos perguntamos por que certas coisas são de um jeito e não de outro, por que não podemos funcionar como os países mais desenvolvidos funcionam. E não vale dizer que os países ricos funcionam melhor porque são ricos. É justo o oposto: porque as coisas funcionam bem é que esses países são ricos. EUA e Brasil tinham nível de riqueza semelhante há três séculos. O que aconteceu lá que não aconteceu aqui? Boas instituições.

Mas as instituições não foram outorgadas por Deus no início dos tempos a cada país, de modo que uns tiveram sorte de contar com boas instituições e outros, nem tanto. Não. As instituições são construções humanas. Mais especificamente, são construções das elites de cada país. Diz o velho ditado que jabuti não sobe em árvore, se está lá é porque alguém colocou. O jabuti das instituições, boas ou ruins, foi colocado pelas elites de cada país.

Pedro Fernando Nery, em um artigo de 8/12/2020 no *Estadão* ("Piores elites do mundo"), cita um trabalho[26] em que os autores, Tomas Casas e Guido Cozzi, da Universidade St. Gallen, na Suíça, criaram um índice de qualidade das elites, inspirados nas ideias dos economistas Acemoglu e Robinson, autores do best-seller *Por que as nações fracassam*. No ranking do ano 2020, o Brasil aparecia em 27º lugar em um conjunto de 32 países. Este artigo foi atualizado para este livro, de modo a considerar o ranking de 2023, que conta com 151 países.

Trata-se de uma abordagem bastante interessante, que parte de três pressupostos:

- As elites são uma inevitabilidade empírica, dominando a economia por meio do poder político. Elas provêm a capacidade de coordenação necessária dos recursos da economia, sejam humanos, financeiros ou baseados no conhecimento.
- Ao estabelecer instituições que permitem a coordenação, as elites moldam o desenvolvimento humano e econômico, o destino das sociedades, a riqueza das nações e sua ascensão e queda.
- Para sustentar sua posição, as elites administram modelos de negócios que acumulam riqueza. Elites de alta qualidade administram modelos de negócios de Criação de Valor, que fornecem para a sociedade mais do que dela tomam. Elites de baixa qualidade fazem o oposto, ao operar modelos de Extração de Valor da sociedade.

O que são elites?

Para começo de conversa, é preciso definir o que se entende por elite. Segundo os autores do índice, *"Elites são grupos estreitos e coordenados, que contam com modelos de negócios que conseguem acumular riqueza com sucesso"*.

Modelos de negócios, nesse contexto, não são necessariamente empresas. É qualquer mecanismo de acumulação de riqueza. Não se está entrando no mérito de se se trata de elites econômicas, políticas ou culturais. Qualquer um que acumule riqueza (em relação à média da riqueza da população do país) faz parte da elite. Tomando dados do IBGE (Pnad contínua, 2019), uma pessoa que recebe mais do que R$ 3.500 por mês está entre as 15% que mais têm renda no país, e faz parte do grupo que acumula 50% da renda do país.

---

[26] Elite Quality Report 2023 – Tomas Casas i Klett, Guido Cozzi.

Claro, ninguém que receba R$ 3.500 por mês se considera elite. No entanto, as estruturas estão, de alguma maneira, montadas para concentrar a renda do país dessa maneira. Se R$ 3.500 não parece muito, lembre-se de que a parcela dos 80% mais pobres da população vive com uma renda mensal média de R$ 850. Sim, o Brasil é um país pobre.

Uma outra forma de analisar a questão é focar a demonização que as esquerdas costumam fazer das elites empresariais, as quais, em conluio com políticos inescrupulosos, seriam responsáveis por criar regras para proteger os seus interesses. Essa é a imagem de "elite" que a maioria tem em mente quando ouve essa palavra. No entanto, elite é muito mais do que isso. Lembro, a propósito, de um artigo[27] de Samuel Pessôa, em que o economista descreve perfeitamente uma das muitas vertentes da elite brasileira. Pessôa toma como exemplo a personagem principal do filme *Aquarius*. Clara, a personagem encenada por Sônia Braga, é o símbolo da resistência contra a especulação imobiliária, quando se recusa a vender seu apartamento para uma incorpora-dora. Pergunto: tem mais simbolismo antielite do que isso? Pois bem. Pessôa descreve Clara: aposentada pelo teto do INSS, acumula a pensão do falecido marido, ex-professor titular de uma universidade federal. Ele comenta: é exclusividade brasileira poder acumular a própria pensão com a do marido. Clara possui quatro outros apartamentos, provavelmente adquiridos com financiamento do antigo BNH. A hiperinflação comeu o saldo devedor, e esses apartamentos provavelmente custaram a Clara muito menos que à sociedade brasileira, pois políticos demagogos cancelaram a correção da dívida. Com sua "luta contra a especulação das elites", Clara impede a geração de empregos na construção, aumento de renda para a incorporadora, aumento de patrimônio para os outros moradores do prédio, aumento de IPTU para a prefeitura. Em outras palavras, a esquerda e seu discurso antielite convivem e fomentam distorções que também concentram renda. E muito.

Voltemos. Os autores descrevem as elites que criam valor como aque-las que aumentam o bolo, enquanto as elites que extraem valor são aquelas que aumentam a sua fatia no bolo. Essa definição faz lembrar a luta pela distribuição de uma renda que não existe. Na verdade, trata-se da luta entre diferentes elites em busca de aumentar a sua fatia do bolo.

Vejamos, a seguir, como o índice mede a capacidade de as elites cria-rem valor para ou extraírem valor da sociedade.

---

[27] Conjunto de distorções explica poder de barganha de Clara de Aquarius, Samuel Pessôa, Folha de São Paulo, 18/9/2016.

Metodologia

Como identificar elites que criam valor para a sociedade e elites que extraem valor da sociedade? Os autores do estudo dividem essa capacidade em dois subíndices: Valor e Poder.

O subíndice Valor mede a capacidade de as elites criarem valor para a sociedade, por um lado, ou de extraírem valor da sociedade, por outro. Já o subíndice Poder mede o potencial de extração de valor. Quanto mais poder as elites possuem, mais valor podem extrair da sociedade. Portanto, quanto mais poder as elites têm, menor a sua qualidade. Esse conceito é interessante, porque parte do pressuposto de que, tendo poder, as elites irão necessariamente extrair valor da sociedade. Isso, em geral, é verdade, mas há exceções, como veremos.

Cada um desses dois subíndices é medido em duas dimensões: a dimensão política e a dimensão econômica. As esferas política e econômica são o palco onde as elites exercem o seu poder de criar ou de extrair valor para e da sociedade.

A **Figura 52** resume a relação entre os dois subíndices e as duas dimensões, com seus respectivos pesos no índice, e os três itens medidos em cada combinação, chamados pelos autores de Pilares. Entre parênteses, temos o peso de cada subíndice e de cada dimensão para o cálculo do índice.

Figura 52 – Critérios para a construção do Elite Index

	PODER (1/3)	**VALOR** (2/3)
DIMENSÃO ECONÔMICA (2/3)	**PODER ECONÔMICO** (2/9) Mede a dominância das elites na economia: • No nível do setor econômico • No nível da firma • Em termos de destruição criativa	**VALOR ECONÔMICO** (4/9) Mede a Extração de Valor ("rent-seeking") nos três setores da economia: • Produtos e serviços • Mercado de capitais • Mercado de trabalho
DIMENSÃO POLÍTICA (1/3)	**PODER POLÍTICO** (1/9) Meda a captura, por parte das elites, dos três tipos de regras: • Regras do Estado • Regulação dos negócios • Regulação da mão de obra	**VALOR POLÍTICO** (2/9) Mede a Extração de Valor ("rent-seeking") na dimensão política: • Renda distribuída para a sociedade • Renda extraída da sociedade • Renda "não merecida"

Fonte: Elite Quality Report 2023

Vejamos a seguir o que significa cada um desses 12 pilares (entre parênteses, a nomenclatura em inglês). Esses 12 pilares são medidos por meio de 135 indicadores dos mais diversos tipos.

Poder Político

- Captura do Estado (State capture): mede a concentração de poder dentro do Estado.

Alguns indicadores: Corrupção política, Mobilidade social, Descentralização política, Descentralização administrativa, Globalização política, Índice do poder feminino, Liberdade de imprensa, Coeficiente de Gini.

- Captura da regulação dos negócios (Regulatory capture): mede o poder de grupos de interesse de capturarem as regras que regem os negócios, formando monopólios ou oligopólios de fato.

Alguns indicadores: Qualidade institucional, Capitalismo de compadres, Risco de expropriação, Proteção a acionistas minoritários, Facilidade para descumprir regras.

- Captura da regulação da mão de obra (Human capture): mede o poder das coalizões de funcionários públicos e privados de capturar as regras para o seu próprio benefício, além do poder dos empresários de influenciarem salários e condições de trabalho.

Alguns indicadores: Índice de escravidão, Índice de Direitos Humanos, Inclusão LGBT+, Restrições à prática religiosa, Proporção de mulheres em posições sênior nas empresas.

Poder Econômico

- Dominância do setor econômico (Coalition dominance): medida pelo grau de diversidade da economia. Quanto menos depender de um ou dois setores econômicos, menos o país estará sujeito a políticas extrativistas.

Alguns indicadores: Top 3 setores exportadores como % do PIB, Top 3 setores como % do PIB, Top 3 setores como % do valor agregado, % de funcionários públicos no total dos empregados, Despesas militares como % do PIB, Índice de sindicalização.

- Dominância da firma (Firm dominance): medida do grau em que poucas companhias dominam a economia de um país.

Alguns indicadores: número de pequenas e médias empresas por habitante, riqueza dos bilionários como % do PIB, valor de mercado das top 10 empresas como % do PIB, receitas das top 3 empresas como % do PIB.

- Destruição criativa (Creative destruction): termo emprestado de Schumpeter, mede a capacidade de inovar.

Alguns indicadores: Suporte do governo ao empreendedorismo, Disponibilidade de *venture capital*, Gastos com Pesquisa e Desenvolvimento em % do PIB, Índice de término de firmas, Índice de mulheres empreendedoras.

Valor Político: reflete as decisões que canalizam ou desviam recursos da inovação e dos setores que criam valor.

- Renda distribuída para a sociedade (Giving income): mede como o governo maneja as finanças públicas de modo a prover bens públicos (educação, saúde etc.).

Alguns indicadores: Expectativa de vida, Subsídios e transferências como % das despesas, Redistribuição regional como % do orçamento, Expectativa de permanência na escola, Nota no PISA, Gastos em educação como % do PIB, Índice de vacinação contra a Covid-19, Número de dias escolares perdidos em função da Covid-19.

- Renda extraída da sociedade (Taking income): mede como o governo coleta renda da sociedade.

Alguns indicadores: Alíquota de imposto das empresas, Carga tributária, Diferença entre salários dos setores público e privado, Taxa de homicídio, Concentração de renda entre os 10% mais ricos, *Gap* de gênero na educação.

- Renda "não merecida" (Unearned income): mede a renda extraída de recursos não ganhos com produção; por exemplo, a dependência de commodities ou o tamanho da dívida pública, que é um empréstimo sobre o futuro.

Alguns indicadores: Dívida pública como % do PIB, Patentes verdes, Taxa de desflorestamento, Emissão de CO_2, Índice de qualidade do ar, Consumo *per capita* de peixe, Consumo *per capita* de carne vermelha.

Valor econômico: mede diretamente o Valor Criado (ou Extraído) dos 3 mercados da economia.

- Valor criado pelo produtor (Producer value).

Alguns indicadores: Número de patentes por habitante, Densidade de médicos, Liberdade de comércio exterior, Investimento Estrangeiro Direto como % do PIB, Fatia das importações sujeita a medidas protecionistas.

- Valor criado pelo mercado financeiro (Capital value).

Alguns indicadores: Taxa neutra de juros, Inflação, Apreciação da moeda, Demanda por ouro como % do PIB, M&A como % do investimento, Unicórnios/milhão de habitantes.

- Valor criado pelo mercado de trabalho (Labor value).

Alguns indicadores: Taxa de desemprego, Participação da força de trabalho sobre o total da população, Diferença entre o salário real e o aumento da produtividade da mão de obra, Taxa de desemprego dos jovens, Fuga de cérebros.

Análise dos Resultados

Uma amostra do ranking final pode ser vista na **Tabela 41**.

Tabela 41 – Ranking do Elite Index 2023

Ranking	País	Índice Total	Subíndice Poder	Subíndice Valor
1	Suíça	68,0	69,9	67,0
2	Cingapura	67,1	63,1	69,0
3	Nova Zelândia	65,7	71,3	62,9
4	Japão	65,3	68,9	63,5
5	Israel	64,9	68,9	63,0
6	Holanda	64,8	70,5	61,9
7	Austrália	64,4	69,0	62,2
8	Alemanha	64,4	74,1	59,6
9	Reino Unido	64,4	71,6	60,8
10	Suécia	64,0	70,6	60,7

Ranking	País	Índice Total	Subíndice Poder	Subíndice Valor
21	EUA	61,0	73,6	54,7
22	China	60,3	61,1	59,9
31	Chile	56,7	63,3	53,4
47	México	52,1	55,8	50,2
54	Colômbia	50,2	55,2	47,7
69	**Brasil**	**47,6**	**55,2**	**43,7**
79	Argentina	46,7	53,9	43,1
83	África do Sul	46,3	50,1	44,4
103	Rússia	44,6	38,6	47,6
145	Venezuela	34,7	31,2	36,5
151	Sudão	25,4	28,7	23,8

Fonte: Elite Index 2023

O ranking é determinado pela coluna Índice Total. Além disso, podemos observar o ranking pelos subíndices Poder e Valor. No caso do ranking de Poder, quanto maior o score, menor é o poder que as elites têm de extrair valor. E, no caso do ranking de Valor, quanto maior o score, maior é o Valor criado pelas elites para a sociedade.

Vimos na **Figura 52** que, no critério dos autores, o score de Valor vale 2/3 da pontuação final, enquanto o score de Poder vale 1/3. A lógica dessa ponderação é de que, no final do dia, o que importa é o Valor criado. O Poder serve para potencializar o Valor extraído. Assim, mesmo que as elites concentrem muito Poder, se não usarem esse Poder para extrair Valor da sociedade, está valendo.

O ranking traz alguns resultados curiosos. Por exemplo, Estados Unidos e China estão próximos no ranking, mas com indicadores muito diferentes de Valor e Poder. A China apresenta um índice de Poder menor do que o dos EUA, indicando que suas elites têm mais poder de extrair valor da sociedade. No entanto, por incrível que pareça, os modelos de negócios da China criam mais valor para a sociedade do que os modelos de negócios nos EUA (o índice de Valor chinês é superior ao americano). Ou seja, mesmo tendo maior concentração de poder, as elites chinesas extraem menos valor da sociedade do que as fracas elites americanas. Acredite se quiser.

Para fazer uma análise mais sistemática dos resultados, vamos usar o **Gráfico 78**, que relaciona Valor com Poder. Os autores dividem os países em quatro grupos, a depender de sua colocação nesse gráfico (os quadrantes são divididos pelas medianas das séries, de modo que temos metade dos pontos acima e metade abaixo, metade à esquerda e metade à direita).

Gráfico 78 – Elite Index: Valor *vs.* Poder

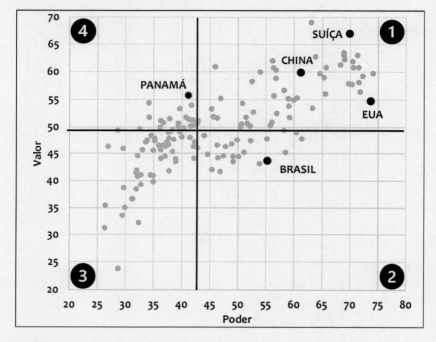

Fonte: elaborado pelo autor com dados do Elite Index 2023

1. Elites Competitivas (alta geração de Valor e baixo Poder de extração): é a situação que mais se assemelha a um livre mercado. Esse quadrante é caracterizado por elites altamente inovadoras e lucrativas que chegam ao topo em ciclos curtos de rápida sucessão. As disputas entre as elites produzem uma infinidade de bens públicos, incluindo desenvolvimento econômico e humano. As possibilidades tecnológicas são aproveitadas e o crescimento econômico de longo prazo é maximizado e limitado apenas pela capacidade de inovação do ser humano.

2. Elites em Luta (baixa geração de Valor e baixo Poder de extração): nesse quadrante, uma miríade de diferentes agentes de baixo Poder procuram extrair Valor, em um ambiente de ausência de modelos de negócio de geração de Valor para a sociedade. Esse é um modelo instável, que conta com elites extrativistas, mas que ainda se digladiam para conquistar Poder. Grupos emergentes se engajam em disputas por posições dominantes, que lhes permitirão moldar as instituições que irão, por fim, proteger seus modelos de negócios no futuro.

3. Elites Rentistas (baixa geração de Valor e alto Poder de extração): países com economias nesse quadrante são caracterizados por elites poderosas e altamente dominantes, que consolidaram modelos de negócios de extração de Valor. Tendo capturado as alavancas do Poder e superado a resistência das forças produtivas, as elites desenham instituições que favorecem os seus modelos de negócios às custas de não elites cada vez mais desmoralizadas e que têm pouco incentivo para investir em atividades de criação de Valor.

4. Elites Ilustradas (alta geração de Valor e alto Poder de extração): são elites poderosas que dominam a economia política. Essas coalizões dominantes, no entanto, abstêm-se de extração de Valor apesar de sua capacidade de extraí-lo. Ao contrário, optam por gerenciar modelos de negócios que criam Valor para a sociedade. Nesse quadrante, apesar de as elites serem muito poderosas, criam Valor substancial.

Observe que, de maneira geral, os países encontram-se nos quadrantes 1 (Elites Competitivas) ou 3 (Elites Rentistas). No entanto, são os que se encontram nos quadrantes 2 e 4 que se constituem nos casos mais interessantes. É o caso do Brasil.

Como estão as elites brasileiras?

O Brasil está no quadrante 2, das Elites em Luta. Isso significa que a extração de valor se dá, segundo os autores do estudo, por uma miríade de elites que não possuem, cada uma isoladamente, poder suficiente para dominar os modelos de negócios. Essas elites se digladiam entre si pela carniça, cada uma arrancando um naco. Por isso, apesar de não ter elites com alto Poder de extração, o país não consegue criar modelos de criação de Valor.

Vamos detalhar um pouco mais onde estão os problemas brasileiros, em comparação com seus pares. Para isso, vamos explorar, na **Figura 53**, os detalhes do índice, isto é, os seus pilares, e verificar como as elites brasileiras se saíram em cada um deles.

Figura 53 – Posição relativa do Brasil nos 12 pilares do Elite Index (2023)

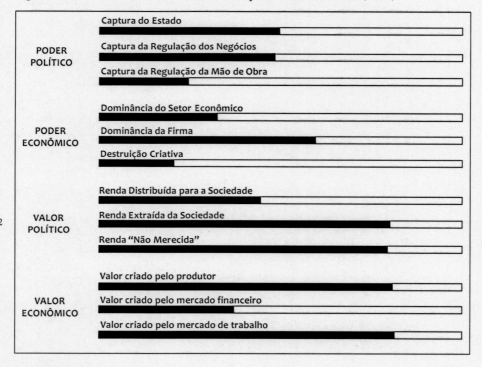

Fonte: Elite Index 2023

Nessa figura, mostramos a posição relativa do Brasil em cada um dos pilares. Assim, barras pretas pequenas significam que o Brasil se colocou bem no ranking, enquanto barras pretas grandes significam que o Brasil se saiu mal, pior que a média.

Podemos observar que o país se sai mal principalmente no subíndice Valor, que tem peso maior na ponderação (2/3). Os pilares que mais nos puxam para baixo são a Renda extraída da sociedade, Renda "não merecida", Valor criado pelo produtor e Valor criado pelo mercado de trabalho.

A coisa parece meio esotérica, mas ficará mais claro quando descermos ao detalhe dos critérios.

Por exemplo, no pilar de Renda extraída da sociedade, os critérios que nos puxam para baixo são taxa de homicídio (uma das mais altas do mundo), morte por uso de tóxicos e carga tributária (a mais alta do mundo emergente).

No pilar **Renda "não merecida"**, os critérios em que nos saímos mal foram "Mercados criminais", relação dívida/PIB (a mais alta entre os mercados emergentes), taxa de desflorestamento e taxa de uso de fertilizantes por hectare. Esse último é de se esperar de uma economia com altas taxas de produtividade no campo, mas, para esse índice, esse indicador é negativo.

No pilar **Renda criada pelo produtor**, os piores indicadores foram Índice de globalização (de fato, a economia brasileira é muito fechada), Liberdade de Comércio Exterior e fatia das importações sob restrições protecionistas.

Por fim, no caso do pilar **Renda criada pelo m**ercado de trabalho, os índices que prejudicaram a posição brasileira foram Crescimento da produtividade do trabalho, Taxa de desemprego geral e Taxa de desemprego de jovens.

Pode ser difícil relacionar cada um desses índices com a extração de valor por parte das elites. São consequências tão indiretas que não ligamos uma coisa com a outra. Mas, segundo os autores do estudo, tudo tem a ver com a forma como o poder político e econômico é organizado em cada país. Consideremos, por exemplo, o índice de homicídios, que puxa para baixo o pilar Renda extraída da sociedade. Lembremos que, nesse pilar, medimos como as elites extraem renda da sociedade.

Mas, afinal, o que tem o índice de homicídios a ver com a extração de renda? O vergonhoso índice de homicídios brasileiro é explicado de maneira diferente pela esquerda e pela direita. Pela esquerda, trata-se do resultado da má distribuição de renda, que leva à violência. Pela direita, é o resultado de instituições fracas, que não investigam, não julgam e não prendem de maneira eficiente. Tanto faz. Uma ou outra explicação levam à mesma conclusão: o homicídio representa a extração máxima de valor da sociedade, uma vida humana produtiva, resultado da ineficiência das elites. Esse é o sentido.

Qual a solução? Existe solução?

Observe novamente o **Gráfico 78**, em que mostramos a relação entre Valor e Poder de cada país.

O objetivo dos países deveria ser subir na escala da criação de Valor. Segundo a lógica do ranking, grande parte dos países alcançou sucesso porque suas elites (quadrante 1: Elites Competitivas) são fracas o suficiente a ponto de não conseguirem extrair valor da sociedade. Mas as elites brasileiras são menos extrativas que vários de seus pares, segundo os índices usados no estudo. Portanto, poderíamos ter modelos de negócios que criam mais valor para a sociedade. O Panamá, por exemplo, apesar de contar com elites que têm muito mais poder que a brasileira, conta com modelos de negócios que proporcionam maior criação de valor. Mas essa é uma exceção que confirma a regra. Apesar de ser possível, o que nos mostra o modelo é que é mais difícil estabelecer modelos de criação de valor com elites mais extrativistas. Ou, inversamente, elites menos extrativistas levam quase que naturalmente a modelos de negócios que agregam mais valor para a sociedade. Óbvio que estou aqui supondo uma relação de causa-efeito, da natureza do poder político para a criação de valor, e não vice-versa. Além disso, estamos analisando uma foto e não o filme. Não sabemos como essas características evoluíram no tempo. Mas essa relação de causa-efeito parece ser a mais intuitiva.

São muito úteis índices como o Doing Business, do Banco Mundial, que nos aponta caminhos para aumentar a produtividade da economia. No entanto, essas estruturas burocráticas não estão aí por acaso. Elas servem elites rentistas, que lucram e mantêm suas posições ao extrair Valor da sociedade por meio dessas mesmas estruturas. Portanto, e é isso o que nos diz a Economia Política, a maneira de montar modelos de negócios que criam Valor para a sociedade é diminuir o Poder das elites de extrair Valor da sociedade.

A pergunta do milhão é: como diminuir o Poder das elites?

Minha crítica ao índice

A ideia de um índice de poder das elites é muito boa. Permite-nos uma outra visão sobre o problema de criação de valor nas sociedades, mudando o foco da operacionalização dessa construção de valor para um conceito de economia política que foca a gênese das estruturas que extraem valor da sociedade. Como mencionei no início, tira o foco do jabuti em si para a mão que colocou o jabuti na árvore.

Mas o índice, per se, não endereça soluções para o problema. Vou fazer um paralelo com o índice Doing Business. O Doing Business é um índice formado por vários quesitos que atrapalham a vida do empreendedor. O foco é a desburocratização. Portanto, para que um país melhore sua posição no ranking, basta endereçar diretamente os problemas apontados: número de dias necessários para abrir ou fechar uma empresa, enforcement de contratos, tempo para obter eletricidade etc. São critérios objetivos que, se melhorados, ajudam o empreendedor a criar valor.

O Ranking das Elites, por outro lado, é calculado usando-se como base medidas que não se relacionam diretamente com o Poder que essas elites detêm. Funcionam como o termômetro que mede a febre, mas não nos dizem nada sobre a doença em si. Por exemplo, o pilar Regras do Estado, dentro do subíndice Poder Político, é medido por 7 índices. Um deles é o nível de corrupção no governo. Certo, a corrupção é um sinal de captura do Estado pelas elites. Mas o que leva à corrupção? Se não tivermos um diagnóstico objetivo das causas últimas da corrupção governamental, de nada servirá ranquearmos os países dos mais aos menos corruptos. Claro, sempre se pode combater a corrupção e tentar melhorar a posição no ranking. Mas, como vimos no episódio da Lava Jato, qualquer tentativa de combater a corrupção sem mudar as estruturas sobre as quais as elites exercem o seu poder é como enxugar gelo. Mudarão os personagens, mas a corrupção permanecerá como regra para se fazer negócios.

E é esse diagnóstico, em minha opinião, que falta a esse índice. Óbvio que não é fácil (e talvez não seja sequer possível) construir um índice de determinantes do poder político das elites, e não somente um índice que mede as consequências desse poder político. Mas, se não for feito, o que obtemos (como é o caso) é mais um índice que tem alta correlação com renda per capita, IDH, competitividade e outros índices de riqueza e produtividade.

Como afirmei anteriormente, esse índice de qualidade das elites é útil por mostrar a mesma realidade de outro ângulo, e chamar a atenção para as causas últimas (causas políticas) da pobreza dos países. Mas precisa caminhar muito para servir como instrumento de mudanças.

BIBLIOGRAFIA

- The History of Money – Jack Weatherford – Random House – 1997
- The 4 I's of Economic Growth – Antonio Fatás e Ilian Mihov – Insead – 2009
- Para Não Esquecer: Políticas Públicas que Empobrecem o Brasil – Capítulo 7 (Política Monetária Inconsistente) – Marcelo Kfoury Muinhos e Filipe Gropelli Carvalho – Editora Autografia – 2022
- The Demise of Silicon Valley Bank – Marc Rubinstein – Net Interest – 2023
- Keynes x Hayek: As Origens e a Herança do Maior Duelo Econômico da História – Nicolas Wapshott – Editora Record – 1ª edição – 2016
- Who Broke The Bank of England – Niall Ferguson, Jonathan Schlefer – Harvard Business School – 2017 (9-709-026)
- Lei n.º 14.286, de 29/12/2021
- O Estado de São Paulo, edições de 19/11/1967, 15/3/1968, 10/5/1969, 9/8/1969, 6/5/1971 e 17/8/1971
- Boomerang – Michael Lewis – W. W. Norton & Company – 2011 – 1ª edição
- Council of Foreign Relations – Greece's Debt Crisis Timeline (https://www.cfr.org/timeline/greeces-debt-crisis-timeline)
- Economist – A decline without parallel – 28/2/2002
- Relatório de Gestão das Reservas Internacionais – Volume 15 – Março de 2023 – Banco Central do Brasil
- Official and Parallel Exchange Rates – Recognizing Reality – FMI – 23/9/2020
- Contas Públicas no Brasil – Felipe S. Salto e Josué A. Pellegrini – Saraiva Jur – 2020
- Atlas Histórico do Brasil – FGV CPDOC (atlas.fgv.br)
- Dívida Pública: A Experiência Brasileira – Anderson Caputo, Lena O. Carvalho, Otávio L. Medeiros – Banco Mundial e Tesouro Nacional – 2009

- Boletim Trimestral de Estatísticas Fiscais do Governo Geral – Tesouro Nacional – 18/4/2023

- A moeda e a lei (pp. 656-657) – Gustavo H. B. Franco – Zahar – Edição do Kindle

- I, pencil – Leonard E. Read – Foundation For Economic Education

- US dollar funding: an international perspective – Working Group chaired by Sally Davies (Board of Governors of the Federal Reserve System) and Christopher Kent (Reserve Bank of Australia) – Bank of International Settlements – June 2020

- Elite Quality Report 2023 – Tomas Casas i Klett, Guido Cozzi